国家社科基金西部项目"日本南部与我国华南几种民俗事象的比较研究"
（项目批准号：13XMZ037）成果

日本南部与我国华南民俗文化比较研究

李明华／张　芳／华依莎　著

知识产权出版社
全国百佳图书出版单位
—北京—

图书在版编目（CIP）数据

日本南部与我国华南民俗文化比较研究／李明华，张芳，华依莎著 .—北京：知识产权出版社，2024.5
ISBN 978-7-5130-9182-4

Ⅰ.①日…　Ⅱ.①李…②张…③华…　Ⅲ.①风俗习惯—对比研究—中国、日本　Ⅳ.①K892②K893.13

中国国家版本馆 CIP 数据核字（2024）第 028143 号

责任编辑：李学军　　　　　　　　　　责任校对：王　岩
封面设计：智兴设计室·任珊　　　　　责任印制：孙婷婷

日本南部与我国华南民俗文化比较研究

李明华　张　芳　华依莎　著

出版发行：知识产权出版社有限责任公司	网　　址：http://www.ipph.cn
社　　址：北京市海淀区气象路 50 号院	邮　　编：100081
责编电话：010-82000860 转 8559	责编邮箱：752606025@qq.com
发行电话：010-82000860 转 8101/8102	发行传真：010-82000893/82005070/82000270
印　　刷：北京建宏印刷有限公司	经　　销：新华书店、各大网上书店及相关专业书店
开　　本：720mm×1000mm　1/16	印　　张：15
版　　次：2024 年 5 月第 1 版	印　　次：2024 年 5 月第 1 次印刷
字　　数：238 千字	定　　价：98.00 元
ISBN 978-7-5130-9182-4	

出版权专有　侵权必究
如有印装质量问题，本社负责调换。

目 录

第一章 总 论 ……………………………………………… 1
　一、研究缘起 ………………………………………………… 3
　二、研究意义与研究方法 …………………………………… 7

第二章 文献综述 …………………………………………… 9
　一、中国学者冲绳学研究现状 ……………………………… 12
　二、日本学者冲绳学研究现状 ……………………………… 22
　三、中日学者对中琉（冲绳）民俗文化的比较研究 ……… 43
　四、中日学者研究的比较与评价 …………………………… 51

第三章 我国华南与日本南部冲绳的历史渊源 …………… 55
　一、我国华南地区概况 ……………………………………… 57
　二、日本冲绳概况 …………………………………………… 60
　三、明清时期中琉交流的历史渊源 ………………………… 64
　四、我国华南民俗文化对冲绳的影响 ……………………… 68

第四章 日本南部与我国华南饮食民俗文化比较研究 …… 75
　一、广西横州鱼生文化与冲绳刺身文化比较研究 ………… 77
　二、中国食猪肉文化与冲绳猪肉料理文化比较研究 ……… 97
　三、中国食羊肉文化与冲绳羊肉料理文化比较研究 ……… 112

第五章 日本南部与我国华南节庆民俗文化比较研究 …………… 119
- 一、闽台清明节习俗与冲绳清明节习俗比较研究 …………… 122
- 二、广东顺德"扒龙船"与冲绳系满"爬龙船"比较研究 ………… 138
- 三、福建闽南"鬼节"与冲绳"盂兰盆节"比较研究 ………… 152

第六章 日本南部与我国华南其他民俗文化比较研究 …………… 175
- 一、我国华南与日本南部稻作文化比较研究 ………………… 177
- 二、中国广西与日本冲绳丧葬文化比较研究 ………………… 188

第七章 余 论 ……………………………………………………… 203
- 一、冲绳"混血"文化中的主流核心文化 …………………… 206
- 二、福建与冲绳携手续写昔日中琉交流佳话 ………………… 211
- 三、本书小结 ………………………………………………… 212

参考文献 …………………………………………………………… 215

后 记 ……………………………………………………………… 233

第一章 总 论

一、研究缘起

笔者于2001年3月至2003年3月在日本熊本大学攻读硕士学位，首次踏上冲绳这片土地是2003年2月作为毕业修学旅行与日本的指导教官及教研室同窗一行10余人在冲绳三晚四天的旅行。选择冲绳作为修学旅行目的地是由于指导教官的极力推荐，已经去过11次冲绳的他仍然觉得冲绳是一个非常值得一去的地方。与所有即将到某地旅游的人一样，笔者也上网浏览了一下冲绳，然而，这一浏览大大更新了笔者对冲绳已有的认识，可以说心潮澎湃，久久难以平静。

作为自然景观，冲绳是日本南端的一个具有热带旖旎风光的国际旅游胜地。作为人文景观，冲绳既有见证其悠久历史的古老建筑"首里城"，又有丰富且有别于日本本土的特质文化。当然，最触动笔者的还是明清时期冲绳作为藩属国与中国保持长达500余年沉甸甸的往来史。

三晚四天的旅行虽然短暂，但留给笔者的印象却是深刻的。笔者的思绪一直在海天一色、壮丽无比的圣域"万座毛"，充满着浓郁岛国风情的特色料理，悬挂在"首里城"上极具唐风的"中山世土""守礼之邦"匾额，以及大街小巷无处不在、时刻散发着中华气息的"石狮子"和"石敢当"中起伏跌宕，从此，一个挥之不去的冲绳印象在笔者心里扎下了根。

自2003年3月结束在日本的求学返回工作单位以后的十余年间，笔者的学术研究一直围绕中日民俗文化的比较研究展开。受对冲绳怀有的特殊感情的驱动，笔者一直十分关注冲绳社会的一点一滴，热衷于对冲绳社会、历史、文化等相关资料的收集与研究。

提起冲绳，人们往往冠以如下的形容——"碧海蓝天之岛""疗伤之岛""学问的世界""日本古代文化残留之岛""映射日本古代之岛""基地中的岛""美军占领时间较长的岛""体验过惨烈战争之岛"。上述对冲绳的诸多描述无不透露出冲绳的与众不同与古老神秘。的确，冲绳是琉球王国的混血遗孤，是一个美貌与悲情的共存体。受特殊历史背景的影响，中国、日本、美国在冲绳身上都刻下了永久的印记，造就了如今冲绳"混血""多元"的个性。与日本本土相比，冲绳的民俗活动、饮食文化、建筑风格等都表现出极大的差异性，散发着南岛独有的文化个性与魅力。这种个性与魅力不仅深深根植于古老的琉球群岛独特的历史与底层最根本的精神基因，更根植于古琉球底层文化与中华底蕴深厚的传统文化的融合与重组下产生的深沉而有力的主流核心文化。

日本历史学家新崎盛晖在《冲绳现代史》的开篇序言中提及：冲绳在行政上属于日本都道府县之一，为冲绳县。但因拥有不同于日本一个地区的独特历史，它还拥有根植于独特历史的特色文化的社会地区。特别是与中国，从明清时代就有很深的关系。① 比嘉康文指出：冲绳是日本，却又不那么日本。②

从地理位置来讲，冲绳距我国台湾仅有 640 公里，距福建省福州市、泉州市也仅有 935 公里，而距离东京却有 1400 公里。地理位置上，冲绳位于亚热带，有日本本土难得一见的亚热带景观；历史上，琉球王国从明朝洪武五年（1372）与中国正式建交起一直到清光绪五年（1879）被日本武力吞并为止，与中国保持了 500 余年的朝贡册封关系，是明清时期与中国往来最为密切的藩属国之一。琉球是中国明朝时期中国人为该群岛取的名字，而冲绳是日本占有后对其的称呼。

---

① 新崎盛晖. 冲绳现代史 [M]. 胡冬竹，译. 生活·读书·新知三联书店，2010：1-2.
② 比嘉康文. 沖縄入門 [M]. 同時代社，1993：10.

第一章 总 论

明清时期的中国具有悠久的历史、高度的文明和繁荣的经济，周边诸国都极为热衷与中国联系，都被中华博大精深的文化所折服，争相效仿。琉球国自1372年与中国建立起册封朝贡的关系后，经济贸易与民俗文化都迎来了大发展。中琉500余年的友好交流使得琉球的宗教信仰、岁时节庆、饮食起居以及社会生活等方面都深深刻上了华夏文明的烙印，对近世琉球民俗文化的发展产生了深远的影响。

中国与琉球长达500余年的交流主要体现在外交、贸易、移民三个方面。一方面，与中国建立起的册封、朝贡体制不仅促进了琉球经济贸易的飞速发展，也促进了民俗文化的积淀与成熟；另一方面，中琉交流不仅扩大了中国在海外的政治影响力，也极大地推动了中国文化在异域的传播与渗透。福建由于与琉球地缘上的便利，在中琉交流中发挥了重要作用。文化因人员的流动而得以传播，福建的民间风俗通过"闽人三十六姓"①移居琉球及其后代子孙极大地影响了琉球社会，是推动琉球社会进步的重要因素。

中琉之间500余年的政治互动和贸易往来，使得中国的社会文化体系成为琉球国的国策范本，年中重大的岁时节庆完全传承中国，沿袭至今。不可否认，在不断吸收并接受中国文化中孕育起来的古琉球文化在今天的冲绳诸岛仍有极强的生命力。这一点在至今仍活跃于冲绳诸岛的民俗活动，诸如民间信仰中的俗神俗信、祖先崇拜等宗教习俗，岁时节庆、婚丧礼俗等社会习俗以及饮食起居习俗中可以得到很好的证明。上述这些具有鲜明南岛风格的众多习俗无时不散发着与日本本土有别的异质性，却与我国华南地区习俗具有高度相似的同质性，耐人寻味。

异文是民俗事象的一个显著特征，民俗事象传承方式的特殊性决定了民俗事象不可能只有一个文本。由于地理环境、民族、语言、生活方式、信仰、风俗习惯等因素的差异，即使同一个民俗事象也会呈现出不同程度的异文。

---

① "闽人三十六姓"是对明朝迁居琉球的福建人三十六姓的总称。史料记载，明太祖于洪武二十五年（1392），为方便贡使往来，赐闽中舟工三十六姓。闽人三十六姓多为航海家、学者或其他拥有一技之长的人，他们在琉球负责航海、造船、外交文书的编写、翻译、对华贸易等事务，在琉球社会中地位较高，成为琉球王国里一支有特殊待遇的族群。参见谢必震．明清时期中国与琉球贸易之研究［D］．厦门大学，1998．

中日两国这种相互交融、和而不同的文化现象为两国间的比较研究提供了有力的支撑，使本研究成为可能，而民俗的变异性特征也为比较研究提供了学理的依据。

在冲绳诸多民俗文化事象中，笔者将那些在日本本土并不多见，至今却仍活跃在冲绳各地、散发着浓郁的中华气息和华南风情、最具冲绳文化魅力的饮食习俗和岁时节庆作为研究对象。饮食习俗方面笔者将围绕代表冲绳饮食文化的"刺身"和猪、羊肉料理，岁时节庆则围绕冲绳最为重要的祭祖行为（清明节、中元节）和神灵崇拜观念（端午龙舟竞渡）来进行探讨。通过梳理两地上述习俗的发展脉络，挖掘重要的文化线索和文化特征，以探寻中日乃至东亚这一普遍存在的民俗事象的历史文化根源、其间的内部联系以及汉文化在异域流变的一些规律。

中日两国由于相同的东方背景，"同文同种"的文字渊源，使得中国文化较容易被日本接受。尽管如此，上述从中国流入冲绳的几种民俗事象经过与本土的自然环境、社会状况和风土人情相融合后，无论是形式还是内容都被赋予了较强的地域性和民族特性。民俗与饮食作为中日传统文化中的重要民俗事象，其表现形式与仪式内容反映了人民的生活、文化中具有传承性的意识形态和习俗惯例，以及渊源悠久的历史关系。日本许多传统文化习俗来源于中国，但在发展的过程中，具有更多的衍生性与次生性，展现了中日在文化传承上的痕迹，表现了汉文化在异域流变的过程。[①]中日文化所呈现的同中有异、异中有同这种有趣的表象很好地反映了中国文化对日本的影响以及日本本土原生文化的强大生命力，也很好地诠释了世界民族文化的同一性与差异性、人类生活的多样性与丰富性。

在全球一体化和文化多元化的今天，确立全球化理念和多元文化共存至关重要。寻求"多元文化共生"的全球化，既需要各民族对自身文化有完全的自觉，又需要以异质性的"他者文化"的存在为前提。在民俗领域，对民俗的区域性和差异性应该有足够的重视与尊重、理解与包容，这一点对于一衣带水、文化交流源远流长的中日两国尤为重要。谋求构建中日民族间的文

---

① 李明华. 中日中元节民俗仪式比较 [J]. 中央民族大学学报（哲学社会科学版），2007（5）.

化认同，尊重和认知彼此的文化差异对于缓解中日间的"文化冲突"和构建文化的认同有着重要的作用。只有加深对异文化的认识，通过与本国文化进行客观理性的比较进而深刻理解、认同异文化，超越文化差异的交流才能真正得以实现。这也是人文社科最重要的研究课题，具有较高的研究价值和深远的意义。①

二、研究意义与研究方法

本书选取我国华南地区广东、广西、福建与日本南部的冲绳作为研究对象，重点围绕重要的祭祀行为与饮食文化进行了详细的考察与研究，梳理了我国华南地区与冲绳两地的历史渊源、文化交流与传承，分析了从中国华南地区传入冲绳的民俗文化在融入本土过程中的文化变异。在国内学术界，一方面，围绕中日文化比较方面的研究较为丰富，但大部分研究都是在中日两国大背景下，就某一个或两个具体文化习俗进行比较，研究缺乏深度，基本停留在简单的介绍和分析上。另一方面，由于中琉两国深厚的历史渊源，使得国内学者较早就关注对琉球问题的研究，但研究的重点多偏重于中琉历史关系中的册封、朝贡史实和贸易体系，以及因日本武力入侵，琉球王国灭亡所引发的中琉关系的演变、琉日矛盾的发展等历史因素上。由于受史料限制，学术界对明清时期琉球民俗的研究数量少，而与本书相关的比较研究更是非常有限，现有研究多集中在闽南、闽西民间信仰与琉球的对比研究上。另外，在以往的研究中，探讨中日文化传承，特别是从日本文化中探寻汉文化因素的研究中，围绕我国华南地区与日本冲绳的研究数量和质量都亟待提高。因此，将至今仍活跃在冲绳各地又布满中华民族痕迹，而在日本本土并不多见的民俗文化作为研究对象的本研究就显得弥足珍贵。本书研究视角独特、新颖，研究内容具有一定的创新性与开拓性，具有重要的研究价值与研究意义。

通过本书的研究，可以充分说明日本南部冲绳与我国华南地区历史上的经济文化交往非常密切，华南尤其是福建民俗文化对冲绳文化产生了重要的影响。本研究不仅有利于强化国家自我文化本位意识及文化安全的构建，而

---

① 蔡凤林.中日民族文化比较研究论丛（第一辑）[M].中央民族大学出版社，2013：9-10.

且有助于我们更好地摆正中日两国文化在历史上的传承与发展的关系，同时，进一步诠释了世界民族文化的差异性和同一性、人类文化的丰富性和多样性，这有助于对异文化的理解与包容，寻求文化认同，消弭文化冲突，实现超越文化差异的交流与合作。本研究成果有助于推动跨国、跨民族间的民俗文化的比较研究，进一步拓宽了民俗学实证性研究，丰富和创新了民俗学研究的理论。

民俗是民族文化的重要组成部分，起着承继历史文化的纽带作用。对民俗的研究不仅有实际的社会效益，而且是对人类文化财富的整理和发现，是极有意义的一项科学活动。在全球一体化的今天，因跨文化交流的日渐频繁，对异文化的认同与理解问题逐渐凸显出来。研究比较中日两国民俗文化，无论对学习彼此的语言，还是发展双方的友好关系，都是一项重要而有意义的工作，更是当代人文社会科学最重要的课题之一。

本研究也切合了 2013 年国家提出从战略上思考和谋划文化软实力的提升这一文化立国之国策，以及以打造"政治互信、经济融合、文化包容"的利益共同体为主旨的"一带一路"倡议的实施。日本是我国"一带一路"倡议东北亚方向的重要国家。福建自古就是"海上丝绸之路"的重要启泊点，在沟通我国与海外文化交流与经贸往来上发挥了重要的作用。而今日冲绳也是日本南部最重要的物流枢纽和旅游胜地。有着历史交融、文化相通的福建和冲绳两地必将展开更为紧密的合作，助推"一带一路"的建设。

文化是国家的根脉，是一个国家和民族发展中最持久、最深沉的力量。面对日趋激烈的国际竞争，只有认识文化的价值，重视文化建设，坚持文化自信，努力展示中华文化的独特魅力，才能在各种思想文化的相互激荡和碰撞中掌握主动权，提高话语权，有效应对来自各方面的挑战。

本书主要采取四种研究方法。文献研究法：在国内和日本收集、整理与本书有关的中文、日文、英文文献资料并进行分析和评述。田野调查法：通过在广东、广西、福建、日本冲绳等地进行田野实地考察，把握我国华南地区与冲绳饮食习俗和岁时节庆的渊源、现状及变化。访谈法：通过借助对国内外相关人士的访谈，以获取本书需要的更为直接的有效信息资料。比较分析法：对我国华南地区与日本冲绳几种民俗事象进行比较分析，做出客观评价。

第二章 文献综述

第二章 文献综述

　　由于冲绳独特的历史发展轨迹，其文化是由冲绳本岛古老文化、中国南方文化、日本本土文化交织在一起的混合文化，具有"一体多元"的鲜明特性，这也正是本书民俗文化比较研究成立之所在。由于本书研究地域涉及三地，内容涉及祭祀活动、社会习俗与饮食文化等，文献综述部分需要关注的学者及其学术研究其数量之庞大、内容之复杂是可以预见的。不仅要深入挖掘中日学者对中国、琉球、日本三者历史渊源的研究，更要细致梳理与解读中日学者对中国、琉球、日本传统民俗文化的研究现状，特别是比较视角下的研究文献。为使综述具备严谨性、条理性、易读性，笔者拟将文献综述的内容设置成中国和日本两大模块，每一大模块的内容主要依据文献的类型依次按专著、论文集、期刊论文逐一进行梳理考察。同时，尽最大努力将文献分门别类，按传统的历史学领域、宗教学领域、交叉性的人类文化学领域进行整理论述。

　　本书文献收集主要依靠以下手段：在国内，充分利用相关机构的藏书，如国家图书馆日文资料库、日本学研究中心资料库；大学图书馆的藏书，如中央民族大学图书馆、福建师范大学图书馆、厦门大学图书馆等。在日本，主要委托日本友人和本校留学生在书店或网上订购，在日本相关大学（熊本大学、九州大学、京都大学等）图书馆查阅复印等。

　　本综述将以学术史的梳理与解读重构的双重视角，通过文献史料研究与实地调研为主要研究方法，围绕综述性研究与专门性、地域性研究两大类别，以目前到手的日本学者撰写的百余册珍贵的冲绳学日文原版图书和中文原版图书为基础，参考中国知网、日本 CINII 系统收录的中日学术界冲绳学、中日两国比较视野下的各类论述成果，重点追溯 19 世纪末 20 世纪初以来中日学者对中琉历史关系、冲绳民俗文化的研究，以此为基础，深入探讨冲绳文化源流及中国文化在冲绳传播过程中如何与本土文化交织与融合、发展与变异。

一、中国学者冲绳学研究现状

（一）记录琉球、中琉两国历史关系的古代文献

中琉两国 500 余年波澜壮阔的交流史为后人留下了宝贵的文化遗产。中国使节撰写的册封琉球使录和中琉两国的官修史志、文书，以及古代学者的各类著述，今天仍是研究明清时期中琉历史关系和琉球社会文化弥足珍贵的文献史料。

例如，明代历朝官修的编年体史书《明实录》记载了大量明朝与琉球国的往来活动记载。《明史》《清史稿》等官修史籍由于对中琉历史关系的记载比较系统完整，被视为研究琉球社会与文化不可或缺的重要基础史料。例如，明朝册封使陈侃的《使琉球录》（1534）、明朝册封使郭汝霖的《重编使琉球录》（1562）以及清朝册封使徐葆光 1719 年奉命出使琉球所著的共六卷琉球国史书《中山传信录》，较为翔实地记录了琉球国的政治制度、外交礼仪、地理物产与宫廷生活。尤其是《中山传信录》卷五、卷六分别记录了琉球国的礼制、宗教信仰与风土人情、语言文字等，是了解琉球国历史文化与中琉关系较为系统翔实的史料。《国家图书馆藏琉球资料汇编（全三册）》（2003）中收录了至今尚存的古籍中历次使琉球录的影印本，还收录了个别使臣及琉球官生的诗集影本，也是研究中琉历史关系的珍贵史料。

谈及古代学者的著述当数徐光启的《徐光启集》，王韬的《琉球朝贡考》《琉球向归日本辩》，《国家图书馆藏琉球资料汇编》，谢肇淛的《五杂俎》《福州府志》等，这些文献从不同的视角、不同的侧面对琉球国有一定的认

识与记录。①以上这些古代文献对研究琉球的政治、社会、文化、习俗、中琉关系等都有很高的参考价值。

古代琉球方面，研究明清时期中琉历史关系最为重要的珍贵文献当数堪称琉球国三部官修权威历史典籍：琉球国按司向象贤的《中山世谱》（1650）、琉球国紫金大夫蔡温等编修的《中山世谱》（1725）以及由唐通事郑秉哲等奉尚敬王之命编纂，于清乾隆十年（1745）初步完成，后由从中国留学而归的史官继续编写的《球阳》。《球阳》是三部史书中记述最为详尽的，内容丰富，从琉球皇族系谱、政治、经济、宗教、社会、文化到天文星象、自然灾异无所不有，为冲绳学研究提供了综合性研究的重要史料。此外，日本官方文书《历代宝案》以及日本外务省编辑的《琉球处分（三卷）》《日本外交文书》等史料也是研究琉球外交制度以及琉球社会和政治极为珍贵的历史文献。

（二）20世纪以来，我国学者冲绳学研究现状

由于中琉两国的历史渊源，我国学者早在20世纪初就开始了对琉球的研究，加之近年来中琉关系国际研讨会的定期召开，记录中琉交流的历史文献和关注琉球问题的学术著作虽然数量不多，但都是国内相关领域知名学者呕心沥血、潜心钻研之结晶，具有较大的参考价值。本节将文献划分为专著、论文集、学术论文三大类，重点从历史学、宗教学、文化人类学三个视角来整理归纳文献研究的脉络。

1. 专著

（1）历史学背景下的研究。现任南开大学日本研究中心教授、中国日本史学会近代史专业委员会会长米庆余教授和教育部人文社科重点研究基地——福建师范大学闽台区域研究中心主任谢必震教授可谓是国内研究琉球问题的首席专家。米庆余教授在日本近现代外交史、中日关系研究领域取得了丰硕的成果，主要著作《琉球历史研究》是了解琉球王国兴衰史、中琉册封朝贡贸易、中日琉关系不可多得的参考文献。难能可贵的是，米庆余教授

---

① 王晓云. 明代中国、日本、琉球关系之研究 [D]. 福建师范大学，2004.

对现今日本一些学者的某些错误观点——做了考证和批驳,在充分挖掘历史文献的基础上,再现了一个完整真实的琉球历史。这部力作对客观认识琉球的历史变迁和纷繁复杂的东亚形势可谓弥足珍贵。

谢必震教授是国内研究闽台关系、琉球问题的首席专家,主要著作《中国与琉球》在充分研读档案和各类使琉球录的基础上,将研究的重点放在中琉源远流长的历史关系上,是研究中琉关系史学术价值极高的著作。尤其是"中国人眼中的琉球"章节利用各使臣的使录记载对琉球的民俗文化做了较为系统的概括。谢必震教授的博士论文《明清时期贸易之研究》以及著作《明清时期中琉航海贸易研究》是了解中琉海上交通和贸易这一研究领域的力作,颇为学界所关注。另外,他作为副主编撰写的《福建对外文化交流史》"从历史角度全面系统深入地考察了福建思想文化每一领域产生、发展、演变以及对民众社会渗透,阐明了福建在对外传播中华文化以及交流中所起的作用"。[1]其中,第三章"明清时期福建与日本、琉球的文化交流与传播"具体考察了福建文化向日本、琉球传播的途径以及对琉球社会的影响,为进一步研究福建地方文化史及中琉文化交流史提供了有益的参考。

孙清玲撰写的中琉关系研究丛书《明清时期中琉友好关系历史遗存考》通过对福建、北京、日本冲绳地区的中琉友好关系遗存的考察,梳理了中琉关系发展变化的轨迹,为中琉关系的研究提供了丰富的学术信息。该书高度评价了健全的机构和制度是中琉关系顺利发展的关键;先进的航海与造船技术推动了中琉关系的发展;中琉两国有志之士的献身精神促进了中琉友好关系的发展;同时,该书高度肯定了中国文化对琉球社会产生的深远影响。

元玉花撰写的硕士论文《历史地理文献中琉球名称之考述——以"隋书·流求国"地理考证为中心》主要运用历史文献学、历史地理学、地质地貌学等理论和方法,重点对《隋书》中"流求国"所指探讨了琉球名称的由来及其发展演变的过程。论文的第三章后半部分就琉球妇人以墨黥手[2]及琉

---

[1] 林金水,谢必震. 福建对外文化交流史[M]. 福建教育出版社,1997:1.
[2] 古琉球妇女文身习俗,以墨黥手为花草鸟兽之形。

球食人风俗进行了简单考察。①

1962年，杨仲揆所著的《琉球古今谈》将研究的视角聚焦在今天所遗留民俗之源流考证上，在此基础上对琉球文化进行了翔实的介绍。庄文的《琉球概览》重点整体从地理、气候、面积与人口、产业（农产、水产、畜产、矿产）方面对琉球进行了概述，并围绕北部诸岛、中部诸岛、南部诸岛分区进行了考察。

（2）宗教学视野下的研究。由于受资料收集能力的限制，目前尚未发现国内学者就琉球宗教信仰方面撰写的专著文献。由于本书的研究主旨是中日民俗文化比较，所以，梳理解读我国华南地区，特别是福建宗教信仰方面相关的文献也是本书的重要工作之一。

福建师范大学林国平教授撰写的《福建民间信仰》《闽台民间信仰源流》《福建省志·民俗志》，历史学博士生导师方宝璋所著的《闽台民间习俗》都是针对福建、台湾的传统民俗，特别是信仰民俗的专著，为研究福建与琉球之民俗比较的重要参考资料。《福建民间信仰源流》一书是徐晓望博士所著。此书不仅详细考察了包括自然崇拜、祖先崇拜、行业崇拜、俗神崇拜等闽台民间信仰所特有的形式，并且深度剖析了崇拜的方式和相关的仪式规则，对与民间歌舞戏剧、宫庙壁画的相互作用与影响也做了专门的阐述。泉州历史研究会会长陈泗东是长期从事泉州地方文史研究的"泉州通"，主编了《泉州文史》《中国历史文化名城（泉州卷）》《泉州风俗资料汇编》。福建师范大学社会历史学院教授、博士生导师汪毅夫长期致力于中国文化史与闽台区域社会研究。他的著述颇丰，其中，《闽台历史社会与民俗文化》《闽台社会与文化》《客家民间信仰》《闽台地方史研究》都是研究闽台社会与文化难得的佳作，具有很高的参考价值。致力于"闽南民间信仰"研究的博士生导师陈支平也是在明清社会经济史、福建社会文化史的研究领域有所建树的专家。他所著的《近500年福建家族社会与文化》《福建六大民系》《福建族谱》《福建宗教史》是了解福建社会与文化不可多得的文献。另外，闽台相关领

---

① 元玉花. 历史地理文献中琉球名称之考述——以"隋书·流求国"地理考证为中心 [D]. 中国海洋大学，2010.

域研究还有《闽台先民文化探源》《中华文化与闽台社会》《福建思想文化史纲》《闽南史研究》等文献。

2. 论文集

由于特殊的历史原因,第二次世界大战以来国内学术界对古琉球的研究处于停滞状态,改革开放后才得以复苏。以下就中日两国共同举办的重要的国际研讨会及所发行的论文集相关的研究做一简单介绍。

(1) 中琉历史关系国际学术会议论文集。首先,由中国第一档案馆和日本国冲绳县教育委员会联合举办的中国、琉球历史关系研讨会迄今为止在冲绳、中国台湾、北京、福州等地已举办了13届,出版的会议论文集结集了中国国内与日本知名专家学者对中琉历史关系的思考与研究,内容囊括了朝贡、谢恩、经济、文化等诸多领域,是了解中国与琉球500余年友好交流极其珍贵的史料。

《中琉历史与文化——第十一届中琉历史关系国际学术会议论文集》重点围绕东亚海洋世界中的琉球以及中、琉、日关系展开多层面、多领域的探讨与研究。与本研究密切相关的论文数量虽不多,但参考价值极大。例如,重点探讨中国文化的传播及对琉球文化的影响方面的就有日本东京大学名誉教授、文学博士洼德忠的《中国文化对琉球文化的影响》,渡边欣雄的《冲绳的民俗亲族体系——试以知识人类学琉中比较研究为视角》,曲洪亮的《一个亚文化的剖析——中国文化与日本文化、琉球文化》。吴霭华的《清代儒家思想对琉球的影响》、列宁颜的《从寺庙看中国文化在琉球》、兼治之的《琉球接受朱子学之研究》则是从思想信仰民俗方面论述了中琉间的交流。围绕饮食、娱乐探讨中琉文化交流与传承的则有宫城昌宝的《琉球食文化的受容》和刘福琳的《中国戏曲与琉球组舞》等。

《顺风相送:中琉历史与文化——第十三届中琉历史关系国际学术会议论文集》刊载了中外学者共28篇富有真知灼见的论文。其中,小熊城的《近世琉球的村落迁移与风水》、林国平的《冲绳久米村阮氏、毛氏门中清明墓祭的调查》、童宏民的《徐葆光眼中的琉球风俗与女性》与本研究密切相关。这些研究成果虽然只围绕琉球民俗文化展开,但为笔者深入了解琉球民俗,从而更好地进行比较研究提供了科学的研究方法与翔实的研究素材。

(2) 琉球·冲绳前沿学术问题国际研讨会论文集。由中国战略与管理研究会、北京大学历史系、北京市中日交流史研究会于2013年联合发起的"琉球·冲绳前沿学术问题国际研讨会"迄今已举办四届。以第二届在北京举办的研讨会为例，中日两国近60位对冲绳研究有所建树的专家、学者到会并发表了38篇视角各异的论述。虽然论述多集中在以不同视角对中琉历史关系的探讨、冲绳问题研究、战后冲绳人自我意识的构建等领域，但也不乏对冲绳的对外交流和民俗方面的研究。例如，谢必震的《论琉球闽人家谱的几个问题》、赖正维的《闽人三十六姓与中琉关系研究》、国家博物馆研究员管宁的《琉球久高岛"神女祭"之阴阳五行原理考释》、清华大学人文学院刘晓峰教授的《琉球端午节俗三论》、日本明治大学三田刚史的《八重山与台湾的交流》、琉球大学名誉教授比屋根照夫的《近代琉球亚洲观的构造》、北京外国语言大学日本研究中心主任周维宏教授的《冲绳人的对华认识》、冲绳大学客员教授又吉盛清的《日本帝国主义的侵略战争与殖民地支配下的琉球冲绳人的中国体验》等。

(3) 中日民族文化比较研究学术研讨会论文集。2011年7月由中央民族大学承办的第一届"中日民族文化比较研究学术研讨会"的研究成果，蔡凤林主编的《中日民族文化比较研究论丛》刊载了国内学者23篇通论佳作，内容多以比较的视角围绕中日两国在民俗文化领域进行对比研究。例如，潘贵的《中国傩戏与日本能剧比较研究的国内外研究现状》、黄才贵的《中日干栏式建筑的同源关系初探》、张爱萍的《中国傩文化在日本的流变》、王晓东的《中日端午节比较研究》等论文就是以中日两国为大背景就某个民俗事象进行的对比研究。虽然这些内容针对我国华南地区与冲绳的比较研究不多，但这些学者的研究视野、观点与研究方法对笔者深入本书的研究无疑具有重要借鉴意义。尤其是蔡凤林的论文《关于构筑中日民族文化比较研究学术领域的思考》令笔者颇受启发，客观、理性认知和理解中日彼此之间的文化差异对跨文化交流与文化认同的构建意义重大。崔世广的《改革开放以来中国的日本文化研究》是将"30年来的日本文化研究放在当时的历史大背景下，重点围绕日本文化研究的问题意识、研究课题、研究方法三方面梳理分析，勾勒出了中国对日本文化研究发展的轨迹"。崔莲的《近三十年来日本学界对中国少数民族研究动态概述》则以 1980 年至 2011 年在日本出版的日文论著为主要依据，概述了日本学术界对我国西南、台湾、西北、中南、东北地区的少数民族研究的动态。该论文研究视角独特、内容丰富全面、资料翔实可靠，对了解日本国内对中国民族文化研究的现状与发展无疑具有重要的借鉴意义。同时，该研究也为笔者在研究视野、研究内容、研究方法上提供了极有价值的参考。

（4）中日民俗文化国际学术研讨会论文集。由云南大学中日民俗文化研究中心、图书馆和楚雄师范高等专科学校地方民族文化研究所联合发起的"中日民俗文化国际学术研讨会"是中日两国学者研究稻作文化领域的重要学术盛会。以 2000 年举办的第二届"稻作与祭祀——中日民俗文化国际学术研讨会"为例，参会的中日学者达 91 人。其中，日本学者有以伊藤清司、小岛璎礼为代表的对中国少数民族，特别是对西南少数民族民俗文化研究有很高造诣的知名学者 28 人，国内参会的是以林和、李子贤等在内的民俗学界极为活跃的学者 63 人。会后出版的《稻作与祭祀——第二届中日民俗文化国际学术研讨会论文集》共收录围绕中国与日本祭祀风俗习惯、水稻与民族文化领域展开的研究近 60 篇，具体内容从稻作礼仪的基本结构、收割礼仪与谷神到中日农业祭祀中的迎春活动等，以不同的视点和层面深入剖析了中日两国相互关联或迥异的稻作祭祀习俗及稻作的内涵。[①]

类似的以研究我国少数民族文化为主旨的中日民俗国际研讨会论文集还有云南大学和怒江州人民政府联合主办的"怒江大峡谷民族文化暨中日民俗文化国际学术研讨会"论文集，以及由亚细亚民俗学会主办的"亚细亚民俗研究：亚细亚民俗国际学术大会"论文集等。

3. 其他相关学术论文

综上所述，无论是专著还是论文集都集中了国内外学者或是宏观层次上的通论佳作，或是微观层次上的分门别类的细致研究。接下来对重点围绕中琉历史关系、中国文化对琉球影响为主旨的研究论文做一梳理。笔者按研究

[①] 研究稻作文化的一次盛会——第二届中日民俗文化国际学术讨论会综述 [J]，楚雄师范学院学报，2001（1）.

内容将其大致划分为四大类。

（1）从历史学角度重点探讨中琉历史关系史之论述。除专著外，谢必震发表了多篇围绕钓鱼岛的归属问题和中琉历史关系相关的论文。例如，《论古代琉球人对钓鱼岛认知的来源》《从中琉历史文献看钓鱼岛的主权归属》。这两篇论文在充分研究分析琉球古文献的记载及琉球人编纂的航海史以及中国出使琉球使臣记述文献的基础上，指明具有高超航海技术的中国才是钓鱼岛最早的发现者及命名者，钓鱼岛的主权属于中国是不争的事实。另外，谢必震指导、王晓云撰写的福建师范大学硕士论文《明代中国、日本、琉球关系之研究》重点"以14世纪末至17世纪初东亚的邦交体制为背景，考察了明代的中国、日本、琉球三国的关系，着重分析了16世纪日本势力扩张之时对琉球的窥视，发兵大举入侵直至琉球沦为其附庸的全过程。该文揭示了日本侵略扩张的动因与实质，探析了三国关系演变对明代东亚国际秩序的深刻影响"。①

米庆余撰写的论文《古代日琉关系考》是研究古琉球历史以及中国与琉球、日本与琉球关系领域不可多得的佳作。这方面的研究还有李健的硕士论文《洪武时期明、琉关系研究》、刘岳武的《明朝时期中、日、琉球关系研究》、徐斌的《明清士大夫与琉球——以中、日、琉三国关系为中心》。

赖正维、李郭俊浩的《回顾与展望：中琉关系史研究30年》主要是对20世纪80年代迄今中国史学界有关中琉关系史的学术研究历程进行了认真梳理，对中琉关系史研究的重要档案资料及学术著作的出版进行了介绍。

（2）从宗教学角度探讨我国儒学对琉球社会影响之研究。首先，重点探讨中国儒学在琉球的传播以及对其影响的研究。例如，林家明的《中国儒学在琉球的传播》重点围绕琉球儒学思想的由来以及儒教对琉球的政治制度、社会风气的变迁、琉球的社会生活、学校教育中的影响做了较为翔实的考察与分析。倪震的《明清时期儒学在琉球的传播及影响》和《程顺则与儒学在琉球的传播》也属于此类。前者通过对儒学移植琉球的途径的考察探讨了儒学对琉球社会发展的影响；后者论述了华裔儒学大师程顺则在儒学传播琉球

---

① 王晓云.明代中国、日本、琉球关系之研究［D］.福建师范大学，2004.

过程中所扮演的重要角色。崎原丽霞的《从程顺则的生平著作看儒学在琉球国的传播》是通过对那霸现存的"程氏家谱"中关于程顺则记载的解读，考察了17世纪琉球国孔庙、启程公祠等的修建与祭祀的盛况，从而探讨了儒学在琉球的传播。王海利的《从明清册封使录及"入学见闻录"看儒学在古琉球的传播》、崔俊峰的《儒学与明清琉球教育事业的发展》、连晨曦的《明清宗藩关系对琉球社会的影响》也是这方面的研究成果。

（3）以文化人类学为核心的跨学科、交叉学科下的中琉历史文化渊源之研究。自21世纪以来，中日学者立足于本土学术的深厚根基，不断融合西方文化人类学的研究方法，呈现出以文化人类学为核心的跨学科、跨文化的研究趋势。文化人类学的基本研究方法包括实地参与观察法、全面考察法、比较研究法。这一研究方法重点针对中琉历史文化渊源的基础、发展、现状以及变异展开实证性的考察与研究。

首先，重点对明清两代中国派往琉球的册封使团，琉球派往中国的使团和留学生进行梳理，进而对他们在传播中国文化上所起到的积极作用加以评价。在这方面，中外关系史专家厦门大学南洋研究院教授、博士生导师李金明的研究成果是其典型。李金明的《明清琉球册封使与中国文化的传播》和《明清时期中国文化在琉球的传播——从文化传承看琉球的归属问题》都是此领域具有较高学术研究价值的佳作。此外，郑辉的《明清时期琉球来华留学生对琉球文教事业的贡献》、谢必震的《明清士大夫与琉球》、徐斌的《明清士大夫与琉球——以中、日、琉三国关系为中心》、徐恭生的《琉球国在华留学生》等研究也属于此层面上的研究论述。而杨邦勇的《明清闽人三十六姓与琉球宗教文化的发展》则重点考察了闽人三十六姓移居琉球对琉球宗教文化所产生的影响。

其次，围绕中国与琉球的历史渊源探讨琉球文化以及中国文化对琉球影响的研究。这类研究总体上可以分为综合性研究与专门性、地域性研究两大类。前者主要通过查阅文献及实地考察，重点围绕琉球的政治制度、宗教思想、民俗习性、文学艺术等整体阐述中国文化对琉球所产生的影响。后者则主要集中在某一领域、某一层面进行文献与实地调研相结合的研究。

吴永宁的硕士论文《琉球民俗文化研究》就是这类综合性研究的典型。

该论文在考察琉球国的饮食起居习俗（饮食、服饰、建筑等）、民间信仰及宗教、社会生活习俗（婚丧、岁时节庆、民间艺术）的基础上，通过与福建民俗的对比研究，探讨了福建民俗对琉球民俗形成与发展的影响，展现了中琉两国长达500余年的民间民俗文化的交流与传承。

陈泗东在第九届中琉历史关系交流会上发表的《福建民俗与琉球》，也是以福建与琉球的历史交流为背景，将研究视角放在福建民俗的传承与特征上，并在福建的民俗中探寻与琉球民俗的关联性。

谢必震的《福建文化在琉球的传播与影响》《闽都文化在琉球》《从清朝档案看中国文化在琉球的传播》，张俊红的《明清时期中国南部文化对琉球文化的影响》，非夷的《似曾相似琉球风》，邵建平、于珊珊的《福州与冲绳的历史文化渊源》都是围绕中琉文化交流与传承方面展开的综合性研究，都肯定了中国文化，特别是福建文化对古琉球文化的形成与发展产生的深远影响。吴尚清的《琉球民族与华夏文化》、曾丽民的《泉州与琉球的民俗关系》、王晓云的《闽南与琉球》、何敦铧的《古代福建与日本经济文化交流探略》、彩云的《泉州与琉球民俗相似》也是属于这一层面的研究成果。类似的研究还有连晨曦、谢必震的《琉球闽人后裔的祖根情结及其对中华文化的持守——以中琉民间家谱对接为考察中心》，孙薇、曲佳音的《琉球对中华文化的受容之管见——以首里家谱动词的使用为中心》，蓝建中的《冲绳布满中国文化印迹》，高美的《冲绳岛的中国味儿》，雷慧英的《近代福建与日本的贸易和文化交流》，等等。

上述研究虽各有侧重，但可以说是一边倒地以中华民族的民俗文化对冲绳文化形成、发展、进步产生的重要影响为中心，整体强调了中国文化元素在冲绳文化中不可替代的重要地位。

最后，则重点以某个民俗事象或某个特定的历史时期为研究对象，探讨中琉交流与文化传承方面的研究成果。围绕被誉为冲绳民俗文化奇葩的"天妃信仰""爬龙船""石敢当"等方面的研究就是其中的典型。

以中国东南沿海为中心的海神信仰（天妃信仰）东传古琉球，成为中琉两国共有的精神财富。例如，谢必震、陈硕炫的《琉球天妃信仰状况及其嬗变》主要考察了琉球天妃宫的现状以及传入琉球的主要途径，探讨了该信仰在琉球得以传承的原因，并对天妃信仰在琉球的神祇功能、祭祀嬗变等方面进行了探讨。薛熙的《从"救兄未救父"的传说看妈祖信仰在琉球的嬗变》则将研究重点放在了妈祖信仰东传至琉球后，琉球对天妃信仰的接受及本土化变异的过程。施敏洁的《妈祖信仰的发展传播及融合——以中国、琉球、日本为中心》重点阐述了妈祖信仰东传至琉球并以琉球为中转枢纽进入日本与当地的海神信仰融合，揭示了妈祖信仰是中、日、琉三个区域的普遍信仰，具有很高的同质性。侯培杰的《论天妃信仰在琉球的传播和嬗变——兼与琉球姊妹神信仰比较》除阐述天妃信仰在琉球的传播外，侧重点放在此信仰在异域的流变，并与琉球的姊妹神信仰做了梳理比较。

广泛分布于冲绳诸岛的"石敢当和琉球狮子"辟邪俗信也印证了中华文化对海外的巨大影响。梁景之撰写的《冲绳的辟邪俗信与文化》主要围绕冲绳最具代表性、普遍性的民俗事象——石敢当和琉球狮子辟邪的类型、布设和功能进行了详细的考察。以此为基础，探讨了冲绳辟邪俗信与风水文化，提出了冲绳久米村、首里城的风水实践是中国传统风水思想与当地实际相结合的产物，也是琉球风水思想及其信仰的集中体现和典型代表。

鲁宝元的《石敢当——日本冲绳所见中国文化留存事物小考》提出中国重要的驱邪避魔风俗之泰山石敢当流入琉球，并在琉球发展演变，成为今天冲绳重要的民俗文化元素。

关于盛行于冲绳诸岛的"御岳"信仰以及龙船信仰方面文献的收集虽然极其有限，但却有重要的参考价值。张正军的《日本冲绳的御岳信仰及其祭祀》对普遍存在于日本冲绳诸岛各村落，作为守护地域的圣域，至今仍受许多冲绳人膜拜的"御岳"[①]进行了探讨与研究。正如张正军所言，"御岳信仰及其祭祀一直是日本冲绳民俗文化研究的重要课题，对御岳的研究可以阐明冲绳人对神的观念、村落的社会结构、祭祀集团的构成"。

二、日本学者冲绳学研究现状

由于琉球古国得天独厚的地理位置及频繁与华的通商活动，早在15—16

[①] "御岳"指琉球神话中神存在的地方，是接待来访之神、祭祀祖先神的场所。它是地域祭祀的中心，作为守护地域的圣域，至今仍受冲绳人的崇拜。

世纪的"大交易时代"就已成为中国、日本、朝鲜等国贸易往来的中转枢纽。随着与日本接触日渐活跃，日本文化也随之渗透到琉球。据史料记载，琉球与中国通商之前所使用历法就是"和历"；日本文字在15—16世纪的琉球已经流行；琉球也有日文教育；在信仰上，日本对琉球也有一定的影响。①

（一）日本民俗学的发展与冲绳学研究的展开

日本国内对冲绳民俗文化源流的实质性研究基本始于20世纪初，此时恰逢明治政府强行将琉球纳入本国版图，为加强中央集权制的统治而进行一系列同化政策。学者们认为，20世纪30年代初，在柳田国男和众多民俗学者的共同努力下，民俗研究不断繁荣，以"乡土研究"为代表的民俗学刊物或以民俗研究为主线的学术刊物相继出现，民俗学作为一门新兴的学问也初步建立。作为日本民俗学的一个重要分支，冲绳学的研究也开始受到学者们的广泛关注。到了40年代中期，日本侵略战争失败，促使以柳田国男为首的民俗学研究先驱者们开始反思日本民俗学研究的真正目的之所在。在他们的影响下，日本文化的来源、日本人的精神、稻作文化等研究在民俗界蓬勃发展。尤其是柳田国男晚年撰写完成的探索日本人祖先的"海上之路"又一次促使日本民俗学界投入对稻作文化和战后冲绳的研究热潮。1947年3月，象征日本首个专门研究民俗学机构的"民俗学研究所"成立，该研究所不仅出版了多部有影响的民俗学著作，还组织了一系列规模较大的民俗调查活动。其中，于1947—1955年进行了"南岛（以冲绳本岛为首的岛屿群）文化综合调查研究"，1955—1957年由"九学会联合"②共同开展了"奄美大岛共同调查"。③随着调查的不断深入，关于琉球文化特色和文化源流的探讨渐入高潮。

20世纪60年代以来，日本民俗学研究迎来不断深化的局面，新的研究

---

① 王晓云. 明代中国、日本、琉球关系之研究 [D]. 福建师范大学，2004.
② 日本民间传承学会、日本民族学会、日本人类学会、考古学会、社会学会、语言学会、地理学会、宗教学会、心理学会为加强学会间的交流与合作而组成的团体。
③ 周星. 民俗学的历史、理论与方法 [M]. 商务印书馆，2006：237-238.

领域与研究方法逐渐打破"一国民俗学"单一局限的格局。到了70年代，基于"民俗周圈论"思想的跨地域、跨文化的"比较民俗学"研究逐渐展开，而"比较民俗学会"的成立则意味着日本民俗学已由"一国民俗学"向"世界民俗学"转变。特别是进入80年代以后，日本民俗学研究迎来了多样化的时代，比较民俗学逐渐得到民俗研究学者的广泛认同，经常被作为研究活动的主题来探讨。

无论是有着"民俗学之父"之称的柳田国男，还是倡导"日琉同祖"的"冲绳学研究之父"伊波普猷，以及他们的弟子比嘉春潮、折口信夫、外间守善，再到后来著有《庚申信仰》的洼德忠等众多知名民俗学研究学者都对冲绳文化源流提出了自己的见解，可谓百花齐放。但总体来讲，日本学术界对琉球民俗文化的研究多偏重于琉球以道教为主的宗教和民间信仰，以及受民间信仰所影响的岁时节庆的礼俗和丧葬习俗、建筑风格等，对于饮食和服饰的研究反而较为单薄零散。

（二）20世纪以来日本学者的冲绳学研究（专著）

本节将按民俗学研究的划分时期及研究内容对日本民俗学者对冲绳的研究做出梳理与分析。

1. 20世纪初日本民俗学先驱对冲绳文化源流的探讨

20世纪伊始，随着明治政府在冲绳强行推广"皇民化政策"的不断加深，激发了一批民俗学者对冲绳文化源流的好奇与探究。这一批学者笔者称其为冲绳民俗学先驱，代表人物有在日本有"民俗学之父"之称的柳田国男和提出"日琉同祖"的伊波普猷以及他们的弟子折口信夫、比嘉春潮、外间守善等学者，他们都对冲绳文化的源流提出了独到的见解，为后人对冲绳文化的研究奠定了坚实的基础。

（1）柳田国男（1875—1962）的"一国民俗学"[①]。日本民俗学的形成与发展与柳田国男密不可分。柳田国男是日本从事田野调查的第一人，一生

[①] 根据日本人所了解的日本学问，通过只限于日本内地范围的资料收集、分类与比较构筑"一国一语言一种族"没有文字的历史。"一国"范围内收集乡土资料是柳田国男所畅想的民俗学所必备的条件。

致力于民俗学的研究,可以说日本初期的民俗学发展与柳田国男的个人经历和研究成果是紧密相连的。1910年,柳田国男亲赴被誉为日本民间传承宝库的岩手县收集整理当地的传说,并出版了堪称日本民俗学经典之作的《远野物语》,该著作被公认为了解日本民俗学源头的必读之物。

柳田国男于大正九年(1920)首次踏上冲绳的土地。深入九州、冲绳诸岛进行考察的柳田国男,其思绪一直穿梭在历史与现实之间,并逐渐强烈意识到冲绳在日本民俗文化中的重要性和南岛研究在日本文化中的意义。在这样的理念驱使下,他于大正十四年(1925)撰写了《海南小记》。这部著作可以说是柳田开始思索日本文化源流的一个重要开端。他在书中有两个对冲绳文化的独到见解,不仅提出了冲绳文化与日本文化的一致性,而且还提出了冲绳文化是日本文化的精神母体。此著作被视为最早倡导"日本文化北上说"的先驱性著作。[1]

实际上,柳田国男真正开始对冲绳投入研究始于第二次世界大战之后,其标志就是他于1950发表的以《海贝之事》为代表的系列论文中对日本民族的起源提出了"海上之路"的大胆设想。[2]柳田国男以椰子果实的漂流以及海贝的分布为线索,于晚年(昭和三十六年,1961)撰写了名著《海上之路》。此书收录了他从1950年起五年间写的论文,集中展示了其对日本文化来源和稻作文化的研究成果。柳田国男在书中对日本民族的起源提出了自己的见解,即日本人的祖先是遥远南方,大概就是从中国南部,通过海路先抵达冲绳诸岛,然后逐渐来到日本本土。[3]这一设想堪称柳田国男倾其一生的研究构想的雄伟假设,给后世广大领域的研究带来了深远的影响。

柳田国男辞世后,后人将囊括了其一生研究的所有论述、信稿等资料整理出版了《柳田国男全集》,全集数量庞大,共36卷,内容涉及史学、宗教学、人类学、文学、社会学、语言学、教育学、建筑学等诸多领域。而且,在日本仅针对柳田国男的研究专著就达数百种之多,这足以说明他的研究和

---

[1] 外間守善. 沖縄の歴史と文化 [M]. 中央公論新社刊, 1986: 9.
[2] 柳田国男认为从中国南方追求海贝来到冲绳岛的先民,为长期在岛上生活而将稻种也一同带到岛上,这些人就是日本人的祖先。
[3] 外間守善. 沖縄の歴史と文化 [M]. 中央公論新社刊, 1986: 9–10.

思想给日本民俗学带来的深远影响。

研究表明，柳田国男与中国的接触并不多，仅在1917年以贵族院书记官长的身份访问过台湾、厦门、广州等地，但研究资料并未显示柳田国男在访问之中及之后与中国的学术界有过接触。直至20世纪20年代中期，柳田国男才在演讲中多次提到中国的民俗学运动，并给予积极的评价。虽然柳田国男的民俗学研究只限于单一民族的"一国民俗学"，但他的构想给世界民俗学研究带来的影响是不可忽视的。

柳田国男的弟子折口信夫是可与柳田国男媲美的日本近现代民俗学知名学者，在日本民俗学的发展上做出了突出的贡献。折口信夫通过对冲绳传统的祖先崇拜"御岳"信仰及其祭祀，琉球的神道、神女、天神、海神等民俗的实地考察，于大正十二年（1923）出版了《琉球的宗教》一书，书中明确指出冲绳重要的民俗文化中都有古代日本文化的影子。折口信夫的观点进一步补充了柳田国男提出的冲绳文化是日本文化的源头之观点。

曾任日本民俗学会会长、日本风俗史学会会长的驹泽大学教授樱井德太郎在柳田国男晚年时成为他的门下弟子，著有《冲绳志：琉球志（卷1—5）》，重点研究了明治维新到琉球藩成立期间日本对琉球进行的一系列的制度改革，除研究冲绳县政务外，也对琉球的土地、风俗、物产等方面进行了详细的考证，是目前认识冲绳的内容丰富、可信性强的重要参考文献。

（2）伊波普猷（1876—1947）的"日琉同祖论"。被誉为琉球研究开山鼻祖——冲绳学奠基人、冲绳学之父的伊波普猷，其研究涉及语言学、宗教学、民俗学、文化人类学等多个领域。作为冲绳人的伊波普猷早在明治五年（1906）就在《琉球新报》上发表了题为《关于冲绳人的祖先》的连载文章，指出日本原住民"阿伊努族"人种从亚洲高原分流两部分，一部分向北方北海道移动，一部分向南方九州移动，现代居住在北海道的"阿伊努族"人与冲绳人具有共同的祖先。伊波普猷之后的研究基本以冲绳与日本的联系为主线展开。1911年出版了《古琉球》一书，透过史学、民俗学、语言学确立了琉球民族的存在，从此创立了一门新的学科——冲绳学，此书堪称冲绳学里程碑似的学术巨著，也是了解冲绳必读之古典文献。

伊波普猷研究琉球的同时也在研究日本，对琉球民族的形成提出了自己的卓见。书中运用大量史实为佐证,揭示了琉球文化源于日本文化南下经九州(稻作文化南下说)传入琉球群岛以及对冲绳的影响,从而提出轰动一时的"日琉同祖论"。[①]

伊波普猷的研究后经其弟子服部四部、仲宗根政善、外间守善的整理编辑,出版了集大成之作《伊波普猷全集》,共11卷。其中,与本研究关系密切的著述有《孤岛苦之琉球》《琉球历史物语——日本的缩图》《日本文化的南渐》《姊妹神之岛》《琉球风俗史考》《琉球女性史》《琉球古今记》,都是深入了解古琉球的历史风貌与冲绳民俗文化不可多得的珍贵文献。

(3) 比嘉春潮(1883—1977)的"百越文化北上与再南下说"。对于冲绳文化史学研究颇有建树的还有冲绳出身的比嘉春潮。他与伊波普猷私交甚好,并在柳田国男的指导下潜心研究冲绳历史学、民俗学。由于深受柳田国男的影响,在柳田国男提出的"海上之路"假说的基础上,对冲绳文化史提出了自己独到的见解。比嘉春潮认为:"中国大陆东南沿岸百越中的一小支族群为寻求宝贝来到琉球列岛并居住下来,其中的大半北上到达九州,形成了日本民族,他们被称为'海部族'。'海部族'再次南下至琉球便成了琉球人的祖先。"比嘉春潮的"百越文化北上与再南下说"之精辟卓见折中了柳田国男的"稻作文化北上说"和伊波普猷的"(海部)稻作文化南下说",进一步丰富了冲绳文化史的研究思路,具有重要意义。

比嘉春潮晚年撰写的《柳田国男与冲绳论考》中也有这样的叙述:"经我各种研究,我开始认为寻求海贝渡海来到冲绳的是中国南部沿海地区的'百越'中的一小支。'百越'民族今天广泛分布在亚洲南部地区。在今天的日本人的生活文化中能发现似乎是百越民族古代生活文化的痕迹,而且在冲绳的生活文化中存在深厚,对此感到吃惊。"比嘉春潮从那霸史编纂室中的家谱史料中的姓氏推测14世纪移居琉球的"闽人三十六姓"中就有很多被汉化的闽越人。

比嘉春潮的研究可以体现出他在探究冲绳文化史时考虑到了与冲绳有着

[①] 琉球人和本土的日本人属于同一人种,是同一祖先的两支后裔。参见吴叡人. 没有民族主义的民族?:伊波普猷的日琉同祖论初探[J]. 考古人类学刊,2005 (81).

几百年友好交流的中国。比嘉春潮认为在探究冲绳文化史时有必要对中国的民族文化，尤其是"百越"文化和冲绳文化之间的类似性进行对比研究。比嘉春潮的主要研究著述《比嘉春潮全集》，主要由冲绳历史篇、文化民俗篇、评论性传记、自传篇及日志篇等5篇组成，是了解冲绳历史与民俗的集大成之作。

2. 20世纪中后期日本民俗学者冲绳学研究

20世纪50年代以后，第三代日本民俗学者逐渐崭露头角，对柳田国男"一国民俗学"进行反思与挑战是他们共同的课题，最突出的表现是他们跳出了"一国民俗学"的框架，将研究视角投放到东亚、东南亚等国家，寻找日本与这些国家在历史、文化上的渊源。80年代中后期，我国改革开放政策的实施也极大地推动了日本民俗学者与我国学术界的学术交流，实现了日本学者到我国进行田野调查等研究工作。这一时期以历史学、宗教学、文化人类学、比较民俗学等不同的视角，或整体综合性地，或专门性、地域性地探讨了冲绳文化与中国南方的历史文化渊源，代表人物洼德忠、马渊东一、外间守善、下野敏见、山下欣一、平敷令志、比嘉政夫、渡部忠世等一批日本学者的研究备受瞩目。

（1）宗教学视野下的冲绳学研究。

①洼德忠。东京大学名誉教授、宗教民俗学者洼德忠在研究冲绳的同时，较早地将研究的视角投向与琉球有紧密关系的中国，历经20余年，致力于冲绳对中国文化的受容与本土化变容的研究。

20世纪50年代，洼德忠在日本国学院大学汉学会上宣读的一篇关于"庚申信仰"的论文中明确指出，流传在冲绳、朝鲜半岛和日本本土的"守庚申"（庚申信仰）起源于中国的道教，直接挑战了柳田国男认为庚申信仰是日本本土文化的论调，为此受到柳田国男众弟子的大力抨击。洼德忠为证明自己的论点，花七年时间进行了广泛的调查与比较研究，后终于得到柳田国男先生对他部分观点的赞赏，而柳田国男的弟子们对洼德忠的质疑一直到柳田国男辞世后才有所改观。

洼德忠的研究领域极其广泛，尤对风水学与信仰学具有深厚的学术造诣和研究成果。其撰写的三部力作，即1974年出版的《冲绳的习俗与信仰——

与中国的比较研究》、1981年出版的《中国文化与南岛》以及1989年出版的《从中国看冲绳的民间信仰》，都将研究的重心放在从中国文化中寻找冲绳文化的源流上。他指出冲绳的宗教思想、民间信仰以及传统民俗（神主牌位、石敢当、石狮、门神、纸钱、北斗七星、灶神、土地神、风水、丧祀、探病、婚姻等）与中国的渊源极深，均为中国的信仰与风俗，只是这些民俗文化进入冲绳后，在与冲绳本土文化相互融合过程中发生了本土化的变异。他编集的《冲绳的风水》刊载了冲绳民俗学大家岛尻胜太郎、平敷令治的研究。内容基本围绕冲绳的风水思想与葬墓制、冲绳的龟甲墓、洗骨习俗与风水信仰、冲绳县下的墓中符、近世琉球的城市计划等展开，是了解冲绳风水学与墓葬制的必读史料。通过这些文献我们可以清晰地看到中国南部风水学及墓制等在冲绳的一个流变过程。

可以说，洼德忠的研究是对以往冲绳文化源流种种论调的一种突破，具有划时代的意义。这些论著不仅从民俗学的视角深入研究了道教，而且对道教以及中国民俗在东北亚、东南亚的传播的研究做出了重要的贡献。

②比嘉政夫。冲绳大学教授、冲绳民俗学会会长、人类社会学学者比嘉政夫也一直致力于冲绳的民俗与亚洲社会人类学的研究，研究成果颇丰。比嘉政夫以冲绳的门中制度、亲族的研究为主线，研究范围涉及村落祭祀、信仰体系等多个领域。他以冲绳各地盛行的拔河及冲绳岛北部7月15日前后举办的海神祭为基础，在神观念、世界观、他界观等研究领域都提出了自己独到的见解。比嘉政夫调查的地域涉及冲绳、中国、泰国、韩国，其研究方法引领了冲绳与亚洲比较民俗学的方法论。由于比嘉政夫的研究领域、研究思想及研究方法都对本研究提供了极大的参考，以下就与本研究密切相关的重要研究成果做一梳理。

《冲绳的亲族·信仰·祭祀——以社会人类学为视点》主要以冲绳传统民俗浓厚的久米岛、奄美德之岛为对象，研究考察了其社会组织中的门中制度、家族与亲族，内容也涉及与韩国之间的对比研究。特别是在"冲绳的信仰与祭祀"章节中，比嘉政夫站在冲绳民俗学的视点，运用比较民俗学的方法考察了著名的系满"爬龙船"仪式的内在含义与外部表现，并指出这一广泛分布于冲绳本岛北部的奄美、西部八重山地区重要的祭祀活动的原型来源于中国的"龙舟竞渡"。他指出这一外来文化之所以能扎根于冲绳本土，原因在于其与作为冲绳本土文化，冲绳北部地区为祈祷航海安全的海神祭和八重山西表岛为庆祝五谷丰收的丰年祭、节祭活动中隆重登场的爬龙船所表现出的神观念及世界观有相通之处。

他的另一部著作《从冲绳可视亚洲》则是其赴中国台湾、泰国、印度尼西亚实地考察后，指出冲绳重要的岁时节庆，如狮子舞、爬龙船以及冲绳的苗字、门中意识均受中国社会制度的影响，特别是对"闽人三十六姓"聚集的那霸市久米村的影响最为深刻。而《环中国海的民俗与文化1——海洋文化论》主要以环中国海周边的各地域，如中国、朝鲜半岛、九州、奄美、冲绳、八重山、东南亚为背景，探讨其历史、语言、民俗，从中揭示这些地域所表现出来的民俗文化的共性与个性。该书多方面考察了作为环中国海文化交叉点，具有浓厚个性文化的琉球列岛的文化魅力。

比嘉政夫的主要著作还有《女性优位与男性原理》《冲绳民俗学的方法》《冲绳的门中与村落祭祀》等。

③马渊东一。日本籍台湾文化人类学学者、东京都立大学教授马渊东一在中国台湾生活长达18年，其研究调查对象锁定了邹族和布依族的社会构造、宗教信仰、咒术，尤其对神话和宗教仪式与社会组织关系的研究令人瞩目。他主张台湾少数民族文化与南洋、琉球文化具有关联性。他在台湾进行的以台湾少数民族为对象的田野调查中完成了许多著作，并出版《马渊东一著作集》成为现今研究我国台湾地区人类学民族学的重要参考文献。在马渊东一的研究成果里，围绕冲绳独特的爬龙船民俗展开的研究居多。

④酒井卯作。酒井卯作是对南岛，尤其是对盛行于南岛的他界观、死灵祭祀、再生信仰等方面进行研究的知名民俗学者。他撰写的著作《琉球列岛死灵祭祀的构造》是目前发现的最全面、最翔实考察琉球列岛死灵祭祀构造的珍贵文献。全书共620页，由7部分组成。第1部分主要通过对葬制的变形和洗骨文化创立的考察，论述了琉球葬制的诸多有趣现象；第2部分围绕灵魂观念的诸现象、脱灵与死亡探讨了死灵祭祀的构造；第3部分主要对海上他界、方位他界、灵境与他界的梳理再现了琉球列岛的他界观；第4部分重点考察了再生信仰的诸多形态；第5部分通过对墓制的起源与墓制的形态

考察探究了琉球列岛墓制的建立；第 6 部分则向我们展现了琉球屋内祭祀的构造；第 7 部分主要针对祖先信仰的建立与墓地的圣地化以及再生与不死进行了考察，揭示了琉球列岛的死亡构造。①该书作者选取了最能代表南岛文化的北部奄美大岛、南部八重山群岛以及萨南诸岛，将研究视角投放在盛行于该地域的死灵祭祀空间构造上。从表面上看，内容并未涉及与周边区域，特别是我国华南地区的比较研究，但通过引言部分作者的描述不难看出作者在考察琉球列岛的死灵祭祀时，没有单独地考察琉球，而是将琉球置于东亚、东南亚的大范畴中，将琉球置于与周边区域的复杂历史背景下。"所有琉球传统文化并不都与日本古典文化有关联，琉球文化是巧妙地融合了大和民族、中国、南方各种外来文化，逐渐成熟并定型的社会文化，其中琉球独有的文化正是琉球文化的魅力之所在"，"由于琉球复杂的历史背景，当然在葬制方面也会很大程度地受到各方的影响。从寺院僧侣可以窥视到大和民族的思潮，而洗骨、巨大的龟甲墓、清明祭等在日本本土不多见的特质部分，必须高度重视由中国文化所带来的影响。相反地，在琉球列岛，也有仅用外来文化的影响不能很好解释的现象，诸如他界观以及再生信仰等民间信仰现状仍然按照琉球独自的世界在展开"。②

（2）历史学视角下的冲绳学研究。外间守善、渡部忠世、金关丈夫和何念慈等学者长期以来站在历史学的视角分别对古琉球的文学与文化、稻作及稻作文化和琉球与日本的关系做了深入的研究，并取得了可喜的研究成果。

①外间守善。冲绳学研究所所长外间守善作为伊波普猷的后继者，被尊为研究琉球文学与文化的第一人。他的研究主要以琉歌为首的古代南岛歌谣为基础史料，重点围绕语言、文学等对琉球文化源流进行了深入的探讨。外间守善关于冲绳学的研究成果颇多，出版了歌谣集《おもろさうし》现代语翻译版本；校订编纂了《南岛歌谣大成》共 4 卷；校订了伊波普猷著的《古琉球》。另外，他所著的《冲绳的历史与文化》由文化圈、历史、言语与文化四章组成。外间守善认为冲绳远离日本本土，与日本本土历史相异，在历

---

① 酒井卯作. 琉球列島における死霊祭祀の構造 [M]. 第一書房，1987：Ⅴ—Ⅻ.
② 酒井卯作. 琉球列島における死霊祭祀の構造 [M]. 第一書房，1987：引言 ⅰ—ⅲ.

史的区分、文化审美意识及表现这些因素的语言与本土尺度不一。他将冲绳的历史与文化放在太平洋文化圈并将其作为日本人、日本文化的一个根源来分析冲绳。冲绳文化浸润了琉球、东南亚、日本、中国和美国的文化，其接受了这些冲击并衍生和形成了冲绳独有的多元化文化。

②渡部忠世。渡部忠世是日本著名的农学家，他一生致力于探索亚洲各地区的稻作起源与发展之路。其撰写的名著《稻作之路》的出版给学术界带来了很大的影响。渡部忠世和生田滋共同编著的《南岛的稻作文化——以与那国岛为中心》是一部由11名日本学者撰写的11篇关于日本南岛稻作方面的调查报告。该书的形成背景是联合国科教文组织于1978年开始实施的"亚洲各国的稻作及与之关联的文化"的调查，参与调查的有日本、印度、韩国、泰国等十余个国家。以渡部忠世教授为主的5名日本学者选取以前很少有人涉足调查的日本最西端的与那国岛的稻作为研究对象，通过实地考察探寻日本稻作文化与东亚、东南亚稻作文化相比较的线索。自古以来，稻作就是亚洲各国社会、文化成立的基础，至今仍然支撑着居住在亚洲各地人民的生活，亚洲稻作问题不是一个单纯的农业问题，而是更广阔的社会、文化问题。

③金关丈夫。帝塚山大学教授金关丈夫是日本在考古学、人类学、民族学领域研究卓有建树的日本专家，由于其发现了弥生时代的人骨而发表了日本人是"混血民族"之言论。1979年由于"南岛人类学的研究的开拓与弥生人骨研究"业绩而获得了朝日文华奖。他撰写的主要著作《琉球民俗志》主要围绕被誉为战后冲绳学出发点的"八重山群岛"的古代文化进行一系列考证与研究，是以整体把握南岛文化为视点的具有学术价值的珍贵记录。另外，《南方文化志》《日本民族的起源》也是他的重要研究成果。

在这里值得一提的还有日本名古屋大学何慈毅博士撰写的《明清时期琉球日本关系史》。该书将研究的视角投向琉球国从成立到被日本明治政府强行吞并的近500年，琉球在东亚的历史地位以及琉、日两国在不同时期的关系变化。可以说，何慈毅的研究清晰地展现了琉球除与我国保持册封朝贡关系外，与咫尺之隔的日本也有紧密的经济文化交流这一史实，填补了中国学者在这方面鲜有述及的不足，具有极高学术价值。①

（3）文化人类学视角下的冲绳学研究。

①竹田旦。竹田旦是日本著名的比较民俗学者，主要研究日本与朝鲜的民俗比较。他的论著《东南亚比较民俗论考——以龙宫·家族·村落为中心》是比较民俗学领域的重要著述。该书主要由三部分组成。第一部分重点以在会津②古墓挖掘出来的"船形木棺"为基础，深入探究了东亚中国、朝鲜的"龙宫"论。第二部分主要以比较民俗学的视角，通过实地考察对比研究了中国、日本、韩国、冲绳以家族为单位一年中重要的祭祀习俗。具体内容包括韩国南部与冲绳本岛家族习俗的异同；围绕清朝寒食的受容比较了韩国与冲绳的差异；冲绳与中国朝鲜族的长寿对比；中国朝鲜族的清明祭与冲绳的清明祭、韩国寒食的比较研究等。竹田旦在《亚细亚民俗研究——亚细亚民俗国际学术大会论文集》（第二集）发表了"韩国的祝祭与日本的节日"。

②下野敏见。日本民俗学者、文学博士下野敏见多年来研究足迹遍布日本南九州、西南诸岛、奄美诸岛的广大地域。他享有"南日本地域民俗研究第一人"、日本民俗学会权威人物的赞誉，研究成果无论是数量还是质量都堪称丰硕和上乘。下面就他的主要研究做一梳理。

下野敏见的主要著作为《大和·琉球风俗比较》。该书首先以中国东部、南部的实地调查为依据，以大和民族与琉球对比研究为视角，通过对琉球典型农具的考察，探讨了琉球物质文化中所显现出来的南岛最基层文化的特色；其次，将中国、韩国的史料纳入研究范畴，重点围绕以渔猎和龙神信仰为中心的沿海文化对大和民族与琉球做比较研究；最后，围绕礼仪文化之田歌、船歌进行了大和民族与琉球的比较研究，探究了其时代性与特征性，书中特别是就中国（福建省、浙江省）的石敢当与日本、琉球的石敢当进行了对比研究。③

下野敏见的另一部巨著《奄美诸岛民俗文化志》是从具有丰富文化内涵

---

① 何慈毅. 明清时期琉球日本关系史［M］. 江苏古籍出版社，2002：10-12.
② 日本本州北部的城市，在福岛县西北部会津盆地。
③ 下野敏见. ヤマト・琉球风俗の比较研究［M］. 法政大学出版局，1985：ⅲ-ⅵ.

的奄美传统文化研究中，选取了近几年一直比较受关注，或在学会上已经口头发表，或在学会杂志上已经刊载的18篇论述，共分五章构成的著作。第一章主要围绕奄美的祭祀与艺能进行考察，重点考察了北部诸岛"八月舞"①的起源与成立；第二章重点是对奄美的信仰和咒术的考察；第三章着眼点在于对位于日本九州西南部的吐噶喇、奄美、冲绳三地的装束修饰文化的考察；最后两章则围绕奄美诸岛的生活，如对民具等的考察。②下野敏见的其他研究还有《南九州的传统文化——祭礼与艺能·历史》《南九州的传统文化——民具与民俗·研究》等。

③平敷令治。平敷令治作为冲绳人执教于冲绳国际大学文学部，他也是致力于冲绳民俗学研究的专家，尤其在冲绳墓制墓型方面的研究数量很多。同时，在与中国的比较研究领域他所取得的成绩可以说是日本的权威专家。其研究从某种程度上可以说改善了日本学术界在此领域严重匮乏的现状。他的研究成果主要为专著《冲绳·奄美的衣与食》。该书主要以冲绳县和奄美大岛为背景，重点探讨了明治时期两地的服饰、饮食，特别对年中重要祭祀活动中的服饰与饮食进行了深入细致的考察与研究，为我们了解明治时期冲绳诸岛的服饰与饮食文化提供了翔实可靠的参考。③他的另一部专著《冲绳的祭祀与信仰》则由曾发表的关于冲绳的神酒、圣石信仰、拔河的论文3篇，关于那霸神佛信仰等的4篇调查报告和关于今仁年中行事等的2篇民俗志组成。这部巨著为读者打开了一扇了解冲绳诸岛祭祀与信仰的天窗，使我们可以了解随着时代的变迁，冲绳古老的祭祀礼仪逐渐走向衰微以及外来宗教在冲绳与本土的融合与变异的历史空间。④他的另一部长篇巨著《冲绳的祖先祭祀》则是我们了解冲绳固有的他界观、灵魂观以及祖先祭祀诸多样式和冲绳地区祭祀地域特色的不可多得的文献资料。

除上述相对综合性地论述冲绳文化的研究外，还有许多围绕冲绳一年中

---

① 冲绳北部诸岛大部分地区于每年9月7日至9日举行为期三天的感谢保佑丰收并祈祷来年丰收的集体大型舞蹈，以表达对岛神的谢意。
② 下野敏见. 奄美諸島の民俗文化誌[M]. 南方新社, 2013: 3-6.
③ 平敷令治. 沖縄·奄美の衣と食[M]. 明玄書房, 1974: 12-13.
④ 平敷令治. 沖縄の祭祀と信仰[M]. 第一書房, 1990: ⅰ-ⅲ.

重要的岁时节庆与饮食、冲绳的文化特征以及冲绳所特有的猪羊肉饮食文化等领域的专门性研究。

④上江洲均等。上江洲均编著的《冲绳的祭仪与年中行事——冲绳民族志》是了解冲绳一年中重要的岁时节庆方面重要的文献。该书的研究以较好保留了古老祭祀活动的伊平屋、伊是名和在记录中可以重拾的久米岛祭祀场所、祭祀活动为研究对象，考察以祭祀为主的活动的变迁以及地域的特色。这方面的研究还有崎原恒欣、山下欣一合著的《冲绳·奄美的岁时习俗》。该著作主要以冲绳县和冲绳北方的奄美大岛两地作为研究对象，详细梳理了两地从年初到年末重要的岁时节庆，是了解冲绳年中重要时间节点所举办的民俗祭祀活动及饮食方面的重要文献。而湧上元雄、山下欣一合著的《冲绳·奄美的民间信仰》则是围绕冲绳县和奄美大岛的民间信仰展开的研究。

日本民俗学者，筑波大学名誉教授直江广治的研究也基本围绕日本、中国、东南亚的民间信仰展开，主要研究成果有《中国的民俗学》《民间信仰的比较研究》《关于东南亚华人社会宗教文化之调查报告》。

有关探讨冲绳文化特性的专著当属日本东洋大学文学部教授比嘉佑典撰写的《冲绳杂烩料理——文化创造论》。他认为冲绳文化是吸收和凝聚了来自亚洲各地的文化并加以融合发展而成的一种独特的文化，即"杂烩文化""混合文化"。他从创造学的角度出发，认为冲绳文化是在东南亚文化的大潮流中创造出的完全有别于日本本土的独有文化，并探究了创造这种独有文化的原动力。①

而照舞善彦、山里胜己、琉球大学美国研究会共同编辑的《战后冲绳与美国——异文化接触五十年》则是了解第二次世界大战后冲绳与异文化接触比较全面、丰富的文献。全书共563页，主要由四章组成。第一章重点梳理了外来文化对冲绳法律、教育等方面产生的冲击与摩擦；第二章探讨了美国统治给冲绳人民衣食住行带来的深刻影响；第三章对冲绳战后文学中的美国元素进行了考察。第四章刊载了在题为"战后冲绳的异文化接触"的研讨会

---

① 比嘉佑典. 沖縄チャンプル——文化創造論[M]. ゆい出版，2003：3-4.

上所发表的 5 篇论文，是了解冲绳文化特性不可多得的参考文献。①

岛袋正敏对冲绳独特的饮食习惯中堪称主角的猪羊肉料理进行了深入研究，其著作《从生活看冲绳的猪与山羊》研究了冲绳的特有家畜"猪"和"山羊"的饲育过程以及与猪和羊相关联的冲绳肉食文化。目前学术界对冲绳特有饮食文化中"猪"和"山羊"的专门性研究不多，而冲绳有别于日本本土特有的肉食文化的主角就是猪和羊，所以该书的研究对全面了解冲绳的饮食文化及特征无疑是一部难得的佳作，具有很高的学术价值。②

3. 新生代民俗学者的冲绳学研究

20 世纪 80 年代后，随着中日邦交的正常化，一批日本民俗学者陆续深入中国贵州、云南、福建等地，探究稻作文化的历史与传播，实地考察民俗风情，笔者将这些民俗学者称为"新生代民俗学者"，其中不得不提的是日本京都大学渡边欣雄教授对中国风水的研究以及神奈川大学小熊诚教授和他的研究团队对东亚比较民俗学的研究。

（1）渡边欣雄。渡边欣雄是日本十分活跃的文化人类学家之一，也是与中国人类学界交流与合作最多的专家学者。他长期致力于中国文化之风水研究、汉民族之民俗宗教研究，为中日学术界的交流与合作做出了突出贡献。渡边欣雄在日本社会人类学界积极倡导展开中国研究，引起了日本相关学者的关注。渡边欣雄对中国的社会人类学研究始于中国台湾，又逐渐扩展到了中国华南、东北、西南等地。其研究领域极其广泛，在东亚、东南亚的社会组织、民俗、民间信仰、中国的风水问题等领域的研究取得了令人瞩目的成绩。主要著述有《风水思想与东亚》《汉民族的宗教——社会人类学的研究》《冲绳的社会组织和世界观》《冲绳的祭礼——东村民俗志》《风水的社会人类学——中国与其周边比较》。特别是《汉民族的宗教——社会人类学的研究》一书让渡边欣雄在中国民族宗教研究领域名声大振。正如徐文强书评中所描述的，"本书系统地探讨了汉民族的宗教特征及其中所蕴含的宇宙观，集中反映了他多年对汉族宗教研究的学术积累，使我们对于汉族的宗教观念

---

① 照舞善彦，山里胜己. 戦後沖縄とアメリカ——異文化接触五〇年 [M]. 沖縄タイムス社，1995：7-14.

② 岛袋正敏. 沖縄の豚と山羊 [M]. ひるぎ社，1989：11-19.

有了全新的认识"。

（2）小熊诚。民俗学、文化人类学专家小熊诚教授长期致力于东亚比较民俗学的研究，尤其在中国（福建省）与冲绳的民俗比较研究中取得了令人瞩目的成绩。先后两次主持承担日本海外学术研究课题，共出版专著2部、合著2部，发表学术论文37篇。他不仅多产，而且他和他的团队的著述及学术观点的知名度很高，在中日学术界都有较大的影响。

（3）何彬。现任日本国际亚洲民俗学会副会长、中国民俗学会常务理事，首都大学（日本东京）的何彬教授是丧葬民俗学研究专家，主要研究领域为民俗学、丧葬习俗、仪式研究、中日比较民俗研究，也是小熊诚研究团队的重要成员。他的主要著述为《中国江浙汉族的丧葬文化》和《中国东南地域的民俗志研究》。前者运用日本民俗学的调查方法对江浙汉族丧葬文化进行考察。后者则以中国东南地区汉族丧葬民俗为切入点，对上层阶层到民间的葬礼变迁、葬法历史流变以及各类相关祭祀做了长年追踪调查后，细致分析了田野资料和文献资料，多角度地剖析了汉族祖先观念、灵魂观念、阴间意识。

（4）蔡文高。日本神奈川大学文化人类学、民俗学学者蔡文高副教授祖籍是有着丰富民俗文化的福建省长汀县。他对我国南方，尤其是福建及周边区域汉民族的祖先观、生死观以及独特的祭祀习俗有深入细致的思考与研究，同时以比较民俗学的视角围绕福建与冲绳的洗骨改葬习俗进行了对比研究，探讨了两地在这一习俗上的共性与个性。蔡文高虽然于2014年辞世，但他的相关研究著述、论文及学术观点的知名度都是很高的，为笔者的本项研究提供了有益的借鉴与参考。蔡文高的主要著述为《洗骨改葬的比较民俗学研究》。除著述外，发表的相关学术论文也数量颇丰。

（三）20世纪以来日本学术团体的冲绳学研究（论文集）

日本有很多专门从事民俗学研究或与民俗学研究有关的学术团体，主要分为全国性、地方性和自发性三种。"日本民俗学会"是日本最具代表性的全国性民俗学学术团体，其目的是推进民俗学的研究与普及以及加强学员们的交流与合作。目前已经拥有会员达2300多人，机关杂志是《日本民俗学》。学会年会定期于每年十月第一周的周六至周日举行，有公开演讲、研讨会或个人发表的形式，历年年会参加的学者都多达500人。"日本文化人类学会"前身是成立于1934年的"日本民族学会"。学会宗旨为发展与普及以研究人类为中心的文化人类学、社会人类学、民族学，其机关杂志是《文化人类学》。如今，学会拥有2060名会员，主要围绕史学、文化人类学、民俗学等领域展开研究与讨论。地方性民俗学术团体主要有47个县级行政区组织的民俗学会或跨县联合组织的民俗学会，如"近畿民俗学会"。自发性民俗学会则是由热衷于某一地域的文化或某一文化事象的研究者自发组织起来的学术团体，如"南岛研究会"等。[1]

除此之外，日本一些大学还设有专门研究冲绳学、冲绳文化的研究所，如日本法政大学"冲绳文化研究所"主要从事对琉球列岛和其周边地区的中国、韩国、东南亚各国文化、历史、语言进行综合性的比较研究工作。神奈川大学"国际常民文化研究所"主要进行乡土和民具的收集整理以及渔业史的研究，具体活动可分为学术出版、民俗调查、合作研究和委托研究、学术交流、常民文化研究普及教育等。其中委托研究中就有"日中、日韩农渔村生产生活用具的比较研究"，而常民文化研究普及教育设有"民研COE项目小组"，其中有"爱奴、冲绳图像资料收集和解析"和"中国图像收集和解析"，力图打造日本乃至东亚民俗研究的重要资料库和信息中心。著名的民俗学者小熊诚就是该研究所专门研究中国民俗的学者。诸如这样的学术机构在日本还有很多，如琉球大学国际冲绳研究所、冲绳大学南岛文化研究所等。

以上提到的各类学术团体每年都会定期举办年会、研讨会或谈话会，围绕不同的民俗问题展开讨论或发行论文集等整理汇集学会的学术成果。以下就来自"日本民族学会"机关杂志上和为纪念冲绳回归10周年召开的国际研讨会出版的论文集中关于冲绳学方面的学术成果做一简单介绍。

"日本民族学会"其机关杂志为《民族学研究》，自创刊以来，曾经在1950年的第15卷2号和1962年的第27卷1号以"冲绳学研究特集号"的形式刊载了有关冲绳的学术研究。到了1972年，由于研究领域的扩大和研究内

---

[1] 周星. 民俗学的历史、理论与方法（上册）[M]. 商务印书馆，2008：253.

容的深入与增多，作为"民族学研究"重要研究成果以别册的形式出版了《冲绳的民族学研究——民族社会与世界像》一书。书中刊载了9名日本学界研究冲绳的专家学者的研究成果。其中，3位学者以比较民俗学的视点展开比较研究，即中根千枝的《冲绳·本土·中国·朝鲜的同族·门中比较》着重围绕中国、朝鲜父系血缘集团对门中的机能与构造、门中的社会、地理的地位进行了比较研究；大林太良的《冲绳的神话与周围诸民族神话的比较》在详细梳理了以奄美诸岛、冲绳本岛、宫古诸岛、八重山诸岛构成的琉球列岛的神话领域的基础上，将它们与周边地域的民族进行了对比研究；洼德忠的《冲绳的民俗宗教与中国》通过对中国的门神、字纸亭和焚字炉、土地神和土帝君的考察，探讨了冲绳民俗宗教与中国的历史渊源。

除此之外，重点探讨村落构造与祭祀世界的还有仲松弥秀的《本岛——祭祀世界中的村落构成》，主要以冲绳本岛为对象，探讨了村落社会的信仰和祭祀；野口武德的《宫古群岛——以池间岛的事例为中心》探讨了宫古岛的社会组织与祭祀；宫良高弘的《八重山群岛》考察了冲绳八重山群岛的御岳信仰及御岳祭祀组织；须藤健一、渡边欣雄以奄美大岛为中心，考察了宗族组织与祖先祭祀和奄美的世界观；大胡钦一围绕祖灵观和宗族的祭祀习俗进行了考察。

《冲绳文化源流考》是为纪念冲绳回归10周年召开的"冲绳国际研讨会"出版的论文集，由冲绳县工商劳动部观光·文化局文化振兴科编辑，冲绳县于昭和五十八年（1983）出版发行。该论文集由两部分构成。第一部分刊载了5篇以"冲绳的神信仰与文化特质"为主旨的研究论文和讨论。包括由东京大学名誉教授，长期潜心研究亚洲文化史，特别是古代北方文化史的江上波夫的《东海的文化交流——以倭人问题为中心》；崔吉成的《冲绳的神观念——韩·琉的比较》；澳大利亚学者 Kreiner 的《以奄美为中心的南岛神观念与世界观》。第二部分刊载了8篇由日本学者从考古、历史、民族、语言、文学、民族音乐、艺能、美术工艺等方面探讨"冲绳研究现状"的发言与讨论。

该论文集不仅汇集了日本和海外在研究冲绳民俗文化领域极其活跃并取得骄人成绩的知名学者的真知灼见，而且研究主线是在深入挖掘冲绳文化的特殊性、异质性的同时，通过与周边各国的比较研究，努力探究冲绳异质性文化中的同质性与普遍性，为今后学术界对于冲绳的研究指明了方向。

（四）散见于日本各类报纸杂志上的学术论文

日本学界对冲绳的研究成果不仅体现在各类著述、论文集上，也体现在各类、各级别的报纸杂志上发表的学术论文。以下重点围绕极具冲绳特色的墓志墓葬、爬龙船、天妃信仰以及辟邪俗信做一梳理分析。

1. 墓葬墓制

古代琉球人的丧葬习俗既传承了我国闽南文化的传统基质，又具备冲绳诸岛独特的地域个性。丧葬习俗是冲绳地区民俗的重要内容，是体现地区特色的一个重要侧面。对冲绳的墓制墓葬等方面进行研究的学者主要有上文提及过的平敷令治、小熊诚、何彬、蔡文高等。他们的研究论文主旨相对较为集中，数量和深度可圈可点。

平敷令治的论文有《冲绳的墓志》《冲绳的龟甲墓》。

蔡文高的论文主要有《关于冲绳墓葬文化的多重性——与中国东南地区的比较》《石垣岛移民与民族集团——台湾系移民的作用》《近世琉球村落迁移与风水》。

2. 海神信仰（龙船信仰）

祈祷海上安全和渔业丰收的龙船信仰作为冲绳重要的民俗信仰已经根植于冲绳诸岛，相应研究成果也很丰富。在冲绳，研究"龙舟"的主要学者有比嘉政夫、马渊东一、白岛芳郎、君岛久子、南出真助、加藤久子等。

比嘉政夫的《爬龙船考：以冲绳民俗学为视角》和本田安次的《冲绳的祭典与艺能》重点围绕冲绳爬龙船的起源、目的进行了详细的考察。由白岛芳郎和秋山一合著的《冲绳船划祭祀的民俗学研究》是为深入探究冲绳与中国文化碰撞交流的途径与方式而组成的南岛文化调查团历经3年实地考察写成的，主要内容为冲绳船划祭祀的实际状态和冲绳爬龙船祭祀的历史沿革与中国龙舟竞渡的关联。

对冲绳学研究有着卓越贡献的马渊东一围绕冲绳的爬龙船也曾留下多篇论述。其中有一篇《关于爬龙船》主要以冲绳的爬龙船活动为考察对象，另一篇《再论爬龙船》则是围绕中国、欧洲学者所做的关于中国、亚洲地区爬龙船活动研究成果的介绍和总结评说。论文考察了在东南亚广泛进行的爬龙船活动，研究了其目的以及龙船造型的起源。两篇论文的研究视角和思考方法具有很好的参考价值，同时，对将冲绳的爬龙船研究纳入世界视野也具有重要的意义。

日本圣德学园岐阜教育大学名誉教授君岛久子，也是我国中央民族大学、云南大学的名誉教授，在研究中国文学、民族学方面取得了丰硕的成绩。她著述颇丰，基本围绕中国的神话、少数民族民俗展开研究，也常年致力于以中国为中心的龙舟活动文献的研究，是我们所知晓的日本学者就龙舟竞渡先行研究成果最多的一位，主要论述有《龙神（龙女）传说与龙舟祭》《贵州苗族清水江龙舟竞渡》《中国文献中的龙舟竞渡——以方志资料为中心》。

南出真助在《冲绳爬龙船竞赛的旅游化》中基于冲绳的爬龙船的定义、起源、目的，考察系满爬龙船的历史和现状，特别强调了其祭神的性质。他的另一篇论文《冲绳龙船（哈里）的祭祀空间》则是从哈里的定义及冲绳哈里的起源入手，通过对系满、那霸、前兼、港川龙舟赛举办的时间、参赛队伍与流程的概述再现了根植于冲绳诸岛这一传统庆典的盛况。

加藤久子在《海的猎人冲绳渔民——系满的历史和生活记载》的第二章"作为渔民共同体和海的祭祀"中探讨了系满爬龙船的起源，考察了与之相关的竞赛庆典和相关仪礼，特别是对祭祀礼仪进行了详细的考察。

相关研究还有上江洲安亨的《热衷于爬龙船竞赛的人们——近世末期龙舟竞渡中的准备体制与角色分担》、藤原绫子的《关于冲绳爬龙船祭祀的艺匠学之考察——以系满爬龙船为例》、濑户口照夫的《传承竞技之竞渡研究——以系满爬龙船与长崎龙舟竞赛为中心》和《冲绳爬龙船研究序说》等。

3. 妈祖（天妃）信仰

据资料显示，源起福建地方的妈祖文化最早传承之地就是琉球。随着"闽人三十六姓"移居至冲绳那霸的久米村，天妃宫就出现了。所以，自20世纪以来，日本学者围绕妈祖文化的研究从未间断，取得了丰硕的研究成果。以下就著名学者的研究做一梳理。

以历史学为背景的主要研究有宫田俊彦的《天妃研究——以〈指南广义〉为中心》，该文重点围绕天妃神的成立、神号的累封、灵验事迹以及天妃信仰在琉球、日本的传播进行了考察。华裔日本学者李献璋撰写的专著《妈祖信仰研究》重点考察了妈祖信仰的起源、发展及崇拜妈祖的时代意义，最后详细考证了妈祖信仰在日本传播的经纬（琉球、萨摩、长崎、东日本）。高桥康夫的《古琉球期的那霸三大天妃宫》详细考证了古琉球时期那霸的下天妃宫、久米村的上天妃宫、波上的天妃宫的三大天妃宫建立、发展、变迁的历史过程，探讨了三大天妃宫的宗教和外交机能。

宗教学背景下的妈祖信仰研究当属以研究中国道教史著称的学者洼德忠。洼德忠自2002年陆续在《亚洲游学》杂志上发表了诸如《妈祖信仰的起源》《中国的妈祖信仰》《台湾的妈祖信仰》《西日本的妈祖信仰》等系列论文，依据大量文献佐证及实地调研梳理了妈祖的生年地、生卒年月以及妈祖在台湾、西日本的传播路径，在此基础上，探讨了妈祖是如何成为民众热衷供奉并定期祭拜的万能神灵。

在文化人类学背景下的妈祖研究有日本天理大学的藤田明良。藤田明良通过大量田野调查于2006年完成了《日本列岛古妈祖像数据库》，在此基础上撰写了《日本近世古妈祖像与船玉神信仰》，探讨了妈祖信仰在日本的传播及作为"船玉神"被日本各地接纳的本土化过程。他的论文《妈祖——从航海信仰看亚洲》重点梳理了妈祖信仰的起源与传播，探讨了琉球、日本的妈祖信仰及21世纪不断繁荣复兴的妈祖文化。松下久子撰写的《日本妈祖像的传播与变迁——从美术史的视点》以美术史为视角通过对妈祖形态的分类、妈祖像的式样与变迁、妈祖像系谱的考察，探讨了日本境内妈祖像的变迁及地域特性。

4. 辟邪守护俗信

辟邪是冲绳诸岛最具代表性的民俗事象，其主要表现形式为石敢当和琉球狮子。洼德忠对此多有论述。他撰写的《冲绳的习俗与信仰——与中国的比较研究》中对广泛存在于冲绳诸岛的"石敢当"的形态、用料、布设目的与场所选址及岁月变迁等进行了翔实的考察。他的另一部专著《中国文化与南岛》则重点对"石敢当"的设置习俗，特别是围绕"石敢当"习俗如何在冲绳本岛，特别是首里、那霸地区扎根普及做了深入研究，指出该习俗信仰与明朝皇帝派遣"闽人三十六姓"移居琉球久米村有密切的关联。

西村真次在《冲绳的石敢当》一书中重点选取了冲绳本岛和庆良间列岛的一部分为研究对象，通过对那霸、名护、座间味等地的实地调查，对石敢当布设的场所、目的与功能进行了翔实的考察。

另外，"石敢当"信仰研究的相关著述还有日本学者下野敏见的《大和、琉球民俗的比较研究》和上江州均的《首里的石敢当》。

三、中日学者对中琉（冲绳）民俗文化的比较研究

学者们认为，日本民俗学界大规模开展世界民俗研究是在20世纪70年代。此时恰逢我国结束"文化大革命"，确立改革开放国策之时。特别是80年代以来，作为世界第二大经济强国的日本受到世界的瞩目，中国将目光投向了"一衣带水""同文同种"的日本，掀起了日本文化研究热潮。而80年代也是日本民俗学迎来多样化的时代，日本学者与我国学术界的交流和到我国来进行田野调查成为现实。日本学者对我国，尤其对西南、华南少数民族地区民俗文化的研究日趋活跃，出现了一批比较文化视角下中国与琉球的对比研究，内容从原始信仰、丧葬习俗到岁时节庆、生活习俗等，可谓是丰富多彩。

就中日文化比较领域而言，国内研究大致可分为三类。第一类是采用介绍、对比、分析、归纳等方法较为详细地展现中日两国在语言文字、交际礼仪、饮食文化、民间习俗等方面的异同。如蔡振生的《中日文化比较》、秦明吾的《中日习俗文化比较》。第二类是通过实地调查，围绕中日文化某一方面进行比较研究。如周洁的著述《中日祖先崇拜研究》就是以我国宗族相对较多的江西抚州地区为研究对象，通过实地调查对中日两国的祖先崇拜进行了探讨和总结。第三类是散见于各大学术刊物、论文集和媒体的对中日文化各个方面的比较研究论文，如语言文字、文学研究、服饰、建筑艺术等。

与著述相比，中日文化比较方面的论文较为丰富，但大部分研究是在中日两国大背景下，就某一个或两个具体文化习俗进行的比较，研究缺乏深度，基本停留在简单的介绍、分析上。

(一) 中国学者的研究

受历史等诸多因素的影响，我国学者中琉（冲绳）民俗文化比较研究成果甚少，内容也多集中在闽南、闽西民间信仰与琉球的对比研究上。以下依据收集到的所有关于我国与冲绳文化比较研究方面的文献资料，即风水信仰与坟墓形制、女性形象、音乐舞蹈与艺术做一梳理分析。

1. 风水、信仰、坟墓形制的对比研究

与本书研究关系密切的当属在我国民俗学方面有深入研究的张紫晨教授的《日本冲绳与中国南方若干习俗的比较》。该书主要围绕以下三方面的内容进行了论述：首先，梳理了冲绳的历史与民俗文化的特点；其次，对日本本土与冲绳民俗文化进行了比较研究；最后，重点围绕风水与家宅、墓地、饮食供奉、产育死丧、佛坛祭祀几方面探讨了冲绳民俗文化与中国南方民俗文化的关系及其本土化的变异。

李子贤的《冲绳神女组织探源——冲绳神女与云南少数民族祭司的比较研究》则将研究视角放在冲绳诸多民俗文化中最耐人寻味且至今仍活跃在冲绳各地祭祀活动中的神女（祝女）上，通过与云南少数民族的比较，探寻了东亚极为罕见的民俗事象的历史文化渊源。

中国社会科学院世界宗教研究所陈进国撰写的论文《坟墓形制与风水信仰——福建与琉球（冲绳）的事例》也是这方面为数不多的典型研究。该文主要对福建（闽南、客家、福州）及琉球（冲绳）典型的坟墓形制及风水概念内涵进行了分析。

侯培杰的《浅析天妃信仰在琉球的传播与嬗变——兼与琉球姊妹神信仰比较》阐述了天妃信仰在琉球的传播与嬗变这一史实，也指出在研究琉球文化时应避免过分强调中华文化对琉球的影响，而忽视了文化传播的一般规律，即外来文化在进入琉球的过程中，琉球本土文化对外来文化的改造与受容。

陈碧霞的《关于东亚风水村落的景观构造及风水树之比较研究》是以琉球诸岛和先岛诸岛的村落风水为对象，就风水景观和风水树的特征进行了中国与韩国、中国与琉球等的比较研究。

王静 2005 年撰写的硕士论文《中日灶神信仰的比较研究》主要内容由

中日灶神的起源、灶神的形象、灶神的职能、灶神信仰相关的活动以及中日灶神信仰的异同这五部分组成。其中以日本冲绳地区为代表的民间所流传的一些灶神形象与我国某些少数民族中的灶神形象做了对比研究，得出冲绳的灶神形象与我国一脉相承，存在很多共性。

日本爱知大学周星教授专攻民族学、民俗学领域，对民间信仰中的"石敢当""石狮子"有较深的研究功底。他撰写的《"风狮爷""屋顶狮子"及其他》重点考察了在我国闽南较为盛行的"风狮爷"相关的俗信，并与冲绳群岛普遍存在的"屋顶狮子"（屋根狮子）这一民间信仰做了对比研究，说明了中日两国民间信仰千丝万缕的联系和民间文化逻辑上许多相通的地方。

蔡利民、诸晋祥翻译的论文《中国和日本的冥婚习俗》主要探讨了广泛分布于沿东中国海地带的各民族中的"冥婚"习俗，并与流行于日本东北、冲绳一带冥婚习俗的历史背景、现状进行了梳理与比较。

这方面的研究还有庄伯和的论文《中国风狮子研究——兼论中琉狮子之比较》。

2. 中琉（冲绳）女性形象的比较研究

杨红的《萨满文化中冲绳与满族的女性形象比较研究》。该文选择具有代表性的日本冲绳与中国东北地区满族的宫廷女萨满、民间女萨满以及普通家庭女性这三种不同身份的女性在萨满文化中的地位、作用加以比较，探讨了萨满文化中的亚洲女性形象的历史演变。

3. 音乐、舞蹈艺术方面的比较研究

福建师范大学音乐学院民族音乐家王耀华教授是日本琉球大学的名誉博士。他在研究中国音乐的同时，对世界音乐，尤其是琉球的音乐也有深入的研究。他撰写的专著《琉球·中国音乐比较论》，在对我国特别是福建与古琉球历史渊源的基础上，翔实地考察了中琉两国在音乐方面的交流与传承。他的另一部专著《冲绳打花鼓与中国打花鼓的比较研究》是对当今在中国中南、华南较为盛行的传统民俗打花鼓与14世纪末由迁移至琉球的久米三十六姓带来、至今仍然存在于冲绳的传统艺能做了比较研究，梳理了二者之间的历史渊源及发展轨迹。

黄丽云的《东亚龙船竞渡研究——与台湾、长崎、冲绳的比较》一书中结合大量的史料分析，对龙舟在我国台湾地区、日本长崎及冲绳的传播途径、地域分布及各自的特点进行了详细的介绍，并就其观光化及宗教意识和经济效果进行了分析。

（二）日本学者的研究

根据文献收集可以看出，日本学者对我国华南民俗的研究和与日本南部比较研究的成果虽然数量不多，但内容相对比较集中，主要集中在两方面：一是针对我国华南少数民族地区民俗文化展开的地域性研究，这类研究一般没有涉及与冲绳的对比；二是围绕华南某个民俗事象与冲绳的比较研究，内容多集中在稻作文化与祭祀、神话传说与民间故事、丧葬礼仪、民间信仰等领域。在对华南少数民族民俗文化研究方面，有综合研究华南民族史的冈田宏二，也有对华南某个区域民族文化进行研究的濑川昌久、手塚惠子等知名学者。在比较民俗学领域的知名学者有专攻中日神话比较研究的伊藤清司和大林太良，信仰与风水比较研究的洼德忠、下野敏见、河合洋尚、小熊诚及其研究团队等。

（1）洼德忠。在民间信仰与民间习俗方面深入探究中国与冲绳的文化渊源并取得卓越成绩的当属著名学者洼德忠。他撰写的《冲绳的习俗与信仰——与中国的比较研究》是目前公认的以比较宗教学的立场围绕中国与冲绳的信仰与习俗方面考察最详细、论述最深入的文献。全书750多页，主要由八章组成。第一章以石敢当、门神、纸钱、惜字纸、北斗信仰为线索，探讨了冲绳文化对中国习俗的传承；第二章重点论述了的冲绳的神道教；第三、第四章围绕冲绳诸岛的神仙说与中国的神仙思想进行了比较；第五、第六章就普遍存在于中国与冲绳本岛及周边诸岛的土地神信仰展开了深入研究与比较；第七章重点考察了中国的灶神信仰；第八章主要考察了冲绳的火神与灶神并梳理了与中国灶神信仰之间的关系。

作为民间驱邪、禳解方法之一的石敢当自唐朝开始盛行，至今仍普遍存在于中国，并远播海外。洼德忠对遍布于中国与冲绳诸岛的石敢当习俗研究也投入了大量的心血。由他撰写、李杰玲翻译的《石敢当——日本对中国习俗的接受（之三）》以及李杰玲个人所著的《论日本对中国石敢当的接受》

论述了广泛分布于中国的石敢当信仰在14、15世纪传入日本冲绳后,与日本原有的石神信仰重叠,逐渐传至日本北部,进一步揭示了日本石敢当这一民间信仰与中国的历史渊源。

(2)下野敏见。下野敏见作为南日本民俗学知名研究专家,在前述的专著《大和·琉球民俗的比较》第四章"中国的石敢当——与日本、琉球石敢当比较研究"中,主要阐述了中国南部诸多城市及其周边农村石敢当的事例与特色,并与日本、琉球做了简单的比较。在其另一部专著《奄美诸岛民俗文化志》中,作为第二部的内容"奄美的姊妹神与东南亚的航海守护神——关于大和船灵信仰的源流与妈祖信仰"主要就盛行于冲绳奄美大岛的姊妹神[①]与东南亚航海守护神进行了考察比较,探究了两地该信仰的历史文化渊源与各自的特点。

(3)伊藤清司。日本庆应大学教授、云南大学名誉教授伊藤清司是日本学术界专门研究中国古代史、民俗学的知名专家,也是近代日本学者研究中国民间故事传说的代表人物。其研究多围绕我国西南地区少数民族的神话故事展开,通过与日本的比较研究来探寻日本民间神话故事的历史发展脉络。他多次深入云南进行实地考察,主张到中国少数民族地区寻找日本民间故事的源流。代表作《日本神话与中国神话》是以中国南方少数民族的创世神话(纳西族、苗族)为素材与日本神话构造进行的比较研究,积极主张在中国探究日本神话的源流。[②]伊藤清司的另一部具有较高学术性与说服力的专著《中国古代文化与日本》收录了自1994年以来的各方面研究论文34篇,重点选取了与中国古代及江南吴越族、西南少数民族文化相关联的论文。

伊藤清司撰写的庆应大学博士学位论文《东亚民间传说的比较研究》主要以比较研究的视角,梳理了农耕文化时期和金属文化时期,日本、中国、朝鲜半岛的民间故事、传说,并进行了比较研究。研究结论指出,长期被人

[①] 作为冲绳诸岛古老的信仰,常年往来于海上的冲绳人将捕捞安全寄托于自己的姐妹。他们信奉姐妹有神秘的超能力,能够守护其兄弟的平安幸福。冲绳人普遍认为兄弟出海捕捞或远游时,接受姐妹赠予的手帕或毛发就能够保佑兄弟平安归来。参见伊波普猷. をなり神の島[M]. 明玄書房,1938:3-5.

[②] 皮听雨. 浅谈伊藤清司关于中日民间故事研究[J]. 北方文学,2015(3).

们认为自古源于日本国的神话传说其实是传承了以中国为主的周边国家的神话；并从研究方法论上对柳田国男所倡导的大和民族固有的信仰、习俗、神话之论调提出了批评。他认为日本著名神话传说"竹取物语"的原型也来源于中国。

在稻作文化与祭祀习俗方面，伊藤清司的论文《日本及中国的稻作文化与祭祀》通过"实证性、复合性的比较研究，梳理了中日两国历史久远的稻作文化及相关的祭祀活动，阐释了东亚稻作文化中的诸多共性"。相关的论文《中日两国民间故事的比较研究》《云贵高原的来访神》及《中国民话之旅：云贵高原的稻作传承》都探讨了各民族农耕文化中的民间传说。

（4）小熊诚及其研究团队。小熊诚作为团队负责人获得了两次日本海外学术研究补助金（2000—2002年；2006—2008年），承担了"中国福建福州及泉州与冲绳文化社会的比较"和"东亚民俗的比较研究"两项课题的研究。课题研究的对象设定在有着悠久历史渊源的我国福建省和日本冲绳两地，研究主旨重点探讨了以祖先祭祀、洗骨为主的诸多民俗事象，如风水、龟甲墓、石敢当、石狮子等信仰以及这些民俗信仰进入琉球后，在冲绳的文化脉络中如何与本土文化相交融以及其发展与定型。小熊诚不仅撰写了福建与冲绳诸多民俗比较方面的专著，就坟墓形制等民俗也发表了多篇论文。《中国福建与冲绳的比较研究——关于文化的传播与变迁》和《冲绳与福建龟甲墓的对比——以外部意匠的比较为中心》是其中的代表作。前者选取了福建、冲绳的诸多民俗，如中元节、建筑礼仪与风水、生死观、盆节礼仪、清明节、门中制度、祖先崇拜、洗骨礼仪等进行了多角度的比较研究。研究指出，由于福建与冲绳的历史渊源和较近的地缘关系，冲绳传统民俗是对福建民俗的传承以及本土化的产物。后者则以琉球家谱所描绘的近世福州龟甲墓以及深入福州进行田野调查的资料为基础，重点围绕福建龟甲墓与冲绳龟甲墓外部设计的差异进行了对比研究。与福建龟甲墓的外部设计常用的石狮子、仙桃相比，冲绳人喜好墓臼，进一步阐释了近世深受福建福州墓制影响的冲绳龟甲墓的构造并非明清时期福建墓构形制，显现了琉球人之独特匠心。

论文《冲绳文化中中国文化的影响——福建宗族与冲绳门中的比较研

究》主要通过对福建的宗族制度与冲绳"门中制度"①的对比研究,诠释了福建文化对冲绳的影响。而论文《冲绳风水的受容与现状——日中比较民俗学初探》则从比较民俗学的角度,对冲绳普遍盛行的风水观念与中国的文化渊源以及历经时代变迁所呈现出的特质进行了细致的考察。

与风水关联密切的"洗骨二次葬"②习俗可以说是客家"特色"的民俗文化。二次葬在中国华南、东南亚等地均有分布。无独有偶,冲绳也有洗骨改葬之风俗,但两地在洗骨方法与参与人员等环节上存在差异。日本神奈川大学研究生院副教授蔡文高长期以来与东京首都大学的渡边欣雄、何彬,冲绳国际大学的小熊诚,爱知大学的周星等学者合作,对福建与琉球的信仰民俗的比较研究倾注了心血。蔡文高 2002 年获得成城大学文学(民俗学)博士学位的论文《洗骨改葬的比较民俗学研究》通过一国各地区的比较(中国南部福建、广东各省区间及省区内各地之间)及异国间的比较(中国南部与日本本土及琉球诸岛的比较),重点讨论了洗骨改葬这种共通的民俗事象在东亚不同地区的特征及土地流变的情形。③《中国与冲绳洗骨改葬的比较研究》《福建省沿岸诸地域的洗骨改葬》《日中洗骨改葬的比较研究——以冲绳与福建西部为例》《冲绳墓葬文化的多重性——与东南中国的比较为视点》等论文都在比较民俗学的角度下探讨了福建与冲绳这一古老的葬制习俗的历史渊源与现状,并就两地洗骨改葬中的诸多习俗进行了比较研究。

何彬围绕中国与日本、中国与冲绳的葬制、墓制、祖先祭祀、中元节、人生仪礼等领域的比较研究也取得了令人赞许的成绩,相关著述包括《福建南部文化与周边文化的比较》《关于埋葬与墓地的日中比较研究》《从扫墓、法事的习惯看中国与日本的异同》《中元节习俗与周边文化》《中元节与盂兰盆会之比较研究论》《冲绳与福建中元节·盂兰盆节的异同》等。

---

① 门中制度可追溯五代以上的父系血缘集团,承担着家族礼仪和祭祀任务,是一种维系亲族关系、促进社会稳定的制度。

② 中国闽南人、壮族人和部分广府人及客家人的葬俗,属古越人习俗。一般是指人死之后,或暂时掩埋初葬,或将灵柩暂时停放,经过一段时间,待死者肌肉腐化掉,再把骨骼收拾起来举行骨葬仪式,将死者骨骼埋入墓穴。由于要掘墓开棺捡出死者遗骨,用水洗干净,置于瓮或木匣内再行安葬,所以俗称洗骨葬或捡骨葬。参见方宝璋.闽台民俗研究[M].人民出版社,2013:130-132.

③ 陈进国.《洗骨改葬的比较民俗学的研究》评述[J].民俗研究,2006(1).

(5) 松尾恒一。松尾恒一、王媛共同撰写的《日本冲绳南方岛屿（八重山地区·西表岛）的种稻仪式与赛龙舟——冲绳·中国的比较民俗》不仅肯定了赛龙舟活动由中国传入，还通过对冲绳地区黑岛丰年祭赛龙舟和西表岛祖纳干立节赛龙舟的实地调查，进一步揭示了随着这一民俗活动的广泛传播，逐渐与传统的"御岳"信仰和弥勒世界"因果报"相结合，演化为具有祈求丰收与航海安全的祭祀海神的活动。同时，作者还通过与地缘关系比较接近的我国台湾地区龙舟赛进行了比较研究，梳理了两地赛龙舟活动仪式中的信仰、仪式内容、观念上的差异。

(6) 河合洋尚。河合洋尚作为日本新生代人类学博士，研究方向为岭南地区以及冲绳地区的都市人类学、景观人类学、宗教人类学。他撰写的论文《中华话语空间中的民俗风水——日本冲绳县与中国客家地区的比较研究》主要从坟墓的形状、墓地的选址及周边环境等所谓的阳宅"风水"、阴宅"风水"对冲绳人和客家的风水信仰进行了比较，提出了冲绳（冲绳本岛和久米岛）与中国客家地区（主要指赣州、龙岩、梅州等山岳地带）文化之间的关联性，并呼吁在探讨两地文化的"类似性"时需要考虑在中华空间下的"正统化"及民俗风水变迁的历史过程。

(7) 大林太良。曾任日本民族学会会长、日本东京大学名誉教授的大林太良是日本民族学知名学者，他以民族学和比较神话学为研究起点，在日本神话与亚洲各国神话比较研究领域取得了骄人的成绩。其著作《东亚的王权神话：日本·朝鲜·琉球》和论文《琉球神话与周边诸民族神话的比较》是其中的代表作。

另外，他的另一部专著《正月到来之路》则是围绕日本与中国正月仪式活动和饮食方面的比较研究。本书共有五章，在这里重点介绍第二章。该章的主要内容是围绕中国、朝鲜、日本元旦早晨的"若水"[①]进行对比研究，尤其对中国华南（广东广州地区、广西百色县等地域）七月七日的"七夕水"

---

① 若水指元旦汲水来供奉年神和家人食用的水，传说可以祛除一年的邪气，也可用来沏福茶全家喝。

（七月七水）[①]与琉球奄美诸岛的"汲水"[②]进行了对比研究，探讨了以中国为首的东亚汉字文化圈这一共有的民俗事象的一脉相承与因本土化的演变而显现出来的特质。[③]

（8）二阶堂善弘。二阶堂善弘在《长崎唐寺的妈祖堂和祭神——沿海边缘地区信仰传播》一文中，将妈祖信仰地区划分为以湄洲为起源地的福建、江苏、浙江、广东、台湾为"中心地域"；以长崎、琉球为代表的"周边地域"，并通过考察"周边地域"长崎唐寺（包括崇福寺、福济寺、兴福寺）妈祖堂的变迁、与妈祖"合祀"或"陪祀"的祭神由来，指出崇福寺属于"闽东系"、福济寺属于"闽南系"、兴福寺属于"江南系"的地域信仰特征。

四、中日学者研究的比较与评价

本文献综述在历史学、宗教学、文化人类学等多学科交叉背景下，重点通过专著、论文集、论文三种形式考察了中日两国学者自20世纪以来对冲绳民俗文化的研究成果，以及我国华南与日本冲绳民俗的对比研究成果。本节从研究起步的时间、研究方法、研究内容及研究团体等方面进行比较分析，特别是对中日两国在冲绳学研究过程中所表现出来的倾向性和局限性做相应分析。

从研究时间上看，由于历史因素，日本学者对冲绳学的关注与研究要早于我国，基本上始于20世纪初，进入50年代，随着"南岛文化综合研究"及"奄美大岛共同调查"的发起，研究逐渐深入并取得丰硕的成果。而我国基本是在改革开放后的20世纪80年代初，随着中日邦交正常化的实现才开始关注对冲绳学的研究，起步较晚。

从研究内容上看，早期日本学者的研究视角主要集中在探寻冲绳文化源流方面。而随着研究的不断深入，涉猎的范围可以说涵盖历史、宗教、风水

[①] 相传农历七月七日为仙女七姐下凡日，七姐下凡救凡人洒的仙水。客家人自古就有在七夕泡"七夕水"和储藏"七夕水"的传统习俗。取到的水被称作"七夕水""七月七水"，装一瓶"七月七水"在家，据说可以保佑自己一年平安顺利，去河里泡水则可以辟邪、治病、延寿、沾仙气。

[②] 以种植谷子、小麦为主的宫古诸岛在5月、6月庆祝丰收时和以种植稻米为主的八重山诸岛6月收割后解除禁忌的8月、9月所举行的祭祀行为。

[③] 大林太良. 正月的来た道 [M]. 小学馆，1992：86-88.

信仰、祭祀礼仪、岁时节庆、饮食习惯等诸多方面。由于冲绳深厚的文化底蕴及有别于日本本土的文化特征，激起了日本学者一方面探寻其底层文化源流；另一方面将视角投向以中国为首的周边国家，探究冲绳文化形成的脉络，挖掘与周边国家在文化上表现出来的内部联系。可以说，日本学者的研究比较全面系统、内容具体、角度新颖。而我国学者的研究大多集中在中琉交流史、冲绳的历史，对冲绳民俗的关注比较薄弱，研究成果不多。

在研究方法上，日本学者的研究手段呈现多样化。除了传统的文献研究法，广泛运用田野调查的方法进行实证研究，以保证获得资料的真实性及数据的准确性。而我国学者早期基本采用文献研究法。改革开放后的 1985 年，《民间文学论坛》编辑部在江苏南通召开题为"田野作业与研究方法"的座谈会，首先在学科内使用"田野作业"一词，明确将"田野作业"升华为研究方法。自此三十多年间，田野作业作为民俗学的重要方法逐渐被学者们所倡导。但由于受起步晚等诸多因素的限制，与日本仍存在一定的差距，真正赴冲绳开展实地调研的学者比例不高。

在研究机构的设立上，日本政府国家层面上早在 20 世纪中叶就开始设立了如"奄美大岛综合研究"这样的专门研究冲绳学的机构。同时文部省针对大学学者设立"日本海外学术研究补助金"等专项基金用于海外学术的研究。以小熊诚为主的研究团体就是借助专项基金支持在东亚学及比较民俗学方面取得了丰硕的成果。而我国设立专门机构展开冲绳学研究起步较晚，机构数量较少。值得庆幸的是，20 世纪 90 年代初福建师范大学"中琉历史与文化"研究机构的设置以及定期举办的国际研讨会大大改善了冲绳学研究的局面，出现了大批冲绳学及比较文化学等方面的研究成果。近十年来，国家在人文社科方面加大了支持力度，各类各级别课题的设置促进了以大学为主的学术研究机构的蓬勃发展，出现了大批优秀的科研成果。

值得注意的是，两国在冲绳学研究过程中都暴露出一些局限和不足。

在中国，由于受历史等诸多因素的影响，20 世纪 80 年代以来，中日两国学者间的交流才渐趋频繁。比起日本学者对冲绳学研究的宽领域、多视角，我国学者的研究相对集中并具有一定的倾向性。一方面，我国的研究多立足于中琉关系史以及中国文化对近世琉球的广泛影响，使学者容易忽视琉球与日本往来的研究,即使有所论及,也多是将琉日关系作为相关背景予以简要介绍。另一方面,受琉球文化传承中国文化这一根深蒂固观念的影响,学者们也往往容易忽视有着450年历史的古琉球的文化与精神。

在日本,由于明治政府对冲绳的管制格外严格,加之受冲绳学研究之父伊波普猷某些有失公正思想的影响,致使部分学者过分强调日本的立场,对某些问题的研究不免有失客观真实。伊波普猷在《古琉球及琉球见闻录》中说,"日本到琉球来是解放中国的奴隶","把琉球列入日本同胞是保证在同一种政治制度下给琉球人送上幸福生活"。在《古琉球》中说道:"明治十二年的废藩置县,是改造羸弱的冲绳人的好时期。旧琉球王国的确营养不良。这么看来,使半死的琉球王国解体,让琉球民族再生,真乃大喜之事。为此,我们欢迎废藩置县,讴歌明治政府。"[1]这种有失公允的观点不仅被日本天皇制国家的政策所利用,而且在相当长一段时间内影响着日本的学术界。随着冲绳学研究的逐步深入,日本学术界对伊波普猷的质疑声也从未间断。日本民俗与历史学者鸟越宪三郎在《琉球宗教史研究》[2]中提出,伊波普猷的研究偏重文献,过早过急下结论,有理论飞跃及误判之嫌。

笔者认为,任何抛开或淡化中国来论及冲绳文化源流的论述都是不科学的,有悖历史事实,而过分强调中国,忽视周边国家对冲绳的影响也是不全面的。

综观本文献研究,笔者认为,随着全球一体化、信息化的发展,一方面,中日学者应最大限度地实现资源共享,对冲绳的历史与文化进行多角度、宽领域的深入研究,在比较研究方面,应避免以往过度关注对两地异质性的挖掘而忽视对其共性、内部联系的细致、系统的学术追问和梳理。另一方面,学者们在获取利用这些研究文献时应注意甄别与取舍,做到科学全面、客观公正。

---

[1] 伊波普猷. 古琉球 [M]. 岩波文库,2012:94.
[2] 鸟越宪三郎. 琉球宗教史の研究 [M]. 角川書店,1965:32.

第三章　我国华南与日本南部冲绳的历史渊源

我国华南地区地域辽阔，自然资源丰富，民族众多，文化积淀丰富，历史源远流长。自秦朝之后，随着汉族的南迁和中原文化的南渐，华南的社会结构与文化习俗都发生了深刻的变化。

华南文化作为中华灿烂文化不可或缺的重要组成部分，有着色彩鲜明的多样性特征，在语言风俗、民族风情、民间俗信、历史文化、饮食服饰等诸多方面风格独特，其中不少具有唯一性和独特性，为我国文化发展历史和多元一体、多源同归与多元互补的中华文化格局的形成做出了巨大的贡献，同时，也对世界多元文化并存、多元文化共生发挥着积极的作用。

一、我国华南地区概况

民国时期，华南地区涵盖广东、广西、海南、福建及云南、贵州，1945年抗日战争胜利后又列入台湾省，合称"华南六省"，而民间的"华南地区"则有多种说法，广义自然地理上的华南地区还包括福建省等。

华南地区属热带、南亚热带气候，高温多雨，常年湿润，四季分明。植物生长茂盛，种类繁多，分布着热带雨林、季雨林和南亚热带季风常绿阔叶林等地带性植被。地理位置优越，交通运输发达，经济基础较好。华南地区有百越先民所创造的文化遗存，如岭南民族是由古越人和历代南迁的中原移民融合而成的，其风俗习惯既传承了中原文化，例如，岭南的主要节日如春节、元宵节、清明节、端午节、中秋节等基本上承袭中原而来，活动内容也大致相同,又有与当地文化相融合的创新文化。

一方水土养一方人,百里不同风,十里不同俗。华南幅员辽阔,少数民族众多,各民族、地区伴随着当地的政治、经济发展,加之受到当地的历史沿革、自然环境变异、文明程度的影响,形成丰富多彩、各具特色的地域文化。华南文化不仅有广西的桂系文化,也有广东的潮汕文化、客家文化,更有福建的闽南文化与海南文化等,多家文化争奇斗艳,是中华民族灿烂文化中最具特色和活力的地域文化之一。

广西是我国长江以南唯一的少数民族自治区,拥有1700万壮族人口的广西不仅是南方地区少数民族人数最多的地区,也是全国第一大少数民族聚居区。各个民族有着悠久的历史和灿烂的文化,在社交礼仪、婚丧习俗、服饰文化、饮食文化、歌舞娱乐等方面都有各自的特点,充满着浓郁的少数民族风情。壮族的巫文化、师公风俗、七月十三过鬼节、三月三歌圩,瑶族的长鼓舞、铜鼓舞,苗族的苗王节,侗族的吊脚楼和风雨桥等是广西最具代表性的民族民俗风情。

素有我国南大门之称的广东是岭南文化的重要传承地,对外来文化的接纳与发展创新使得广东在语言、节俗婚嫁、饮食风格、居民习惯和历史文化等方面既有对底蕴深厚的中原传统文化的传承,又有鲜明的地域特色。同时,广东也是我国少数民族较为齐全的省份,世居少数民族有壮、瑶、畲、回、满族等。广东民系是由中原、岭北地区的汉族在不同时期迁徙到广东不同地区,与当地原住居民融合而成,包括广东的广府民系、客家民系和潮汕民系。由于历史上的种种因素,三大民系长期各自保持其生活习俗、文化意识和性格特征,共同构成了广东文化丰富多彩、千姿百态的风情魅力,并以其各自的优势,促进了岭南文化的发展。[①] 在岭南民俗文化中最具鲜明个性的当数广州的花市、初二吃无情鸡、盘古王民俗文化节、傩舞,肇庆的"舞狮采青",顺德番禺的"龙舟赛"等。

福建地处我国东南沿海,东临东海,东南隔台湾海峡,属亚热带湿润季风气候,由于受季风的影响,气候温暖湿润,夏季高温多雨,冬季温和少雨。

---

① 李权时. 岭南文化(修订本)[M]. 广东人民出版社,2010:第一章.

福建境内重峦叠嶂，丘陵起伏，森林覆盖率高，海域面积广阔，渔业发达。在文化上，受中原文化影响的同时，福建由于地处偏远，多山封闭，使得民俗具有小地域的特点，各地民俗文化丰富多姿、原生态十足。临海则使福建民俗在一定程度上受海外影响，并在以海为生的环境中形成了一些与中原习俗不同的鲜明特质。福建的土楼、泉州的普度、惠安渔村的惠安女、漳州的龙舟赛、湄洲的妈祖信仰等民俗是闽文化的重要代表。

福建是以中原南徙的移民为主体建立起来的社会，闽南文化[①]是经过一代代闽南人在社会实践中不断挖掘、弘扬、创造，并吸收采纳了阿拉伯文化、南洋文化、西方文化等外来文化的特质和合理因素，有机地融入其体系内，从而孕育、发展形成具有鲜明的地方特色及丰富内涵的一体多元文化。

福建独特的自然环境、社会习俗及历史发展使当地宗教文化极为发达，其特有的标志为寻根意识与乡土意识浓郁，笃信神灵观念，重视宗族亲情、编修族谱和宗祠建筑。可以说好巫尚鬼的传统、林立的庙宇、众多的神灵、频繁的祭祀活动等构成了福建民间信仰的基本内容。

同时，福建沿海海域辽阔，岛屿众多，自古以来海上贸易发达，以航海、渔业为主的庶民生活决定了其民间信仰带有浓厚的海洋文化色彩，主要表现在以祈求航海安全和渔业丰收的妈祖海神信仰盛行，妈祖庙宇遍及福建沿海地区。

闽南文化具有传统性、务实性、包容性和开放性，同时由于地理环境和人文历史的影响，具有强烈的对外辐射的特性。福建民间信仰对外辐射与海外贸易和海外移民密不可分，主要有三条对外传播路线。第一条是向东南亚地区传播。福建在明清时期与东南亚地区的关系紧密，有大批沿海百姓移居东南亚。第二条是向日本传播。福建自宋元起便成为中日海外贸易的主要口岸，明末清初，福建与长崎的贸易往来兴盛，许多福建人定居长崎。第三条

---

① 闽南文化指生活在福建南部地区的闽南人共同创造并代代传承发展与创新的地区性文化。其内涵除广义上的农耕文化、海商文化外，还包括狭义上的建筑文化、民俗文化、宗教文化、民间艺术、宗族文化及方言等。其分布范围为现辖的泉州市、厦门市、漳州市各区、市、县以及台湾地区、东南亚等地。参见闽南师范大学闽南文化研究中心编. 闽南文化研究年鉴 2014 [M]. 厦门大学出版社，2015：2-3.

是明代初年,随着"闽人三十六姓"移居琉球而向琉球传播。①随着闽人的流入,福建民间信仰和神灵观念等诸多传统习俗也随之传入上述三地。最具代表性的就是福建的妈祖信仰在海外开枝散叶,在东南亚、日本本土及琉球建造有众多妈祖庙。

综上所述,华南地区在文化、风俗、血缘和人员移动等方面有着共同或相近的历史渊源。从民族文化来看,华南文化是多民族文化并存的共生文化,突出的特点是融合性、包容性。共生于华南的原生态文化和中原文化,是多元文化要素的互相融合与渗透、发展与创新。

二、日本冲绳概况

冲绳作为日本最南端的一个县,不仅有着本土难得一见的亚热带旖旎风光,更因为优越的地理位置和颠沛沧桑的历史而形成有别于本土的异质文化。

(一) 冲绳的自然环境

冲绳县南临东南亚、东临太平洋、西临东海并和中国隔海相望,与福建省福州市、泉州市仅935公里之遥。②冲绳以琉球群岛为中心,由宫古诸岛、八重山诸岛等岛屿组成,土地面积为2274平方公里,占日本总面积的0.6%左右,大约有136万人口,占全国人口的1%。③

冲绳属于亚热带海洋气候,夏季高温多雨,冬季温暖少雨。由于地处西太平洋,亦受海洋性气候影响,年平均气温23摄氏度,四季温暖湿润。

14世纪后期开始,琉球群岛逐渐形成统一国家,即史称"第一尚氏王朝"的琉球国。冲绳在琉球王国时代作为明清两朝的藩属国与中国保持近500年的册封体系和朝贡贸易。琉球凭借得天独厚的地理位置,还与日本、朝鲜、东南亚等国进行贸易往来,曾一度作为东北亚和东南亚贸易的中转站,往来贸易十分繁荣,号称"万国津梁"。国际贸易的繁荣带动了物质与文化的交流,创造了冲绳本土文化与外来文化并存的独特现象,冲绳也成为东西

---

① 林国平. 闽台民间信仰源流 [M]. 人民出版社, 2013: 330.
② 外间守善. 沖縄の歴史と文化 [M]. 中央公論新社刊, 1986: 78.
③ 编辑委员会编. 沖縄を知る事典 [M]. 日外アソシエーツ, 2000: 3.

南北文化交流的大舞台。

(二) 冲绳的历史

几百年来，冲绳几易其名，也几易其主。从三山时代到依附于中国成为明清时期的藩属国；再到19世纪末日本鹿儿岛县的萨摩藩武力入侵，1879年强行将琉球纳入日本国土，废除琉球藩设置冲绳县；后又经历第二次世界大战和战后长达27年（1945—1972）的美国统治以及至今占据冲绳总面积18%的"美军基地"。这些冲绳特有的符号注定了冲绳的历史是一部曲折的沧桑史。

1. 琉球国与中国

历史上，冲绳是古代琉球王国的所在地。琉球群岛中最大的冲绳岛上曾经有三个国家，即中山、南山和北山，史称"三山时代"。[①] 三山之间纷争不断，1429年，日渐强大的中山王（尚巴志）先后消灭了北山与南山，统一了琉球，建立了独立的琉球王国。[②]建立之初琉球王国的治国理念并非"军事立国"而是"贸易立国"。为此，琉球作为贸易中转站与中国、日本、朝鲜及东南亚各国都保持着频繁的贸易往来，形成了冲绳独特的经济圈，曾被誉为"大交易时代"。[③] 其中，与中国明王朝的贸易纽带最为紧密。据《明史·琉球传》记载，早在1372年，琉球中山王（察度）就开始向明王朝"朝贡"，从未间断，一直持续至1415年。1404年，琉球开始接受明朝政府的"册封"，每一代国王都需明朝政府册封任命，一直持续到1866年最后的琉球王"尚泰"时期而终止。[④]

国际贸易的繁荣带动了物质与文化的交流，尤其是在与明朝的贸易往来中，琉球吸收了明朝的先进技术与文化，在文明程度上得到很大的提高，对琉球的社会与文化发展具有重要的意义。例如，琉球先后向中国派遣了二十

[①] 比嘉康文. 沖縄入門 [M]. 同時代社, 1993: 267.
[②] 比嘉康文. 沖縄入門 [M]. 同時代社, 1993: 267.
[③] 比嘉康文. 沖縄入門 [M]. 同時代社, 1993: 14.
[④] 外間守善. 沖縄の歴史と文化 [M]. 中央公論新社刊, 1986: 70.

多批留学生（明清史籍中称为"官生"）①学习政治、经济、社会、文化，以改变琉球国落后的局面；另外，1392年（洪武二十五年），明太祖为方便贡使往来，赐闽中舟工三十六姓。闽人三十六姓多为航海家、学者或其他拥有一技之长的人，在琉球社会中地位较高，受到琉球王国的重视优待，成为琉球王国里一支享有特殊待遇的族群，大多被委以重任，参与国家重要的政治经济文化活动。"闽人三十六姓"所传播的儒教与道教对冲绳思想、习俗、文化的发展具有重要的意义。②

2. 从琉球国到冲绳县

16世纪，由于日本与明朝关系恶化，对舶来品的需求只能通过地理上距离琉球较近的南方萨摩藩与琉球进行贸易。1609年（明万历三十七年、日本长庆十四年），日本萨摩藩（现鹿儿岛县）入侵琉球，强行割占琉球北部领土，置于日本江户幕府统治的幕藩体制下，并且给琉球施加了沉重的赋税。日本明治维新以后，羽翼尚未丰满的日本就将扩张的矛头指向琉球，明治五年（1872）强制琉球国改为琉球藩，并"册封"琉球王为藩王。日本为得到贸易的巨大利益，表面上把琉球作为一个独立的国家，让其继续与中国进行贸易，背地里却实际操纵着琉球。从此，琉球便成为"日清两属"。③此后，日本政府不断施加政治、军事压力，强迫琉球王国中止与中国朝廷的隶属关系。1875年，日本禁止琉球向中国进贡，废除中国年号。1879年，日本悍然宣布将琉球王国改为冲绳县纳入日本的版图，彻底吞并了琉球，正式施行殖民统治（史称琉球处分）。④1879年，琉球被日本吞并时，琉球官员曾向清政府求援。此时已自顾不暇的清政府，虽未能以武力实施保护，但本着"兴灭继绝"的宗旨，曾与日本展开艰难的交涉，希望保存琉球国。这一交涉未获成功。

日本将琉球王国纳入自己的版图之初，为扑灭琉球人的国家意识和独立风潮，使用了各种软硬兼施的方法，强行推进"日本化"，实施同化政策。

---

① 外间守善．沖縄の歴史と文化 [M]．中央公論新社刊，1986：71.
② 外间守善．沖縄の歴史と文化 [M]．中央公論新社刊，1986：71.
③ 比嘉康文．沖縄入門 [M]．同时代社，1993：267.
④ 比嘉康文．沖縄入門 [M]．同时代社，1993：269.

日本干涉琉球本土的宗教信仰，禁止琉球人讲本地语言，责令琉球人学习日语、学习日本文化和礼仪、穿日本服装、吃日本食品等。另外，日本为了消除中国文化对琉球的影响，销毁了大量的琉球王国与中国明清两代友好往来的历史文献资料，毁坏了大量见证琉球与中国亲密交往的历史印记。

3. 从美国托管到冲绳回归日本本土

在日本侵占琉球66年之后的1945年，日本在第二次世界大战中战败投降，全境被美国盟军占领。美军占领冲绳之后，就宣布以美国占领军为唯一的管理当局，独揽了琉球的一切权利。从1945年占领琉球至1972年将琉球诸岛归还日本的27年间，美军不仅在战后冲绳积极推进从司法、教育到生活中的衣食住等诸多"异化政策"，而且以原有的日军基地为基础不断兴建大型陆海空和海军陆战队基地群。美军占用了冲绳岛大量的陆地面积，驻日现役美军官兵人数也达数万人。日本战败后的50年，对于冲绳来说，是接触西方异文化的50年，也是与西方文化碰撞的50年。

（三）冲绳文化的多样性

如上所述，从明洪武五年（1372）与中国正式建交起至光绪五年（1879）被日本吞并为止，古琉球国与中国保持了500余年的朝贡册封关系。中国底蕴深厚的民俗文化对琉球产生了深远的影响，至今，琉球诸多习俗与中国民间习俗一脉相承。由于水陆交通的便利，冲绳自古以来与毗邻的日本、朝鲜及东南亚国家也保持着紧密的贸易往来，所以，冲绳的宗教信仰、岁时节庆、饮食习俗、建筑风格等形成了多元景观。

近现代冲绳随着三次重大的政治变革也经历了文化上的碰撞。1879年，琉球被萨摩人入侵吞并，强行接受日本长达半个多世纪的同化政策；1945年，日本在第二次世界大战中战败，美国对日本实行直接占领、间接统治长达27年，琉球被迫接受了美国的异化政策。1972年，冲绳脱离美国统治回归日本本土，作为日本列岛改造的重要一环，日本政府对冲绳积极实行本土化推进政策。可以说，冲绳在每一个时间节点上的政治变革，都伴随着异族文化的渗透与本族文化的冲撞。

冲绳历史的颠沛流离与错综复杂造就了文化上的"复合性"与"混血性"，也丰富了文化的多元化。伊波普猷的后继者、冲绳文化研究专家外间守善在《冲绳的历史与文化》中屡次强调了这一观点："受中国、朝鲜、东南亚等外国的影响孕育起来的琉球文化与日本本土比较，具有色彩浓郁的异质文化特性。"[①]"冲绳文化中大陆系文化更浓郁，所占比例要高于南方系文化。……冲绳文化即由大陆系文化作为主流经由日本九州传入，之后，日本本土文化的传入，直接从中国传入和从南方诸地域传入，这样的构成造就了冲绳文化具有诸多文化叠加交错的'文化复合'的特性。"[②]

在如此特殊的历史环境下孕育出的极富个性的冲绳文化如同冲绳的代表料理"蔬菜豆腐"一样，成为典型的"混合文化"。如今的冲绳已是传统文化与现代文明兼收并蓄的国际旅游胜地，素有"东方夏威夷"之美誉。置身冲绳，你会感受到其魅力不仅是南岛文化中的独特与神秘，更散发着中华文化的庄严与华美、日本本土文化的细致与精美，同时又展露着美式风情的优雅与沉着，可谓是琉、中、日、美文化的"混血"。

三、明清时期中琉交流的历史渊源

中国与琉球的交流主要体现在外交、经贸与移民三个方面。福建由于特殊的地理位置在中琉交流方面发挥着重要的窗口桥梁作用。14世纪后期，明朝皇帝赐予琉球的"闽人三十六姓"移民琉球，福建的移民及其子孙极大地影响了琉球社会，同时也有大量琉球人移民到福建。多层次的交流方式拓展了中琉关系的深度和广度。

（一）中琉交流中的政治互动

1. 册封与朝贡

册封朝贡是中国与琉球外交关系上的最大特征。册封朝贡制度始于1368年，明朝推翻元朝统治并通过新的国际秩序，即朝贡制度、朝贡贸易、海禁

---

① 外間守善. 沖縄の歴史と文化 [M]. 中央公論新社刊，1986：7.
② 外間守善. 沖縄の歴史と文化 [M]. 中央公論新社刊，1986：12.

制度等，建立了周边各国及中国沿岸的新秩序。正是从这一时期开始，中国与琉球的外交贸易获得了飞跃性的发展。中琉间的册封朝贡状况大致为：（1）初期，琉球在中国方面的推动下，积极表示加入册封朝贡体制；（2）琉球中山王号由中国皇帝下令授位，明清两朝均举行册封仪式，并派遣官方册封使节团；（3）琉球进贡铜、硫黄、马等贡品，也常得到中国皇帝的赏赐品。①

册封关系关乎琉球国的存立，从1367年册封中山王察度到1867年册封琉球王国最后的国王尚泰，中国派遣册封使出席琉球国王的授位仪式已成为惯例。明清两代的正使和副使均为文官，使节团中包括翰林院的文官、高级官员及随行人员。由此可以看出中国对于册封琉球的重视。

朝贡贸易原则上可享受免税政策，更为重要的是，琉球可以通过与中国的朝贡关系，将东南亚的胡椒、香料等作为贡品贩到中国，再将中国赏赐的丝绸、瓷器卖到日本，进行三角贸易。②得益于与中国的册封朝贡贸易，明清时期，琉球从"小而贫""商贾不通"的小国，一跃成为活跃于东亚海域的"万国津梁"。在利益的驱动下，琉球与中国的册封朝贡关系也日益密切。

2. 册封朝贡与福建

在中国派往琉球的册封使中，福建省出身的官员占大多数。如清代派往册封琉球的16人中，福建出身的就有4人，正使有3人，这一比例明显大于其他省份。③

使节团中，不仅有朝廷挑选的官员，还有册封使挑选的随行人员，包括文人、画师、僧人、道士、医生、工匠、水手等。由于福建是通往琉球的唯一港口，因此出使琉球的使节团成员均在福建招募，为福建文化在琉球的传播奠定了基础。

明朝洪武五年，琉球国的中山王察度派其弟泰期首次前来中国朝贡。据

---

① 豊見山和行. 琉球沖縄史の世界[M]. 吉川弘文館, 2003: 53.
② 李金明. 明朝中琉册封贡关系论析[J]. 福建论坛, 2008(1).
③ 谢必震. 福建文化在琉球的传播与影响[J]. 东南文化, 1996(4).

记载，朝贡所用的船只每两年来一次，一次有两只，人数约为 200 人。接贡船（迎接中方赐品的船）两年一次，一次一只，人数约为 80 人。因此，朝贡与接贡逐年交替。① 此外，每年都有从琉球来的船只在福建进行贸易或其他交流活动，如谢恩、请求册封、迎接册封、送留学生等。

琉球国的使节到达福州后，会受到福建地方官员的盛情招待，使节团的住所位于福州市内中心位置，规模庞大，也被称为"柔远驿""琉球馆"。使节团到达福州后，正使、副使与都通事等 20 人在福建巡抚挑选的官员护送下从福州前往北京，其他人留在"柔远驿"开展贸易或学习技术，次年，使节们从北京回福建后一起返回琉球。在福建停留期间，琉球人耳闻目睹、亲身体验福建的文明、礼仪风俗习惯等，成为福建文化的直接接受者，福建文化也通过使节团传播到了琉球。

（二）中琉交流中的经贸往来

贸易往来是中琉交流中的重要内容，特别是清朝以后，中琉贸易进入了稳定时期。明朝设置市舶司是按照接待对象就近原则，福建市舶司负责接待除日本外的东洋国家，如苏碌、三岛、琉球等。由于福州在地理位置和航线上更便于与琉球的交通，因此明成化十年（1474），福建市舶司从泉州转置到福州。同时，福州港大力发展造船业、航运业、外贸业等，还开辟"新港"，连接了闽江，琉球的贡船和商船多停在新港内。② 福建便利的地理位置和优良的港口条件为中琉贸易的开展奠定了基础。中琉贸易不仅促进了琉球的经济与社会发展，也推动了福建的经济发展。明清时期的中琉贸易从形式上分为朝贡贸易与私人贸易。与中国的朝贡贸易是琉球的国营事业，受到琉球王国的高度重视，其贸易内容十分丰富。

1. 主要贸易内容

（1）银的交易。从 16 世纪末期到 17 世纪初期，世界范围内的跨国经济

---

① 徐恭生. 明清时期福州与那霸的友好交往 [C]. 中华文化与地域文化研究——福建省炎黄文化研究会 20 年论文选集，2011.
② 苏文青. 闽商发展史·总论卷 [M]. 厦门大学出版社，2013：107.

得到了发展。对于交易及结算而言，银的价值稳定，在贸易的中心地——福建漳州，银迅速流通起来。

在贸易中，福建人特别是漳州人发挥了极其重要的中转作用，这是由于漳州人掌握了高超的航海技术。明嘉靖四十年（1561），前往琉球的册封使团中就有50多名漳州人，据册封使郭汝霖说，掌舵手必须由漳州人担任，因为他们航海经验丰富，见惯了风浪，负责人严谨敬业，吃苦耐劳。跨国贸易从海外带来了大量"洋银"（外国银），在福建做生意的商人也需要大量的银，因此，福建成为中国与琉球洋银交易的集散地。

（2）铜的交易。铜是中琉贸易中最主要的物产之一。清咸丰七年（1857），福建总督巡抚就曾请求琉球供应一定数量的铜。当时福建省由于缺少铜而造成铜钱铸造困难，希望琉球支援。琉球还曾经在民间筹集铜器，通过接贡船运到福州，以缓解福建"铜荒"。流入中国的铜不仅来自官方的铜贸易，琉球的官员水手们也私下将铜钱（宽永通宝）带到福州，用于私人贸易。①

（3）硫黄的交易。琉球从1377年起开始向中国出口硫黄，成为琉球历代国王向中国皇帝进贡的物品之一。无论在琉球还是中国，都严禁私下买卖硫黄。据高岐《福建市舶提举司志》记载，进贡船向中国运送的硫黄被保存在福建市舶司的硫黄库中，对于硫黄匮乏的中国而言，外国进贡的硫黄是珍贵的物品。

（4）白砂糖的交易。中国南方地区自古以来就是著名的砂糖产地，从16世纪起就向日本及琉球等亚洲各地出口砂糖。特别是福建泉州与漳州一带制糖业非常发达，不仅是黑糖的产地，也是白糖及冰糖的产地。琉球成功地从福建引进了制糖的先进技术，实现了黑糖的国产化，同时也拓宽了黑糖在日本的市场，实现了从以原料为主的贸易往来到传播技术的重大转变。如今，黑糖已经成为冲绳的特产，并形成独特的"冲绳黑糖文化"。通过这一史实我们不难看出，在长期的往来交流中，中琉贸易不断深化，形式也逐渐丰富。

---

① 豊見山和行. 琉球沖縄史の世界 [M]. 吉川弘文館, 2003: 540.

（5）纺织品的交易。琉球原本纺织工艺落后，只会织麻缕，纺织品种类也只有单一的芭蕉布（以芭蕉皮纤维制成的布）。与中国开展朝贡贸易后，琉球在中国购买生丝和布匹，也十分重视从中国引进生产技术。

2. 中琉贸易的停滞

从17世纪中叶开始，中琉贸易曾一度陷入困境。究其原因，一方面是由于很多琉球的进贡船遭到海贼的袭击。延宝元年（1637）三月，两只进贡船在福州五虎门遭到海贼袭击。这些海贼不仅谋财害命，还影响到了日后的船只派遣。顺治十一年（1654）四月，福州港口因海贼入侵事件而无法通航，因此琉球的庆贺船无法进入福州港，最终只能返回琉球。有关这一情况，《中山世谱》卷8有记载，"本国数次遣使，迎接庆贺使臣，皆为海贼所阻，故不复遣使"。[①] 17世纪后半叶，清王朝取代了明王朝，朝贡贸易也因此暂时停滞。

四、我国华南民俗文化对冲绳的影响

政治经济的交流是社会文化交流的重要部分。琉球与我国华南地区通过政治经济上的往来，不仅推动了人员的交流、物质资料的互通有无，还带来了民俗文化上的互通互润。我国华南地区与冲绳的民俗文化在岁时节庆、饮食、服饰、建筑、音乐等方面有着许多相似之处。

（一）岁时节庆

琉球的岁时节庆在其历法中即可体现，而琉球最初的历法也来自中国。根据《琉球国由来记》卷三的记载，成化元年（1465）为中国历法传入琉球之始。[②] 从此，琉球开始实行中国的历法。

由于使用的历法一致，民俗节日又与时序划分密切相关，所以琉球的许多民俗节日与中国保持一致，而与日本本土存在巨大差异，有的是日本本土所没有的，有的是日本本土少见的。在琉球，每年农历正月初五送灶神，二

[①] 豊見山和行. 琉球沖縄史の世界 [M]. 吉川弘文館，2003：127.
[②] 吴永宁. 琉球民俗文化研究 [D]. 福建师范大学，2008.

月十二举行花朝节,这些都与我国浙江、江苏、福建等地区的风俗相似。农历五月初五是端午节(冲绳称"端午祭"),冲绳各地都举办龙舟赛,这与我国湖北、湖南、广东、广西、福建、浙江等地在农历五月初五端午节盛行的龙舟竞渡相似。六月的"稻大祭"也与福建六月十五的"半年节"一脉相承。琉球在七月十五"鬼节"祭拜先祖,而我国的广东、广西、福建等地区也在农历七月中旬烧纸钱、供祭品祭祀祖先。八月"家家拜月",九月初九重阳节登高、饮菊花酒,十二月二十送"灶神",等等。在琉球的民俗节日中,最为重要的是元旦节、清明节、端午节、中元节,琉球对这些节日的重视程度丝毫不亚于中国。冲绳这些传统节日,都与中国的传统习俗颇为一致。可以看出,中国的节日习俗传入琉球后,经过传播、发展、嬗变,已经融入冲绳的民俗文化中,成为其重要的组成部分。

(二)饮食习俗

在饮食习惯上,冲绳以大米为主食,佐以番薯、芋等。然而,由于琉球地少且土地贫瘠、气候炎热等,大米产量较少,只有皇族大臣才能食用,普通百姓则以番薯为主食。根据明万历年间出使琉球的夏子阳在《使琉球录》中的记载,琉球"波菱、山药、冬瓜、薯、瓠之属,皆闽中种"[1],尤其是主食番薯,早在1605年琉球就派人来福建学习种植番薯的技术,番薯因其适应性强而缓解了琉球的饥荒,此后便成为琉球的主要食粮。由于番薯对于解决琉球生计至关重要,明清时期也有许多琉球留学生专门来华学习番薯栽培。

随着琉球与中国之间交流的发展,到清朝后期,每逢岁时节庆,琉球也出现许多特色食品,与中国的岁时习俗相似。例如,三月三要做艾糕、端午节做角黍、清明节时制作艾糕、七月半则做糯米糕等,这些糕点的做法、寓意皆与中国大致相同,并且传承至今成为冲绳传统饮食习俗的一部分。

在副食上,则以猪肉料理最具特色。日本本土十分推崇鱼肉、牛肉,食

---

[1] 谢必震. 福建文化在海外的传播[J]. 东南周末讲坛选粹, 2012.

用猪肉相对较少，而冲绳却家家养猪、户户都有猪圈，人们喜爱食用猪肉、猪蹄、猪内脏及猪血等，烹饪方法与中式做法十分相似，都是使用料酒、茴香、五香粉等香料一起烹饪。在祭祀中，也将猪肉作为供品敬供在祖先灵牌前。在座喜味、读谷村等地区，农历腊月还有"杀年猪"的习俗。由于冲绳的常年平均气温在 22 摄氏度左右，因此杀猪后多将肉做成腌肉，以便保存。这些习惯也与中国华南地区的饮食习俗大致相同。在肉类中，羊肉也是一种特殊的存在，日本本土没有吃羊肉的习俗，但冲绳人却经常食用羊肉，特别是举行祭祀活动时，主要食用方法是做成烩菜、菜粥等，具有独特性。

此外，琉球还向中国学习制茶之法，1734 年，首里人向秀实随朝贡使进入福建学习制茶，在此之前琉球并没有制茶工艺。此后，福州的饮茶技术被引入琉球，到清朝时，士大夫阶层中皆以茶待客。琉球煮茶时以小竹帚搅拌、饮茶时放入小糖块等习惯，都是效仿中国的品茶方法。

（三）建筑

冲绳的建筑吸收了许多福建传统建筑的特色。如首里城的城墙，不仅在建筑方法上采用了福建传统建筑中"出砖入石"的手法（用鹅卵石砌筑城墙），甚至一部分石料都是直接运自福建。此外，首里城的外观设计、屋脊、柱头、石狮子等，无不体现着浓厚的中国福建地区的建筑风格。而在民间，琉球在建造房屋时具有一大特色——建造"石敢当"，即对着巷口或桥梁埋石为祭，保护家宅免受不祥的侵害。无论是"石敢当"的外观造型、摆放位置还是建造目的，都与福建如出一辙。

冲绳传统建筑的室内装饰摆设也充满了中国气息。在官宦士族之家必设有书房，室内挂着中式字画，多是来自久米村人或者册封使团。庭院也模仿中国园林建筑，设置各类假山石木等，院内的小水池饲养着小金鱼、螺、蚌等，与中国庭院无异。此外，富贵之家多在厅堂上设置神龛或祠堂，多供奉"天地君亲师"五字。

冲绳的建筑风俗受到了中国风水观念的影响。风水源于道教中的玄学，明朝中期，风水学及风水观念进入琉球社会，且风水学还成为明清时期赴福建留学的琉球人热衷的专业。无论是上文中首里城的建筑、"石敢当"，还是室内装饰，都是受到中国道教风水思想影响的例证。因此，中国传统文化，特别是道教文化影响了冲绳的建筑理念和居住习俗。

（四）服饰

明朝以前，琉球的服饰质朴简单，通常用蕉麻类织布制作衣服。明初与中国建立官方往来后，特别是闽人三十六姓移民琉球后，琉球的服饰开始呈现出汉化趋势。首先，琉球通过册封和朝贡贸易，获得大量中国的衣物和布料，影响了琉球的服饰习俗。其次，闽人三十六姓带来了织布、纺纱的技术。最后，琉球人还积极到福建学习纺织技术，1659年国吉学到福建学习织缎术，1736年向得礼到福建学绸缎纱缕的机织术。[①] 通过从福建学习先进的纺织技术，琉球的纺织业得到了迅速发展，使琉球国内出现"家家有机，无女不能织"。到明朝末期，织布机和纺织技术已经在琉球得到广泛普及，琉球的服饰样式、种类也日渐丰富，原来仅有单一的蕉布，后来发展到有绸、棉布、麻布、丝布、罗布等多种布料。

琉球的官服大多由中国颁赐，册封、朝贡时也都按中国的礼数身着中国服饰，因此在样式、花色、材质等方面都与中国大致相同。这些来自中国的官服也为琉球的服饰设计提供了源源不断的素材。琉球在民间服饰方面也有与中国相似之处，例如，琉球老人和儿童的衣服常选用红色，儿童的红色里衣则类似于中国的红肚兜，象征着挡煞、消灾。

（五）音乐

洪武五年（1372）琉球与中国建立友好关系以后，各种交流往来也将中国的礼乐源源不断地传到了琉球。明嘉靖三十年（1534）出访琉球的陈侃在《使琉球录》中记载："金鼓笙箫乐，翕然齐鸣。"[②] 其中的鼓、笙、箫全部都

[①] 谢必震. 福建文化在海外的传播 [J]. 东南周末讲坛选粹，2012.
[②] 冯文慈. 中外音乐交流史 [M]. 人民音乐出版社，2013：192.

是中国传统乐器。

在中国传入冲绳的乐器中,最具代表性的为三弦(冲绳称为"三线")。三线在传入琉球后,起初主要用于宫廷音乐中,同时也是士族子弟的必修功课。士族阶层会在壁龛上挂以三线,若是名家制作的三线,还会作为传家宝代代相传。到了近代,三线逐渐向民间传播,特别是1879年废藩置县之后,宫廷乐人流入民间,致使宫廷音乐民间化,而三线的演奏者也由士族阶层扩展到了平民百姓。① 第二次世界大战时,甚至有许多百姓带着三线逃难,与三线共存亡。而在今天的冲绳县内的冲绳本岛及周围各小岛上,到处都可听到三线弹奏的琉歌、民谣,三线教室(当地称为研究所),制作并贩卖三线的小作坊、乐器店也随处可见。冲绳的各种音乐形式,如民谣、舞蹈、组舞等,都离不开三线的伴奏。可以说,三线已经融入了冲绳人的生命,成为冲绳文化不可分割的一部分。

随着中琉之间交流往来的不断加深,中国的音乐演奏技法也逐渐传播到了琉球。朝贡册封使团中有许多擅长音乐的艺人,曾在琉球参与音乐演出、传授琴艺,张学礼《中山纪略》中记载,"封舟过海,例有从客偕行;姑苏陈翼,字友石,多才多艺,王持贴请授世子等三人琴","国王遣那霸官毛光弼于从客福州陈利州处学琴,三、四月习数曲,并留琴一具"。而在民间,闽人三十六姓移民及其后裔也将中国的民俗音乐传播到了琉球,《琉球国由来记》中记载:"从除夜五更至开定,于御庭,有三度奏乐。乃自闽人三十六姓迁入本国而带来,音乐不异于中华。"② 可见闽人三十六姓带来的中国传统音乐已经在琉球有了相当大的影响。

此外,冲绳音乐中的调弦法、演奏指法、唱词,甚至服装、动作都带有浓厚的中国风格。例如:琉球王朝时期的古谣《太平歌》的旋律与福州闽剧中的"七言词"(也称"清言词")的旋律相似,并且每一段的中止式与江南民歌《茉莉花》的结尾句相似;冲绳伊集的《打花鼓之歌》的歌词与《茉莉花》的歌词意思基本一致;冲绳古典乐曲《安波节》与福建泉州的民歌

---

① 王耀华. 三弦艺术论 [M]. 海峡文艺出版社,1991:192.
② 王耀华. 三弦艺术论 [M]. 海峡文艺出版社,1991:192.

《长工歌》在音阶和曲调上相似;冲绳三线古典乐曲《松本节》无论是调式还是旋法、节奏,都与中国曲调十分接近,并且该乐曲常常用于狮子舞伴奏,冲绳的狮子舞和中国广东、广西等地区的狮子舞相同,都是由两人一前一后组合扮演,一人掌握狮子的头部,另一人控制狮子的尾巴;等等。①冲绳原有的音乐艺能文化与中国的音乐文化相互交融,形成具有混合性的冲绳音乐。

华南地区与冲绳的友好交流直到今天仍在续写着佳话。福建与冲绳历史渊源深厚,近年来双方经贸、科教、文化、旅游、农业等领域的合作持续推进,取得了积极成果。这些都为继承和发展福建与琉球的传统友谊发挥着巨大的桥梁纽带作用,也为福建与冲绳的未来多领域合作提供了浓郁的人文基础。

---

① 王耀华. 三弦艺术论 [M]. 海峡文艺出版社,1991:192.

第四章 日本南部与我国华南——饮食民俗文化比较研究

冲绳饮食文化是在琉球文化与汉文化相互融合的基础上，受日本本土文化、美国食文化的影响而发展起来的，为具有浓郁地域特色与岛国风情的多元混合文化。冲绳料理随四季而变，饮食种类繁多、口味多样。选材及烹饪方法不仅反映了冲绳人健康的生活理念、因时而变的饮食智慧，也反映了在浓厚的历史沉淀下孕育的饮食习俗所蕴含的人文内涵。

本章首先对我国享有盛誉的传统地方菜肴广西横州"鱼生"与冲绳"刺身"进行翔实考察与梳理，探究其异同；其次，围绕冲绳饮食文化中最具特色的猪肉、羊肉料理，探讨其历史发展背景、与中国的历史渊源以及猪肉羊肉料理所蕴含的深刻文化寓意。

一、广西横州鱼生文化与冲绳刺身文化比较研究

本节旨在从比较文化学角度出发，通过梳理相关历史材料，对横州鱼生和冲绳刺身的历史起源、发展情况、文化现象、现状等进行对比研究。

鱼生和刺身，在古时候都叫"脍"。食鱼生习俗在人类历史上并不鲜见，中国先秦时已有食脍记载。广西横州和日本冲绳至今保留着鱼生文化，并在日常生活中占有重要地位。广西横州人把横州鱼生称作当地的"县菜"，用其接待最尊敬的客人。横州人认为，造型精致、讲究刀工的横州鱼生能代表横州最高水准的烹饪技术和饮食文化。横州鱼生在南宁，乃至整个岭南地区都非常出名。在南宁市下属的马山、武鸣等地的鱼生也很有名。

冲绳地区地处太平洋的大陆架上，其附近水域鱼类丰富，可做成刺身的海鲜品种繁多。

生食文化是饮食文化史中不可或缺的一部分。通过探讨横州鱼生和冲绳刺身的异同，可以一窥中日间的饮食文化发展史，对研究中日两国在漫长历史中的文化交流、文化传承，对增进两国人民的相互理解、加强两国人民的友谊具有积极意义。

本节主要分为五个部分：第一部分简要介绍鱼生和刺身的历史由来，第二部分对横州鱼生文化进行分析，第三部分对冲绳刺身文化进行分析，第四部分就横州和冲绳的生鱼片做比较研究，第五部分总结生鱼片的优缺点。

（一）鱼生与刺身的历史由来

鱼生和刺身，都是指生鱼片。前一个是壮语的直译，后一个是日语的称呼。它们在古代时都被归类为"脍"。东汉许慎《说文解字》记载："脍，细切肉也。"[1]即切得很细的生肉，就是脍。

古代的中国人很早就开始食脍。先秦时期的文学作品《诗经·小雅·六月》记载："饮御诸友，炰鳖脍鲤。"[2]这是在中国古代文献上最早出现的"脍"字。[3]"脍鲤"就是切成薄片的鲤鱼肉。因做脍的原料以鱼为多，所以"脍"又写作"鲙"。[4]

脍在中国历代文献中都有具体记载。记载古代政治经济制度的《周礼·天官·笾人》载："笾人掌四笾之食。朝事之笾，其实麷、蕡、白、黑、形盐、膴、鲍鱼、鱐。"[5]膴，即薄切的大肉片，这里指生鱼片。郑玄《注》曰："膴，膵生鱼为大脔。"脔，即肉块。

《礼记·曲礼》记载："凡进食之礼……脍炙处外，醯酱处内。"[6]《礼

---

[1] 许慎. 说文解字 [M]. 天津古籍出版社，1991：90.
[2] 刘松来. 诗经 [M]. 青岛出版社，2010：119.
[3] 贾蕙萱. 中日饮食文化比较研究 [M]. 北京大学出版社，1999：90.
[4] 王明德，王子辉. 中国古代饮食 [M]. 陕西人民出版社，1988：76.
[5] 杨天宇. 周礼译注 [M]. 上海古籍出版社，2004：81-82.
[6] 朱彬撰，沈文倬，水渭松. 礼记训纂 [M]. 浙江大学出版社，2010：24.

记·内则》也记载:"肉腥细者为脍,大者为轩。"①也就是把生肉切得较细的就是脍,切得较粗的就是轩。古代对大夫的日常饮食也有规范,要求"大夫燕食,有脍无脯,有脯无脍"。②从上述文献记载来看,人们早在先秦时期已经食用薄的鱼片或者肉片。

有学者认为,先秦时期的人们在吃生鱼用酱时,注意到味觉与宇宙时令的复杂关系。③古文载:"脍:春用葱,秋用芥。"④即在调和细切的鱼肉时,春季要用葱,秋季用芥末酱来调味。可见古人在先秦时期不但经常食脍,而且掌握了调理生食的方法。

《论语·乡党》记载:"食不厌精,脍不厌细。食饐而餲,鱼馁而肉败,不食。"⑤不仅主张食品讲究精,脍要切得细,而且强调要吃新鲜的鱼肉,不能食用腐败的鱼和肉。《孟子·尽心下》记载:"公孙丑问曰:'脍炙与羊枣孰美?'孟子曰:'脍炙哉!'"⑥《汉书·东方朔传》记载:"朔曰:'生肉为脍,干肉为脯。'"⑦刘熙《释名·释饮食》记载:"脍,细切。细切猪羊马肉,使如脍也。"⑧

中国历史上食用生鱼片的历史悠久,并且有些地方一直延续至今,成为地方民俗。

日本人食用生鱼片的记录最早出现于《日本书纪》⑨。该书是日本流传至今的最早的历史书,于720年完成。这本书用汉文编年体写成,总共有30卷。《日本书纪》在关于日本景行五十三年十月景行天皇巡幸东国的事件中,有"白蛤脍"的记载出现。原文为:"是に、膳臣の遠祖、名は磐鹿六鴈、蒲を以て手繩にして、白蛤を膾に為んて進る。"⑩

---

① 朱彬撰,沈文倬,水渭松.礼记训纂[M].浙江大学出版社,2010:423.
② 朱彬撰,沈文倬,水渭松.礼记训纂[M].浙江大学出版社,2010:421.
③ 王若涵.脍不厌细:中国古人食脍习俗小考[J].文史杂志,2010(6).
④ 朱彬撰,沈文倬,水渭松.礼记训纂[M].浙江大学出版社,2010:421.
⑤ 方飞.论语赏析[M].广西民族出版社,1999:157.
⑥ 五常则.孟子[M].山西古籍出版社,2003:246.
⑦ 班固.汉书·第九册[M].颜师古,注.中华书局,1962:2844.
⑧ 刘熙.释名[M].中华书局,1985:64.
⑨ 贾蕙萱.中日饮食文化比较研究[M].北京大学出版社,1999:93.
⑩ 大野晋,井上光贞,家永三郎.日本書紀·上[M].坂本太郎,校注.岩波书店,1981:314.

在日本，"鲙"是"脍"的异体字，都读作"なます"（Namasu），是指切得很细的鱼贝类或野兽的生肉，抑或切得又薄又细的醋腌鱼肉制品。①

"刺身"和"脍"虽然都指同一种料理形式，但所涵盖范围稍有不同。

在《大辞林》里，"刺身"被定义为：把新鲜鱼贝类的生肉切得薄薄的，与酱油一起食用的料理。②而"脍"则是：细细切成的鱼、贝或野兽的生肉。③

在《日本国语大辞典》中，"刺身"的定义为：料理的一种。把新鲜的生鱼肉等切得又薄又小，佐酱油、醋等吃的食物。④"脍"的定义是：细切了的鱼贝类或野兽的生肉。⑤

可见，"刺身"主要是指鱼贝类的生肉，而"脍"的概念还包含"野兽类"，即只要是切得细细的动物的生肉，都是脍。

日本诗圣松尾芭蕉所著的俳句中也出现过脍，该俳句曰："木のもとに汁も膾も桜かな。"⑥其意思是：在樱花树下赏樱的时候，飘飘洒落的樱花瓣掉落在菜汤和肉丝上。

松尾芭蕉的另一个俳句"又たぐひ長良の川の鮎膾"⑦，其意思是：岐阜县长良川的鲇鱼刺身无与伦比。

他的俳句中也载有乌贼刺身，"客よびて塩干ながらのいかなます"⑧，其意思是：为客人制作的乌贼刺身，在等待客人来的时候水分干掉了，变得像盐腌鱼干一样。

清代黄遵宪在其著作《日本国志·礼俗志二》中记载，日本人"喜食脍，尤善作脍，以生鱼聂而切之，以初出水泼刺者，去其皮剑，洗其血鲑，细剑之为片，红肌白理，轻可吹起，薄如蝉翼，两两相比，姜芥之外具染而已。入口冰融至甘旨矣。又，装脍必插花果于中央，名曰轩盖，古者以肉片大者装

---

① 新村出. 広辞苑·第二版 [M]. 岩波書店，1970：1669.
② 松村明. 大辞林 [M]. 三省堂，1988：972.
③ 松村明. 大辞林 [M]. 三省堂，1988：1810.
④ 日本大辞典刊行会編集. 日本国語大辞典（縮刷版）·第五巻 [M]. 小学館，1975：43.
⑤ 日本大辞典刊行会編集. 日本国語大辞典（縮刷版）·第八巻 [M]. 小学館，1980：312.
⑥ 大谷篤蔵. 芭蕉句集 [M]. 中村俊定，校注. 岩波書店，1969：360.
⑦ 大谷篤蔵. 芭蕉句集 [M]. 中村俊定，校注. 岩波書店，1969：96.
⑧ 金田禎之. さかな随談 [M]. 成山堂書店，2007：73.

中间，近人代以花果，亦袭用其名耳"。① 黄遵宪在书中不仅详细记载了日本生鱼片的制作过程、口感、摆盘方式，也提及了可做脍的鱼类，如鲤鱼脍、鲈鱼脍、鲫鱼脍、鲷鱼脍，水母脍。② 黄遵宪的这本书反映了日本自明治维新以来的各项典章制度，反映了日本生鱼片的多样性和生鱼片文化的丰富多样。

（二）广西横州鱼生文化

1. 横州鱼生的记载

横州鱼生俗称"两片"，其制作技艺是横州最具特色的一项传统手工技艺，堪称"横州一绝"。"横州鱼生"手工艺制作的制品鱼片具有形状美、肉色鲜嫩、晶莹剔透等特点，加上五颜六色的配料，宛如一件艺术珍品。③

关于鱼生的文献记载很多。

明代徐霞客《粤西游记三》记载："乃取巨鱼细切为脍，置大碗中，以葱及姜丝与盐醋拌而食之，以为至味。"④

清代《横州志》记载："剖活鱼细切，备辛香、蔬、醋，下箸拌食，曰'鱼生'，胜于烹者。"⑤

黄现璠等编纂的《壮族通史》记载："解放前，许多地区的壮族人都喜欢吃'鱼生'。'鱼生'的制法是：将鲜嫩三五斤的大鱼，剥去其皮，除去大小骨头，切成薄片，拌以香油、盐、葱、蒜、姜等作料，另外在一小碟内放好酸醋、黄皮酱、酱油等。吃时，夹生鱼片放进小碟里与醋、酱等拌一下，即可吃用。"⑥

2. 常用鱼类及选鱼要求

横州人做鱼生常选取郁江江鱼、清水河鱼或水库鱼。与池塘相比，江、河、水库的范围更大、生态环境更好，水质相对洁净，所产的鱼干净且肉质

---

① 黄遵宪，吴振清，徐勇. 日本国志（下）[M]. 王家祥，点校整理. 天津人民出版社，2005：856.
② 黄遵宪，吴振清，徐勇. 日本国志（下）[M]. 王家祥，点校整理. 天津人民出版社，2005：856-857.
③ 横县鱼生制作技艺简介 [Z]. 横县文化局，2013.
④ 徐宏祖. 徐霞客游记：全三册 [M]. 诸绍唐，吴膺寿，整理. 上海古籍出版社，1980：518.
⑤ 丁世良，赵放. 中国地方志民俗资料汇编·中南卷（下）[M]. 国家图书馆出版社，1991：905.
⑥ 黄现璠，黄增庆，张一民. 壮族通史 [M]. 广西民族出版社，1988：668.

好。所以一般不选或少选池塘鱼做鱼生。

横州市所在的郁江，水域面积较大，鱼类资源非常丰富。民国时期的《横县志》记载，横州市主要鱼类有：鲮鱼、嘉鱼、鲂鱼、鳡鱼、鳙鱼、鲤鱼、鲫鱼、鲢鱼、鳜鱼、花鱼、鲵鱼、鳝鱼、鳅鱼、草鱼、塘角鱼、青竹鱼、长头鱼等。①

现在，横州常见鱼类主要有：鲤鱼、鲢鱼、草鱼（鲩鱼）、鲮鱼、花鱼（乌鳢）、青竹鱼、桂花鱼（鳜鱼）、罗非鱼、大头鱼、鲫鱼等。这些都是经常被选做鱼生的鱼。选鱼时，尤以"嘴小身厚，见人就跳有脾气的生猛者为最佳"②。

一般情况下，有鳞的鱼都可以拿来做鱼生，而无鳞的如塘角鱼、鲇鱼之类的鱼就不适合拿来做鱼生，因为这类鱼会有一些黏液，不方便处理。③

选做鱼生的鱼要保证三点：新鲜、无细刺、肉质有韧性。

首先，新鲜是鱼生的基本要求。吃鱼生，吃的就是一个"鲜"字。死鱼、病鱼或不新鲜的鱼不仅腥味重，肉质差，还可能会影响食客健康。

其次，鱼生在制作时主要选用剔除鱼骨的成片鱼肉。若加工的鱼种本身细刺较多，则即使剔除了主要鱼骨，还是会有小刺残留，影响食用。所以，一般选用无细刺的鱼类。

最后，从食用口感上看，用肌肉结实强劲、有韧性的鱼做成的鱼生吃起来感觉更好，更有嚼劲，食材的鲜味也能很好地体现。

当然，即使是满足了以上三点的鱼，在列入鱼生用鱼时还是会被分为上品、中品和下品。上品鱼一般有青竹鱼、花鱼（乌鳢）等，野生最佳。它们的优点是肉质肥美、有弹性，口感细腻、鲜嫩爽滑，吃起来味道清甜。中品鱼如鲤鱼等，肉厚、口感较好。其他价格相对便宜且口感一般的鱼如鲢鱼、大头鱼则归为下品。

3. 横州鱼生的制作方法

横州鱼生的制作必须注意两点：一是要保证把鱼血放干净，否则鱼片的

---

① 横县志·第三册[M]. 横县文物管理所，1943：37-38.
② 吕华鲜. 横县鱼生文化研究[J]. 今日南国，2009（9）.
③ 郑春柳. 食鱼生消费习俗的研究：以广西横县石塘镇富宁街为例[D]. 广西民族大学，2009.

肉色会显红且有腥味，二是在处理鱼的过程中不要弄破鱼肠或鱼胆，否则鱼肉会带苦味。

横州鱼生还十分讲究刀工，鱼肉切得越薄，说明厨师技艺越好（见表4-1）。

表4-1 横州鱼生主要制作过程

主要步骤	分类项	方法	
杀鱼	敲晕	用刀背或木块在鱼头和鱼身结合处用力敲一下，将鱼敲晕	
	放血	从鱼鳃处放血：用刀在鱼鳃处开一刀，将鱼鳃挖出，然后将鱼倒吊起来	
		从鱼尾处放血：用刀在鱼尾处开刀，将鱼放到水里游，直到血放干为止	
	刮鳞	刀：适于刮鳞片较大的鱼	
		钢擦：适于刮鳞片较小的鱼	
处理鱼身和内脏	处理鱼身	把鱼平放在砧板上，沿着鱼的脊背处用刀轻轻切开一条缝，看清楚鱼骨的走向，再用刀顺着鱼骨切下	在鱼尾和鱼头与鱼身结合处用刀割开，把鱼胸骨三分之二的鱼肉片下，将得到的无刺鱼肉小心地用吸水纸或消毒过的干净毛巾包好，目的是吸干鱼肉表面的水分；然后将鱼翻身，对另一面也做同样的处理；最后用刀割开鱼的前鳍部位，伸入两个手指，把鱼肚的内脏撕下，再用纸把鱼肚内的黑色部分擦净
			在鱼尾和鱼头与鱼身结合处切开一条小缝；将鱼翻身，另一面也做同样处理；接着一手抓鱼头，一手抓鱼身，用力一扯把鱼身与鱼头、鱼内脏和鱼尾分开
	处理内脏	依个人喜好处理，可留做鱼汤	
切鱼片		有鱼皮的那一面朝下放在砧板上，斜着用刀切，将鱼肉切成约2毫米的薄的鱼肉片；鱼肚处的肉通常比较薄，切片不易，可切成细长的鱼肉丝	

资料来源：郑春柳.食鱼生消费习俗的研究：以广西横县石塘镇富宁街为例［D］.广西民族大学，2009.

仅仅将好鱼用好刀工切好还远远不够，正宗的横州鱼生还讲究摆盘艺术。

盛放鱼生的器皿多为圆形、菱形、扇形等以白色为底色的瓷盘，目的是衬托鱼肉的晶莹剔透，使鱼肉的纹路能更清晰。摆盘时由经验丰富的师傅用长筷子将切好的连片鱼肉夹起，整齐地铺入盘中。最基本的是摆成圆形，但根据师傅手艺不同可有不同花式，造型多样。

4. 常用配料与食用方法

横州鱼生常用配料较多，有鱼生草、葱丝、柠檬丝、花生、紫苏叶、辣椒、生姜丝、假蒌、胡萝卜丝、酸杨桃、大头菜、大蒜、木瓜丁、薄荷叶、榨菜丝、海草、酸荞头、梅子、炸芋头丝、酸姜丝、西芹丝、洋葱丝、炸粉丝、香菜等。搭配使用的调料有芝麻、锅巴、胡椒粉、醋、花生油、豉油、熟油、生抽、白糖、盐、古月粉等。[①]淡水鱼的腥味比较重，也容易携带各种细菌，选择多种配料既可去除腥味，也有杀菌、改变鱼生口感的作用。多种配料的选择，也从一个方面反映了横州鱼生的讲究。

在食用鱼生的时候，可依个人喜好选取配料和调料，装在专门的小碗中；夹上一片鱼生，蘸少许调料，和其他配料一起放入口中；细细咀嚼，让不同配料的味道与鱼肉的鲜味混合，体会鱼生的美味。有的地方则把鱼片与作料拌匀，密封一会儿即可食用。另一种做法是将炒热的大米粉倒入鱼片中拌匀，立即加入作料便可食用。[②]

5. 鱼生与民俗

饮食不仅可以维持人们的生命，解决人们的温饱，同时它还是一种文化符号，反映着人们的性格特征、道德观念和审美情趣。[③]

对中国人来说，最贴近生活的民俗莫过于饮食了，正所谓"民以食为天"。社会发展越快，人们的生活方式越趋同。唯有饮食习惯依然坚守自己的阵地，成为伴随一个人一生的独特标签。

横州人喜吃鱼生，一般家庭也常做鱼生，逢年过节时更是必不可少。横

---

① 吕华鲜. 横县鱼生文化研究 [J]. 今日南国, 2009（9）; 郑春柳. 食鱼生消费习俗的研究: 以广西横县石塘镇富宁街为例 [D]. 广西民族大学, 2009.
② 梁庭望. 中国壮族 [M]. 宁夏人民出版社, 2011: 62.
③ 王娟. 民俗学概论 [M]. 北京大学出版社, 2011: 252.

州人把鱼生列为接待客人的最高规格，为来客奉上鱼生，是主人表现敬意的方式。

横州鱼生从选料到切工乃至装盘都有一套要求，制作的过程更像是一种仪式。每次做鱼生都是对这项民俗事项的一次展示、重复与再创造。鱼生师傅在一次次做鱼生的过程中，手艺由生到熟，刀工由拙到精，最后融会贯通，产生自己独到的见解。而这些经验，又通过师徒之间的口头相传，同行之间的切磋比较，家庭之间的技巧分享，一代代延续。

一项民俗的产生，与当地的风土人情密切相关，而其发展与传承离不开广泛的群众基础。必须有人不断去重复、去钻研、去传播，并不断为其注入新的血液，融入新的理解，加入新的文化，这项民俗才能历久弥新，适应现代生活。

现在，鱼生不仅是一项传统饮食习俗，更成为一种经济活动。现在横州市城区和各旅游景点，鱼生餐馆众多，深受当地和外地食客的喜爱。食鱼生成为当地一项具有特色的民俗文化。鱼生作为横州市的一张文化名片，已为更多的人所熟知。

（三）日本冲绳刺身文化

1. 刺身的由来

日本人是喜爱吃鱼的民族。作为岛国的日本四面环海，在渔业上拥有得天独厚的自然优势，故鱼在日常饮食中所占比重很大也就不足为奇。

日本人和辻哲郎认为：“相比之下，我们的大海不光受黑潮带来的恩惠，还从无数的河口汲取养分，所以，我们的岛国就像是个大鱼床，成为世界上屈指可数的渔场也不无道理。人们都说，日本的渔船数与世界上所有国家的总和相匹敌，日本的渔夫也同样比世界上的渔夫的总和还要多。这样的渔业国力有的是鱼肉、海草，当然不必以瘦肉为必需品。"①

日本人吃鱼的频率高，自然会衍生出各种各样的烹饪方法。而追求食材新鲜、自然的味道，提倡尽量少加工，又是日本料理的理念之一。如此一来，发展出刺身（生鱼片）的食用方式也是可以理解的。

---

① 和辻哲郎. 风土 [M]. 陈力卫, 译. 商务印书馆, 2006: 58-59.

有说法称，为了让食用者知道自己吃的是什么鱼的生鱼片，厨师把鱼鳍插在鱼肉上作为标示，名为"刺身"。①

2. 常用鱼类及选鱼要求

冲绳海域鱼类资源非常丰富，大都成为当地人捕食的对象，其中部分成为刺身（生鱼片）的对象。主要的鱼类见表4-2。

表4-2 冲绳常见鱼种

序号	中文名	日文名	冲绳方言名
1	乌尾冬仔	タカサゴ（Takasago）	グルクン（Gurukun）
2	青嘴龙占	ハマフエフキ（Hama-fuefuki）	タマン（Taman）
3	石斑鱼	ハタ（Hata）	ミーバイ（Miibai）
4	浪人鲹	アジ（Aji）	ガーラ（Gaara）
5	青武鲷	アオブダイ（Aobudai）	イラブチャ（Irabucya）
6	篮子鱼	アイゴ（Aigo）	エーグヮー（eeguwaa）
7	鲣鱼	カツオ（Katsuo）	カチュー（Kacyuu）
8	黄鳍金枪鱼	キハダマグロ（Kihadamaguro）	シビ（Shibi）
9	加吉鱼（鲷鱼）	コショウダイ（Kosyoudai）	クレー（Kuree）
10	枯鳍棘鲷	ミナミクロダイ（Minamikurodai）	チン（Chin）
11	旗鱼	カジキ（Kajiki）	アチノイユ（Achinoiyu）
12	大眼鲹	メアジ（Meaji）	ガチュン（Gacyun）
13	须哥、日本绯鲤	ヒメジ（Himeji）	カタカシ（Katakashi）
14	鳞鲀	ムラサメモンガラ（Murasamemongara）	カーハジャー（Kaahajyaa）
15	大眼黑鲷	ヨコシマクロダイ（Yokoshimakurodai）	ダルマー（Darumaa）
16	滨鲷	ハマダイ（Hamadai）	アカマチ（Akamachi）

资料来源：世界鱼类资料库［EB/OL］. http：//www.fishbase.org/search.php. 冲绳方言词典.［EB/OL］. http：//hougen.ajima.jp/.

---

① 贾蕙萱. 中日饮食文化比较研究［M］. 北京大学出版社，1999：95.

冲绳用于做刺身的鱼，新鲜是第一要务。鱼的眼睛是否饱满突出、清澈，鱼鳞是否光滑，鱼的肌肉是否有弹性，鱼腹部是否膨胀，都是判断鱼新鲜程度的基本准则。最佳状态当然是现钓、现杀、现吃，但在一般情况下，更多的是在捕获后几小时内做成食材，这段时间内鱼仍维持一定鲜度，食用起来口感更佳。

还有一种情况是远洋海鱼，如金枪鱼、乌贼等。此类鱼通常是一次性大量捕获，然后运输销售。出于保鲜的目的，会在上岸后先进行冷冻，然后再进入流通环节。根据不同要求，冷冻前对鱼的处理也不同，如只去掉内脏；去掉内脏和鱼头；鱼头、内脏、脊椎、骨头等全部去掉，切成统一大小等方式。[①] 与一般鲜鱼相比，冷冻鱼在储存运输中会出现体表颜色有异、眼睛较混浊的情况，但仍是做刺身的常用原材料。

日本的饮食文化中讲究"旬"意识。"旬"在日语里指鱼类、蔬菜、水果等最美味的时节，也就是应季而食的意思。

与肉类相比，鱼的种类更多，可选择的范围更大。不同季节鱼的脂肪含量不同，吃起来也不一样，所以做刺身时应根据时节，选择合适的鱼类。一般鱼类在产卵前脂肪丰厚的时期最好吃。根据不同鱼种，肥厚的季节也不一样，如浪人鲹的旬是夏天，鲷鱼的旬是冬天，鲣鱼的旬在4月至6月。

3. 刺身的制作方法

在制作刺身前，要对鱼进行前期处理。根据鱼的大小和形状不同，有不同的手法。

第一步是"三枚"。以三文鱼（鲑鱼）为例，刮鳞、去鳍，切掉鱼头；接着从中间小心地剖开鱼腹，把鱼切成两片，其中会有一片带着鱼中骨；在带中骨的那片鱼肉的鱼尾部下刀，沿着中骨削下鱼肉，此时，整条鱼被分成了三部分——两片无骨鱼肉、鱼中骨，即"三枚"。

第二步是用专用工具如镊子夹去鱼肉中的小刺。方法是根据鱼肉的纹路，选择合适的角度，从头到尾一节一节地拔，以免遗漏。除刺时既要保证清理干净又要保证效率，对厨师的耐心是一种考验。有些鱼会有深入鱼肉的小刺，

---

① 井上吉之監修. 日本食品事典 [M]. 医歯薬出版株式会社，1981：13.

取出时稍不注意就容易破坏鱼肉的形状，要求厨师的动作必须标准且轻柔。

第三步是分离鱼肉和鱼皮。在这个过程中，一旦鱼不新鲜，分离鱼皮会变得困难，所以要尽可能选用新鲜的鱼为原料。

经过以上三步得到两块无骨无皮的大鱼肉，这时便可以开始切刺身。

根据需要，可把鱼肉切成不同形状。但无论选择哪种方式，最好沿着鱼肉纤维的走向切，一是好切，二是切面纹路美观，三是食用时口感好。做刺身时，一般切成大小相似的薄肉片为宜，但靠近鱼尾部分的肉通常比较短小，这时候可以适当增加间距，把鱼肉切得稍微厚一点，保证重量与其他肉片相近。

根据部位不同，又有不同的刀法要求。三文鱼的背部肉质稍微坚实，刀与鱼肉最好成90度夹角，垂直下刀切。至于比较柔软的鱼腹部分，可以选择倾斜入刀的方法，小心地切。为保证鱼片的整齐和光滑，在切鱼时一定要一刀过，不能切到一半回刀。

最后，将切好的刺身精心摆放在刺身钵或刺身皿上即可。

和食在摆放时讲究色彩和造型上的层次美感，摆放方式有"中央高""远高近低""四周留白"等。

"中央高"的情况在用碗盛放食物时较常见，即把食物垒成小丘的样子，像富士山一样。这样的造型给人一种立体的美感。

"远高近低"原则常用在刺身上，即在用餐时离食客远的刺身摆得高，靠近面前的刺身摆得低。从形状上看整体如同山的切面图，高低不同，有流动美。远处的刺身和近处的刺身在摆放时朝向须不一致，为的是体现层次美。

"四周留白"是器皿中央只放少量食物，然后加一两片配菜点缀，其余部分留白的摆放方式。这种方式也常用在刺身的造型上，能给食客营造想象的空间。

当盛皿较大且所盛刺身较多时一般采用"平盛"的方式，即用平铺的方式摆放。当盛器为圆形器皿时，可采用"放射盛"的方式，即按东南西北的方向呈放射状排列，也可摆成同心圆。当盛器为船形时，则建议摆成"流水盛"，即把刺身三块或五块一排地前后堆积，摆成海浪的造型，塑造出流动的感觉。

刺身还讲究"奇数盛放"原则，各部分刺身的数量以三、五、七奇数方式盛放为佳。

4. 常用配料与食用方法

食用刺身时最简单也最重要的调料是酱油。日本经常食用的酱油种类繁多，主要可分为浓口酱油、淡口酱油、溜溜酱油、甘露酱油、白酱油等。常用于搭配刺身食用的酱油为溜溜酱油和甘露酱油。它们的特点是液体颜色浓重，味道醇厚，与清淡无味的刺身一起食用更能突出食材本身的鲜味。

在冲绳，因地方口味不同，在食用刺身时也会佐以醋味增（一种加了醋和糖的酱）和醋酱油。

在日本，可用于搭配刺身的配料较多，有辣根、蒜葱、紫苏、白萝卜、胡萝卜、茗荷、鸭儿芹、生姜、柠檬、裙带菜等[1]。以上食材的特点有：味道独特，可起到开胃、增强食欲的作用；本身带有独特香气，可消除鱼腥味；色彩鲜艳，白萝卜和胡萝卜等常被切丝做装饰配菜，摆盘后增加视觉美感；可调味，或做成醋凉拌菜，帮助消化。

食用刺身时，一般遵循"由淡到浓"的食用顺序。即先品尝味道相对清淡的刺身，再去吃味道浓重的刺身。在白身鱼（鱼肉为白色的鱼）和赤身鱼（鱼肉为红色的鱼）同时存在的情况下，先从白身鱼开始食用比较好，可以更好地品尝出食材的味道。

通常情况下，吃刺身时是先将辣根（也可以是芥末）溶在酱油碟中，然后用筷子夹着刺身，轻轻蘸取少量酱油食用的。但是也有人认为辣根会影响酱油的风味，因此在正式场合时，一般是先将一点点辣根点在刺身上面，然后再佐酱油食用。

吃刺身时比较注意礼仪。尽可能一口吃掉，实在一口吃不完，可以放回自己的盘子里，切不可把吃了一半的刺身又放回酱油碟里再蘸一次。虽然可以依个人喜好将辣根搭配酱油佐刺身食用，但把过多的辣根溶在酱油里弄得黏糊糊的并蘸得到处都是，是十分失礼的行为。同样，食用刺身时也不宜蘸过多酱油。

---

[1] 吴琪，双福. 最受欢迎日本料理完全图解 [M]. 化学工业出版社，2010；井上吉之監修. 日本食品事典 [M]. 医歯薬出版株式会社，1981.

5. 刺身与民俗

在四面环海的冲绳，鱼不仅是日常餐桌上的食材，更是传统活动里必不可少的祭品。刺身、鱼干等料理经常出现在新年等节庆活动中。

与胜半岛的宫城地区，在正月里为亲人庆祝本命年的料理中就有生鱼片。[1]

奄美地区有名为"三献"的仪式，是家庭成员聚在一起，向床神和先祖拜礼，并按照顺序分三次奉上贡品的活动。三献料理的内容根据地区不同会有所差异，但是频繁出现刺身，如喜界岛、加计吕麻岛、西阿室、笠利町等地区都是这样。[2]

德之岛在正月二日的"船祭"时，会在桅杆的下方供奉刺身等物，以求出海安全、渔获丰收。[3] 朝户的百合滨地区，在三月三日的时候，向山上和海边附近的祭石处供奉的食物中也有刺身。[4]

（四）横州鱼生与冲绳刺身的比较分析

1. 二者的共性及产生原因

注重生鲜。"新鲜"是生鱼片的特点，也是基本原则。不新鲜的鱼不能做生鱼片，做了也不好吃。日本学者和辻哲郎认为："与粮食生产关系最大的是风土。人们不是因为想吃鱼、肉，才选择畜牧或打鱼，而是因风土决定之后，才会想要吃鱼或肉。"[5] 广西横州地处中国南方地区，雨量丰沛，河流众多，鱼类资源丰富。日本冲绳四面环海，地处大陆架，可谓坐拥天然渔场。鱼类食材获取的便利性、时效性都是鱼生文化得以繁盛的因素之一，在此基础上形成了注重生鲜的饮食方式。

造型美观。在远古时代，最先吃鱼生的人可能是迫于生存不得已而为之的果腹行为，这个阶段还仅仅属于饮食。但当后人开始花时间把切好的鱼生精心摆放，装饰成不同花纹，并在不同的场合使用时，鱼生就变成了一种饮

---

[1] 崎原恒新，山下欣一. 沖縄・奄美の歳時習俗 [M]. 明玄書房，1975：29.
[2] 崎原恒新，山下欣一. 沖縄・奄美の歳時習俗 [M]. 明玄書房，1975：164.
[3] 崎原恒新，山下欣一. 沖縄・奄美の歳時習俗 [M]. 明玄書房，1975：167.
[4] 崎原恒新，山下欣一. 沖縄・奄美の歳時習俗 [M]. 明玄書房，1975：183.
[5] 和辻哲郎. 风土 [M]. 陈力卫，译. 北京：商务印书馆，2006：9.

食文化。造型美观并不会影响食物的味道，不会因为造型美就变得更好吃，但人们却愿意在这方面花时间。原因很简单，菜肴的外观能影响人的心情。广西横州的鱼生也非常讲究摆放的造型，要整齐、美观，甚至摆放配料时也注意把各种配料分别整齐摆放在盘中，显得十分美观而干净。日本料理号称"用眼睛来吃的菜"，在食材的造型上可谓多种多样。横州鱼生和冲绳刺身在当地文化中都是重要的菜肴，常用于款待贵客，也是逢年过节时不可缺的特色菜。精致美观的造型既体现了制作者的美学修养，也饱含对食用者或供奉的神明的尊敬。

讲究刀工。横州鱼生以"薄"出名，认为鱼肉要切得够薄，吃起来才入味。日本料理的特征之一是通过切割食物来展示刀工。切割食物，使之达到最适宜烹饪或食用的形状，这对厨师是一种考验。同时也解释了为什么中日两国的鱼生制作者都愿意把时间花在磨炼刀工上，因为刀工决定了生鱼片的成败。

文化地位较高。无论是鱼生还是刺身，都是当地人引以为豪的特色菜，是传统饮食文化中不可分离的一部分。对横州人来说，鱼生代表了横州饮食文化的最高水准，是重要的文化遗产。2008年，"横县鱼生"被列入南宁市非物质文化遗产保护名录。2011年，在广西首届特色旅游品牌评选活动中，"横县鱼生"获得了广西壮族自治区旅游局颁发的"广西十大名菜"奖。对日本人来说，刺身凝聚了日本料理的精髓，也是重要的文化遗产。2013年12月，日本申报的包括生鱼片在内的"日本料理（和食）·日本人的传统饮食文化"被联合国教科文组织列为世界非物质文化遗产。日本料理之所以能够被联合国教科文组织认可，很重要的一点在于日本料理与尊重自然的精神相通，并具有食材是基于四季分明和地理多样性的新鲜的山珍海味、装盘艺术体现自然之美等特点。

我们认为，生食来源历史悠久，是人类饮食文化的重要传统。人类平时适当吃些生食，能增加胃的抗病菌抗毒的能力，以适应大自然环境和食物的变化给人体带来的危害。很多食物进行高温加工，其营养和维生素被破坏。所以经过严格消毒后，生食某些肉类和蔬菜瓜果等对人体的健康是有益的。生食反映的是早期人类社会尚不知用火，所以都是生吃禽、兽类的肉以及草木之食的传统。虽然现在已经是"火食"（熟食）时代了，但是广西横州和日本冲绳仍然存在鱼生和生鱼片这样的"生食"的习俗，反映了人类传统文化的延续性及其合理性。

2. 二者的差异性及产生原因

原材料不同。横州地处中国南方内陆，其文化主要属亚热带气候环境下的大陆性文化。横州鱼生主要选用江鱼、河鱼。冲绳地处太平洋和东海之间，其文化主要属亚热带气候环境下的海洋性文化。冲绳的生鱼片主要选用海鱼，而冲绳除了金枪鱼和鲣鱼等少数鱼类之外，大多数是本土罕见的亚热带海洋鱼种。俗话说"靠山吃山，靠海吃海"，一个地区的饮食文化总是根植于当地的自然环境中的。由于各自所处的位置、气候等地理环境的不同，两地的鱼生食材有很大的差别。

配料不同。横州鱼生的配料比较复杂，有30种以上的配料，包括鱼生草、葱丝、柠檬丝、花生、紫苏叶、辣椒、生姜丝、假蒌、胡萝卜丝、酸杨桃、大头菜、大蒜、木瓜丁、薄荷叶、榨菜丝、海草、酸荞头、梅子、炸芋头丝、酸姜丝、西芹丝、洋葱丝、炸粉丝、香菜、芝麻、胡椒粉、醋、花生油、生抽、胡椒粉、白糖、盐等。横州鱼生的调料要丰富，才能够压住鱼的腥味。这些配料的切工也很讲究，配料被切得细如发丝，一丝丝大小均匀。切好的配料被放在圆形、有分隔的配料专用盘里。五颜六色的配料整齐地置于盘中，看起来非常漂亮。而刺身的配料相对于横州鱼生来说比较简单，其经典搭档为酱油和芥末、萝卜泥。在冲绳生鱼片的宴会上，有的生鱼片被做成船形。通常是先在船形器皿的甲板上按高低不同的原则摆好生鱼片，然后用白萝卜丝、胡萝卜丝等在甲板周围围上一圈，最后在船头放些生菜和胡萝卜花做点缀。把摆放好的生鱼片入冷柜冻10多分钟，取出后在甲板下放入冰块。上菜的时候，因生鱼片船刚从冷柜中取出，白气腾腾，雾气缭绕，如入仙境一般，令人赞叹。产生这种差异的原因在于中日两国对食物的味道追求不同。中国人做菜讲究"色、香、味俱全"，喜放油，追求浓郁的酸甜苦辣咸的口感。日本料理讲究"少而精"，注重食物的"形"，菜肴口味普遍偏清淡。有人说，吃横州鱼生，吃的就是配料。色彩鲜艳的各色配料往桌上一摆，甚是好看，其风头甚至盖过鱼生本身，大有喧宾夺主之嫌。而在日本吃刺身，品尝的重点永远是鱼，配料只是为了增进口感或调和鱼腥味而存在的。

制作方法不同。横州鱼生在制作时要先放血，冲绳刺身是直接杀鱼；横州鱼生在制作前和制作中都不能用水清洗鱼，但刺身在制作时依据鱼种不同有摘除内脏的环节，这时厨师会用清水冲洗鱼。横州鱼生制作时一般选取无细刺的鱼类，制作时没有专门挑刺的环节，而日本制作刺身时有专门的镊子用于夹刺。产生此种差异的原因主要在于原材料的不同。

影响力不同。一提起刺身，即使是对日本了解不多的人也知道这是日本的特色菜。现今，遍布全球的日本料理店将刺身作为招牌菜推荐给世界，即使是不喜欢生食的人也会在强大的文化软实力影响下尝试一下刺身。中国各地大城市中现在有多家日本料理店，其中的生鱼片、寿司等很受人们的欢迎。而即使是在有生食习俗的广西，除了在嗜吃鱼生的人群中受到热捧，一般大众对鱼生依然存有不卫生等负面印象。广西等地居高不下的肝吸虫病感染率也确实对鱼生文化的推广造成一定影响。中国饮食文化博大精深，仅烹饪食物就有炒、炸、煎、焖、炖、熬、煮、蒸等多达28种方法，与之相比，生食显得有些简单。加之中国人长期以来根深蒂固的"趁热吃菜"的习惯，或许也是影响鱼生文化推广的因素。

（五）鱼生和刺身的优点及面临的挑战

1. 鱼生和刺身的优点

有些学者认为，所有的生食品都具有一定的活性，它们含有有益的酶菌，如糖化酶、蛋白酶和脂肪酶，能促进营养物质的消化和吸收，并增强人体免疫能力。[①]

鱼生和刺身的原料是鱼，鱼是一种健康的食品。鱼肉含有丰富的维生素，且维生素 A、B_1、B_2、B_{12} 是普通肉类的数倍乃至数十倍。[②] 新鲜，是生鱼片

---

① 吴卫华. 应积极推广食用生食品 [J]. 农产品加工·创新版, 2010 (5).
② 井上吉之监修. 日本食品事典 [M]. 医齿药出版株式会社, 1981: 108.

最大的优点。新鲜的生鱼片未经烹调而直接食用，其中的营养成分未遭到破坏，蛋白质未变性，营养价值高。

与其他肉类相比，鱼肉更容易被人体消化吸收。鱼肉中 83%—90% 的蛋白质可以为人体所吸收，禽肉制品仅为 75%。① 科学实验得知，以 100 克加吉鱼为例，如烤熟后食用，一般需要 3 小时 15 分钟方可消化，据《饮食事典》"刺身"条，如做成生鱼片食用，消化时间只需 2 小时 30 分钟，可缩短 45 分钟。②

鱼生和刺身对鱼的生长环境、鱼的选材、鱼的加工方法和卫生的要求都很高，也十分讲究造型和配料等。鱼生和刺身都是十分精美、高端的食品，也都是当地传统饮食文化的代表。人们在节庆和日常交往中一起食用鱼生或刺身，促进了人们之间的交流。

2. 鱼生和刺身面临的挑战

（1）寄生虫问题。食用生食品最大的问题是存在安全隐患，特别是食用肉、鱼、贝类水产品有感染寄生虫的风险。因生食或半生食含有感染期寄生虫的食物而感染的寄生虫病，称为食源性寄生虫病。

食用海产品时可能感染的寄生虫见表 4－3：

表 4－3 鱼类的寄生虫

寄生虫的种类	主要的中间宿主③种类分布
肺吸虫	蟹、虾
肝吸虫（华支睾吸虫）	淡水鱼、咸淡水鱼、海水鱼
横川吸虫	淡水鱼、通海溪流鱼
异形吸虫	淡咸两域鱼、海水鱼
阔节裂头绦虫	鳟鱼、大马哈鱼等溯河产卵洄游鱼类
棘颚口线虫	淡水鱼、滩涂中生活的鱼
异尖线虫	海水鱼

资料来源：井上吉之监修. 日本食品事典 [M]. 医齿薬出版株式会社，1981：110.

---

① 赵佩. 浅谈日本的鱼食文化：生鱼片 [J]. 传奇传记文学选刊（理论研究），2011（8）.
② 贾蕙萱. 中日饮食文化比较研究 [M]. 北京大学出版社，1999：96.
③ 当寄生虫的幼虫时期和成虫时期的寄主不是同一个种时，则称幼虫时期的寄主为中间宿主或中间寄主。

可以说，每一条鱼都有很大概率被寄生虫感染，而人类通过生食带有寄生虫的鱼肉，有一定概率感染这些寄生虫，成为它们的最终宿主。[1]

在淡水鱼类水产品的寄生虫中，肝吸虫（华支睾吸虫）最为人所熟知。肝吸虫（华支睾吸虫）主要隐藏在淡水鱼、虾中，深海鱼中相对较少。多达30种淡水鱼可成为其幼虫的中间宿主。[2] 在我国，常有因生食或食用未充分加热的含有肝吸虫的鱼而感染上肝吸虫病的案例。其中，广西横州等地可以说是肝吸虫病的高发区。根据广西医学院寄生虫学教研室《广西横县华枝睾吸虫病流行情况调查》：仅以一次粪检人群的华支睾吸虫病的感染率，料平村为67.8%、古同村为55.8%，户感染率两地都在96%以上。华支睾吸虫病人群感染率和户感染率如此之高，与吃鱼生的普遍性和吃鱼方式有极为密切的关系。肝吸虫病已成为严重威胁当地人民健康的一种地方性流行病。[3]

而在海水鱼类寄生虫中，最常见和最麻烦的是异尖线虫。三文鱼、金枪鱼等常见食用鱼类都会被其感染，食用这些被感染的鱼类会对人体健康造成损害。

目前已知的防治寄生虫病的有效手段是高温煮熟和低温冷冻。若想生食，可选择经低温冷冻后的鱼类。美国食品和药物管理局（FDA）规定，生食的鱼肉必须在零下35摄氏度冷冻15个小时，或是在零下20摄氏度冷冻7天，欧盟的标准为在零下20摄氏度冷冻超过24小时[4]，食用经过冷冻后的鱼类相对安全。

（2）微生物感染。鱼生和刺身都是经手工加工后不再进行高温加热的食品。在加工过程、加工环境、储存条件等任何一个环节中稍不留意，就容易感染（或交叉感染）上细菌。

---

[1] 最终宿主指寄生虫的成虫或有性生殖阶段所寄生的物种，通常能为寄生虫提供长期、稳定的寄生环境。
[2] 井上吉之監修.日本食品事典[M].医歯薬出版株式会社，1981：110.
[3] 广西医学院寄生虫学教研室等.广西横县华枝睾吸虫病流行情况调查[J].广西卫生，1980（2）.
[4] 高日红.食用海鱼当心异尖线虫感染[J].家庭健康，2013（9）.

例如，厨师的双手在制作生鱼片时会全程接触生鱼，若厨师的手不干净或不小心接触到别的污染物而没有及时清洗，鱼生和刺身就会被污染。

再如，加工鱼生和刺身的刀、砧板或任何有可能接触鱼生和刺身的器具上有污染物，鱼生和刺身也会被污染。

另外，储存温度变化和储存时间过长也可导致微生物在鱼生和刺身上大量繁殖。

（3）水域环境恶化。当前，水域环境恶化是全人类面临的共同问题。江、河、湖、海是人类重要的生态资源繁衍地，对整个生态系统的调节起很大作用。目前，海洋所受到的污染主要来自陆地排放的污水，其中工业废水带来的影响最重。除此之外，人类日常生活产生的富含有机质的生活废水排入江河后最终汇入大海，造成大片区域水体富营养化，导致鱼类患病。广西横州所在的郁江和冲绳所在的海域都存在环境污染，对传统的鱼生和刺身造成威胁。郁江流经横州，上游百色、南宁等地和沿途流下的污染物和当地工业、农业和生活用水带来的污染，给鱼的生存条件和卫生条件带来很大的考验。因此，保护环境不仅是保护我们的餐桌、我们的健康，传承传统的文化，更重要的是维持一个可持续发展的未来。

目前，日本在对待生食方面有完善的食品安全管理条例，对冷冻、运输、加工等流程都有明确要求。统一的规范、可量化的操作规程成为促进刺身文化传播与发展的有利因素。

横州鱼生在口感和刀工上都不输日本刺身，在鱼生文化的保护与传承方面可以参考借鉴日本的经验。若能增进中日两国彼此之间的交流，实现鱼生文化"走出去"，使更多人了解鱼生及其文化，则经济、社会、文化效应都将是更显著的。

横州鱼生和冲绳刺身体现了世界民族文化的差异性和同一性、人类营生的丰富性和多样性。对横州鱼生和冲绳刺身的研究，有利于在加深对不同地区不同文化的认识的同时，提供超越文化差异的相互理解的场所。

二、中国食猪肉文化与冲绳猪肉料理文化比较研究

日本本土吃猪肉、牛肉、羊肉的历史始于明治时代，迄今为止尚不足200年。古代日本深受佛教的影响，视屠宰大型牲畜食用为不仁，加之日本平原少，牲畜难于饲养，故很少食用牛羊肉，甚至从奈良时代开始颁布了"禁肉令"。第二次世界大战后，日本民众得知猪肉、牛肉的营养价值高，才逐渐食用。羊肉在市面上也是稀罕物，仅在北海道、冲绳等地才能买到，像中国食用的鹿、驴、兔肉等更是少见。所以大和文化也被称作"鱼肉文化"。渡边欣雄在《世界中的冲绳文化》中谈道："同大和的年糕文化、鱼肉文化圈相比，冲绳可说是猪肉文化圈和兽肉文化圈。正月的祭祀时，大和绝不能少年糕，冲绳必不能缺猪肉。放眼东亚，现在祭祀时不贡猪肉的地方唯大和而已……"[1]

冲绳和日本本土不同，没有把肉食作为禁忌之物的文化传统。所以在冲绳，无论是猪、牛，还是山羊和马，甚至是野猪和儒艮都曾经是人们餐桌上的美味佳肴。

猪种刚刚被引入冲绳时，虽然在当地大力推广养殖，但由于生产力低下和饲料缺乏等原因，猪肉产量低，一般只供给皇室贵族享用，普通民众仅在节日时才能食用猪肉。猪作为祭祀用的三牲之一，每逢佳节，必杀之祭神，后分而食之。现在猪肉已经成为冲绳人民日常饮食中的主要肉食。冲绳有句俗语"豚に始まり豚に終わる"，意为猪可以从头吃到尾，猪头、猪脚，甚至猪血和内脏都是食材。如今冲绳人民将猪肉和当地丰富的海鲜一起烹制，研发了各种各样的猪肉料理法。

研究冲绳的猪肉文化来源时，就必须说明冲绳猪种来源及猪肉料理盛行的现象同中国的关系。冲绳本土原来是否有猪种？猪种是何时因为何契机引进的？为什么冲绳盛行的是猪肉文化，而非牛肉或其他的肉食文化？研究冲绳猪肉文化同中国的关系，对理解明清时期中国食文化对周边地域的辐射关系有着重大意义。

---

[1] 渡边欣雄. 世界のなかの沖縄文化 [M]. 沖縄タイムス社, 1993: 108.

(一) 猪肉文化的历史背景

因地理位置特殊，冲绳自诞生之日起就不断吸收形形色色的海外文化，日积月累便形成了迥异于日本本土的历史文化。一直到平安时代（约10世纪），冲绳人民的生活都以狩猎采集为中心，并建立了盛极一时的琉球王国。琉球王国作为地理位置得天独厚的海洋国家，自成立后便频繁同中国、日本、朝鲜乃至东南亚各国进行贸易往来，其饮食习惯、建筑风格、文化习俗等受到中国、朝鲜、日本以及东南亚的影响。明治以后，冲绳正式纳入日本版图，并在战后被美国统治了27年之久，由于美国对冲绳实施的"异化"政策，所以其历史文化又不可避免地带有美国的色彩。正是冲绳有如此复杂丰富的历史背景，才形成了岛内处处可见的混合文化。正如冲绳民谣《時代の流れ》（嘉手苅林昌）的歌词所描述的一样：从中国的时代开始，到大和的时代，再到美国的时代，这就是我们不可思议的冲绳。不过单论冲绳受哪国影响最大，其答案无疑是中国，中国同冲绳交流的历史最长。

饮食文化作为文化的器物层面，是谈及文化内容时是不可或缺的元素。论及中国对冲绳饮食文化的影响，首当其冲的便是冲绳异于日本本土的肉食文化——猪肉、羊肉料理。日本传统和食喜食鱼肉，多为生冷食物，极其清淡，且少油少盐少猪肉、羊肉等，而冲绳料理反其道而行之，重油重盐且多猪肉、羊肉、牛肉等食材。在历史研究中论及中国文化影响有"猪肉文化圈"之说，而冲绳正位于"猪肉文化圈"的区域内，因此其肉食文化的产生同中国有着千丝万缕的联系。

(二) 冲绳猪肉文化与中国的关系

1. 冲绳阿古黑猪与中国

目前，冲绳的猪种大致分为两类，即本地猪种阿古黑猪（Agu猪）及战后从美国引进的白猪（Ayo猪）。本地猪种又称岛猪，在冲绳有着漫长的繁衍历史。阿古黑猪肉氨基酸含量是普通猪肉的3倍，味道极其鲜美，在冲绳享有盛名，并于2015年12月10日由冲绳畜产振兴公社在中国取得了"阿古"猪肉的商标认证。阿古黑猪为何名"Agu"，缘由已不可得知。其全身黑毛，性格温和，长脸垂耳，凹背肚垂，体格强健，但是体形较小，所以一头猪可取的肉不多。并且因为长年近亲繁殖的影响，没有固定的发情期，所以母猪平均一次只能分娩4头小猪，这在猪的繁殖里面算是很少的了，因此阿古黑猪又被称为"梦幻之猪"。明治以后，和西洋白猪交配改良后，阿古黑猪体重达到100公斤，但是仍旧保持了之前岛猪的体形和外貌特征。这种黑猪在战后曾因美系猪种引进，产量不敌美系白猪，其养殖量大幅度减少；或者与美系白猪杂交，因此血统纯正的阿古黑猪濒临绝种，1981年，据调查，冲绳县内的阿古黑猪仅为30头。自1984年起，冲绳县立北部农业高等学校的专家对阿古黑猪进行培育改良，其血统才得以保留。

阿古黑猪起源于约600年前从中国传入的猪种。《冲绳肉读本》里对冲绳猪种的来源说道："考古学家在冲绳出土的贝塚时代遗迹中发现了狗的骨骸，可以认为狗是冲绳最早的家畜化动物。但同时代遗迹中并未出现猪和山羊的遗骸。12世纪后，冲绳进入农耕社会，开始使用铁器和陶瓷器，岛民从海岸部迁到适合农业和畜牧业的内陆，这个时代的遗迹中发现了牛骨、马骨、猪骨、山羊骨和鸡的骨头等。14世纪，冲绳本岛进入三足鼎立的三山时代，和中国、日本、朝鲜、东南亚等国有贸易往来。从14世纪开始，冲绳开始受到中国文化的影响。1429年，尚巴志建立了琉球王国后，同各国来往贸易频繁。三味线、泡盛等纷纷传入冲绳。并且1477年的《李朝实录》中有当时冲绳把牛、马、鸡当家禽饲育的记载。"[①] 据上所述，14世纪前，冲绳地区考古发现没有出土猪的骨头，可以初步推断猪14世纪后才从海外引入，15世纪时已经在冲绳作为家畜被饲养及食用。

14、15世纪时，冲绳作为中国属国，与中国来往贸易频繁，被称作大贸易时代，阿古黑猪的祖先正是14、15世纪在琉球王国和明朝交易时引进的猪种。据历史记载，1385年，琉球王"察度"使者从明朝带回猪种；1392年，从福建来琉球的归化人带来了猪种及养猪技术。之后到19世纪的600年间，阿古黑猪的祖先便在冲绳这块土地上繁衍生息，并造就了冲绳不可思议的肉食文化（见表4-4）。

---

① 東洋企画編集工房. 沖縄肉読本［M］. 東洋企画印刷株式会社，2010：12-13.

表4-4 阿古黑猪历史年表

年份	事件
1385	琉球王"察度"使者从明朝带回猪种
1392	从福建来琉球的归化人带来了猪种及养猪技术
1904	农商务省引入欧系巴克洛猪,并进行阿古黑猪猪种改良
1946	第二次世界大战后因阿古黑猪濒临灭绝,政府引入美系白猪
1981	开展阿古黑猪现存数量调查,并收集阿古黑猪资料
1984	冲绳县立北部农业高等学校的专家开始还原阿古黑猪血统
1993	阿古黑猪血统还原到战前状态

资料来源:冲绳县アグーブランド豚推進協議会アグーの由来[EB/OL]. http://okinawa-agu.com/how_origin.html.

猪种引进的同时也传入了猪的饲养方法。在冲绳,一直到大正时代,沿袭中国建造方法修建的猪圈随处可见。猪圈多用石灰和珊瑚的混合物建成,表面凹凸不平;猪舍和人的便所相连,这种格局据说也传自中国。冲绳方言里称这样的带厕猪圈为"プール",为"北方"之意,因为冲绳房屋朝南,便所多位于房屋西北向或北向,所以当时家家户户都修建有这样的带厕猪圈。因人和猪的粪便都混在一处,所以导致严重的卫生问题,明治三十年被政府废止。尤其有趣的是,古代冲绳传说这样的猪圈有"厕神",过节的时候,要在门和家宅四角插上线香,以祈祷厕神保佑家猪顺利长大。因为"プール"(puru)的发音类似于不动明王的"不动"(fudou),所以人们深信厕神也具有不动明王驱魔的能力。碰上无法解释的灵异现象、出席葬礼或者晚归的时候,人们为了祛除邪祟或晦气,往往去猪舍把小石头扔在呼呼大睡的猪身上,因为他们坚信猪的叫声能祛除邪祟。

2. 冲绳食猪肉的习俗与中国

(1)冲绳缘何不盛行牛肉料理。冲绳在琉球王国时代,岛内的牲畜有猪、牛、山羊等,并且在节日祭祀时也能看到牛肉、山羊肉、马肉等。但是牛和山羊为什么不像阿古黑猪那般,在冲绳大范围饲养及食用呢?其实在肉类中,牛肉是最上等的食材,当时不仅被当作祭品出现在各个村落婚葬嫁娶的重大仪式里,而且牛皮也被作为贡品,年年都要上供给琉球王府。甚至在近代冲绳的祭祀活动中,有些节日祭祀时一开始并不是用猪肉,而是用牛肉。岛袋正敏的《冲绳的猪肉和羊肉》中就说过,"冲绳食用家畜的文化和祭祀有着重要关联。祭祀时祭品的元祖是牛,但是从各地的祭祀记载来看,猪肉当作祭品的情况也很常见"①。那作为琉球肉食传统之一的牛肉料理何时失去了踪影,并被猪肉料理所取代呢?其原因要追溯到江户时代羽地朝秀②的改革。因为比起食用,牛更重要的作用是耕田。为了保障耕田牛的数量,江户时代羽地朝秀下令禁止一切牛肉的祭祀及食用。琉球王国为了振兴农耕,也下令禁止食用牛肉。

(2) 明清猪肉食文化的影响。14、15 世纪猪种被引进冲绳,随后大量繁殖,猪肉的食文化也一并流行。金城美须子的《冲绳的食文化——料理文化的特征及系谱》里曾谈及 15 世纪因为琉球王国新国王继位,中国册封使节团来冲绳进行册封仪式,册封之后祝宴要举行七次之多。使节团总数最多时达到 500 余人,作为琉球王府的贵客要在冲绳居留时间达 250 日之久。清朝建立以后,琉球使节于 1646 年来华,受到顺治帝的接见,从此,琉球使节与清廷往来不断。1662 年,清廷派遣兵科副礼官张学礼为正使出使琉球。此后,每逢琉球新王继位,都有清朝使节前往册封与庆贺。直至 19 世纪 60 年代,琉球始终承认自己是清朝的藩属。明清时期的使节团主食猪肉,因此当时琉球王府为了预备足够消费量的猪肉大费周章。论及明清时代中国的肉食文化,伊永文在《1368—1840 中国饮食生活——日常生活的饮食》中提到:"明清的猪种是历代猪种中最丰富的。明代的猪的蓄养遍及全国。清代各地培育了猪的优良品种,清代养猪鼎盛,除蓄养自身规律发展外,其中一个很主要的原因就是入住中原的满族十分崇尚猪肉。……当然,明清人嗜好猪肉并非满族独有,乃是久已形成的饮食习俗成熟的表现。美食家齐如山先生收藏有明朝的两张半饭馆中的茶单,其中都没有牛、羊肉,主要是猪肉。假如两张菜

---

① 岛袋正敏. 沖縄の豚と山羊 [M]. ひるぎ社,1989:21.
② 向象贤 (1617—1675),羽地按司朝秀、羽地王子朝秀,琉球国政治家。琉球第二尚氏的王族,1666 年至 1673 年任琉球国摄政。亲萨派人物,支持"日琉同祖论"。

单不足为凭的话,再考之于其他典籍,也会发现类似于齐如山先生所持的证据。"① 由此可推论,明清时期猪肉成为民众餐桌上最主要的肉食。因此,明清两朝的使节团在出使国外的时候,主食猪肉也就理所当然了。

《冲绳肉读本》里记载道:"中国的册封使节团一行有400余人,在琉球王国最长停留250日。一天的食物就要消费20余头生猪和大量蔬菜。当时在琉球无法采购到如此庞大数目的生猪,只得想办法从奄美地区紧急调配。因此,18世纪伊始,琉球王府为了让中国使节团到来时有足够的猪肉可以食用,强制各地家家户户都必须饲养生猪。"② 但当时因为饲养环境不成熟和生产力低下等原因,猪肉产量低,猪肉仅仅是作为宫廷料理,用来招待中国使节。

(3) 番薯的传入、政府的鼓励及民众的饮食习惯。猪种传入冲绳时,虽然当地政府鼓励民众养殖,但因为猪饲料的缺乏,导致生猪的产量并不高。直至1605年,出使中国的野国总管③带来了番薯,麻平衡④改进了番薯的培育方法,这种栽培简单、成活率高并多产的植物迅速在整个琉球国蔓延,为猪提供了充足的食物。1713年,琉球王府为了更好地招待中国访琉球使节团,积极推进生猪增产计划,强制要求各地饲养生猪。同一时期冲绳各地区广泛种植番薯,为猪的养殖提供了充足的食物,也助推了生猪的饲养。如此一来,阿古黑猪饲养在琉球各地区普及,为冲绳猪肉文化的产生和发展提供了充足的食材。

虽然一开始是由王府强迫百姓养猪,但是因为猪肉味道鲜美、蛋白质含量丰富,在民间颇受欢迎。当时物质生产水平低下,猪肉往往只有在盛大的节日里才能品尝到,因此当时百姓们都盼望节日的到来。甚至在近世琉球历史上发生过"抗议禁止吃猪肉事件",因琉球王府一度限制民间养殖生猪的数目,导致百姓无法在节日时享用猪肉,因此各地百姓放下农活,叫喊着"让我们吃猪肉",在街上游行,据说参与游行的人数多达5000人。

---

① 伊永文.1368—1840年中国饮食生活:成熟佳肴的文明[M].清华大学出版社,2014:73-75.
② 東洋企画編集工房.沖縄肉読本[M].東洋企画印刷株式会社,2010:15.
③ 冲绳伟人,出生于那霸久米村,生殁年不详。
④ 麻平衡(1557—1644),和名仪间亲方真常,琉球国第二尚氏王朝官员。

因此，可以认为，冲绳的猪肉文化不是自然而然发生的，而是因为近世琉球政府的强制，自上而下传入冲绳饮食文化的。此后作为一种深受百姓欢迎的食材，浸润到日常生活中，并由此形成了冲绳独具一格的猪肉文化。据说冲绳的长寿秘诀也同冲绳的猪肉文化有关，冲绳猪肉的调理方法一般是为了去掉多余的油脂而长时间炖煮。这种料理方法很健康，首先，因为长时间炖煮，猪肉就只有蛋白质而没有多余的油脂，食用后不用担心发胖或者体质酸化。其次，猪肉中富含动物蛋白和维生素 B_1，能促进碳水化合物的消化。动物性蛋白还能增强免疫力防止感染疾病。因此，冲绳的猪肉料理非常适合老年人食用。

3. 冲绳猪肉文化的表象及发展阶段

18 世纪以后，猪肉料理已经成为深深根植于冲绳的传统料理。冲绳的猪肉文化发展至今经历了四个阶段，宫廷料理阶段、民间祭祀—共食阶段、战后美国文化浸润阶段、现代"混合性"的猪肉料理阶段。其中，民间祭祀—共食阶段始于 18 世纪，至今还在冲绳得以保留。因跨越时间最长，自然对冲绳的食肉文化影响也最为深远。

关于冲绳猪肉文化的研究，现日本国内多偏重于琉球与中国历史交流的研究，对其饮食文化的研究成果较少。日本国内主要研究冲绳肉食文化的学者有比嘉理麻、平川宗隆、岛袋正敏。岛袋正敏从冲绳肉食文化圈的角度阐述猪肉同冲绳人生活的关系。比嘉理麻的从现代冲绳猪养殖业入手，探讨了产业社会中人与动物的关系。平川宗隆围绕冲绳的本土猪种阿古黑猪，从阿古黑猪猪种产生、发展、消亡、保护等角度解读冲绳人养猪的历史。由上所述，学者的研究集中在解读猪种和冲绳人生活的关系方面，对冲绳猪肉文化的祭祀环节鲜少提及。本节拟从冲绳猪肉祭祀的起源、传统节日中的猪肉祭祀表现、祭祀用猪肉的保存、祭祀时是否专用猪肉四方面进行分析，考察冲绳猪肉文化中猪肉祭祀这一因素的具体表象。

（1）冲绳的猪肉祭祀及起源。冲绳在琉球王国时代，猪肉主要是作为宫廷料理的食材。对于当时的老百姓来说，猪肉是奢侈品，只有在盛大节日祭祀时才能食用。节日祭祀时猪肉一般是作为祭祀用的三牲之一，祭祀之后大家共同分食。18 世纪到战前，冲绳的猪肉文化主要体现在祭祀方面。岛袋正敏在《冲绳的猪肉和羊肉》中写道："冲绳的食肉文化根植于祭祀中的共食文化，而非日常生活食兽肉猪肉文化。古代，普通老百姓的日常饮食基本来源于谷类、芋头、鱼贝等。"① 并随后论述道："猪肉作为祭品的风俗，是近年才有的事情。"② 渡边欣雄在《世界中的冲绳文化》中谈道："猪肉作为祭品是近来的事情。比起食猪肉的历史，猪肉祭祀的历史可以说更早。……拿东村平良的例子来说，据8世纪的《琉球国由来记》的记载：稻穗祭的祭品是神酒一、五水四合、鱼一斤半（平良大屋子）；神酒一、五水一合、鱼三斤半（平良村百姓）。猪肉并未作为祭品出现在神座前。这就说明，8世纪的时候，猪肉并不是作为祭品的。猪肉作为祭品，推断至少最早在18世纪才得以普及。"③ 因此我们可以了解，冲绳猪肉文化最初起源于各种节日的猪肉祭品，其食用方式最初也为祭祀之后众人当即在举行祭祀的广场共食。冲绳的一些传统节日，如火神祭、海神祭、猪祭等，在战后还保留了共食猪肉的习俗。冲绳猪肉文化的这两大特征同于中国汉族的民间信仰和习俗。因为汉族祭祀时使用猪肉，饮食习惯也有共食的形式。探究冲绳祭祀的食肉及共食的风俗来源，岛袋正敏在《冲绳的猪肉和羊肉》中论述道："冲绳的食肉风俗形成的原因其一是未受佛教忌肉食的影响；其二是冲绳地理位置临近东南亚、中国、朝鲜，在互相交易的过程中，接受了别国的食肉文化。同时，冲绳各地的祭祀都有共食家畜肉的习俗，本来就具备食肉文化发展的环境。共食是指向神灵祈祷丰收，祛除恶灵；在祭祀的时候，家畜和肉类缺一不可。"④ 14世纪后，中国尤其是福建一带的民间信仰融入冲绳民间信仰中，冲绳的祭祀也沿袭了中国的祭祀时间及祭祀方式。中国古代皇室祭祀宗庙的三牲通常为牛、羊、猪，普通百姓则用猪、鸡、鱼来祭神。台湾地区汉族和冲绳地区的地方习俗则是后者，即用"猪、鸡、鱼"来祭祀，冲绳称作"大御三味"。

至于冲绳的三牲祭祀是否源于中国，洼德忠在其著作《中国文化与南

---

① 岛袋正敏. 沖縄の豚と山羊 [M]. ひるぎ社，1989：11.
② 岛袋正敏. 沖縄の豚と山羊 [M]. ひるぎ社，1989：109.
③ 渡边欣雄. 世界のなかの沖縄文化 [M]. 沖縄タイムス社，1993：108.
④ 岛袋正敏. 沖縄の豚と山羊 [M]. ひるぎ社，1989：11.

岛》里论述道："冲绳县一些地方譬如与那国、石垣市在祭祀祖先的时候会烧纸钱，并同时在墓前供奉三味或御三味。我认为供奉三味的风俗受到了中国祭祀时供奉三牲的影响。中国最早从商朝末期就使用三牲进行祭祀，根据甲骨文的记载，其三牲为羊、牛、猪各一头。三牲在汉代成了祭祀时的主要祭品。根据《清俗纪闻》的卷一、卷一一、卷一二等资料记载，从远古流传下来的用羊、牛、猪祭祀的风俗在当时的福建及江浙一带也继续沿用。从中国商朝到唐朝，三牲基本上为牛、羊、猪三种。因此16—17世纪来访冲绳的册封使的使录书类里，使用牛羊猪三种牲畜作为册封大典的重要祭品。1799年访问冲绳的册封使李鼎元著《使琉球纪》卷五记有（琉球）同年八月七日祭祀释迦菩萨时也使用三牲，类同于中国的祭祀的记载。"[①] 由此可见，冲绳的三牲祭祀和中国的祭祀习俗有着紧密的联系。

《清俗纪闻》卷一的祖祭中写道："每月朔望，向祖先神主供奉香烛点心等进行礼拜。太祖考妣、祖考妣、显考妣生日之时，将该人之画像悬挂于厅堂上，供以香烛三牲等，进行祭奠。三牲应为鸡、羊、猪，后略为鸡、鱼、猪肉等。"[②]

因此我们可以得知，当时的福建及江浙等地祭祀时使用的三牲为鸡、羊、猪或者鸡、羊、猪肉等。那原本为鸡、羊、猪的三牲为何变成了鸡、鱼、猪肉呢？主要是因为当时老百姓饲养家畜数量少，生活贫困，不得不使用较为便宜的鸡、鱼、猪肉来祭祀。17世纪到18世纪的福建省等地，祭祀时的三牲普遍为鸡、羊、猪，对于农民来说，一年中要多次祭祀祖先及神灵，每次都用鸡、羊、猪来供奉造成了很大的经济负担。因此，近河海边的百姓为了节约，便用鱼代替羊，并且将整猪换成了若干猪肉，随后这种简约型的祭祀用三牲便渐渐流传于民间，后随着闽人三十六姓传入冲绳，成为闽人怀念故土及族人共同进行宗族生活的需要。冲绳祭祀时的大三味——鸡、鱼、猪肉被认为源于福建地区简化的三牲。冲绳的大三味最初由琉球王府及唐荣（现今久米村）祭祀时沿用，随后渐渐普及于冲绳民间祭祀，并加入了新的祭

---

① 洼德忠. 中国文化と南岛[M]. 第一書房, 1995: 131.
② 中川忠英. 清俗纪闻[M]. 方克, 孙玄龄, 译. 中华书局, 2006: 15.

品，构成了如今冲绳地区祭祀时的新形式。如今在冲绳一些村落，为了庆祝墓地新建和修理，祭祀时一般用猪（有时也用猪头代替）、虾、整只白煮鸡来祭神。大三味即猪、鱼、鸡，在彼岸、清明、盂兰盆节、命日、年忌、墓忌等重大节日祭祀中，是不可缺少的祭品。

（2）冲绳传统节庆中猪肉祭祀的表现。冲绳县由数十海岛构成，共有750多个村落。每个村落的习俗或祭祀的习惯都不尽相同。冲绳群岛地区一年四季都有需用猪肉祭祀的节日，正月及秋季的祭祀活动中使用猪肉尤为集中。

①正月祭祀中的猪肉。正月祭祀是指新年前的祭祀活动。在冲绳，为了迎接正月，家家户户最重要的准备就是屠宰生猪。在没有冰箱的年代，剩下的猪肉往往被熏制保存，每逢节日祭祀时，祭后众人加以分食。渡边欣雄的《世界中的冲绳文化》里谈论道："猪肉作为普通老百姓的食物及祭品，是在全岛普及芋头栽培之后才盛行开来。战前，普通百姓一年也只杀一次猪。临近正月时，几户人家便屠宰家养的生猪，之后分配猪肉。大部分猪肉用盐腌渍好，放到瓦罐内保存，每逢祭祀活动，便取出来和村民一起食用。腌好的猪肉最长能吃半年，不够的时候只能去市场买猪肉。这种情况在战前司空见惯，战后也延续了一段时间。"① 正月中使用猪肉祭祀的活动主要包括杀猪日（チイイリチャー）、灶神祭（トシヌユルー祭）、除尘日、正月十四祭和正月二十祭。在这几个节日中，灶神祭（东风屏村）、火神祭、正月十四、正月二十祭都要分食猪肉，杀猪日则食猪血。20世纪60年代后随着冰箱的普及和生猪养殖业的发展，猪肉渐渐成为日常食材之一，正月的时候，猪肉也可以直接在市场购买。

杀猪日因村落而异，但主要集中在十二月下旬，屠宰后，猪肉或排骨采用熏制或者腌制的方法保存。脂肪部分用来榨油。猪血和内脏不便保存，当地百姓便将其和白萝卜、海带、胡萝卜、大蒜等翻炒，做成类似猪血旺的料理（チイイリチャー料理）。杀猪日当天，冲绳人民将此料理供奉于神台，祈祷来年家畜兴旺。

除尘日也有吃猪肉的习俗。除尘日的料理根据地区不同而异：久米岛吃

---

① 渡边欣雄. 世界のなかの沖縄文化［M］. 沖縄タイムス社，1993：109.

红豆糯米饭；喜如嘉吃鱼；有些地方和日本本土一样吃荞麦面。此外，还会以猪肉为中心做很多菜肴，如白萝卜豆腐煮猪肉等，晚餐时将其供于佛坛、神龛，不仅因过去一年平安度过而感谢神灵，也祈求新的一年能美满如意。

灶神祭也要吃猪肉。中国的灶神信仰传播到冲绳，因此冲绳也流传着为了报告家中一年的情况，十二月二十四升天的火神一般会在正月初四降临凡间的传说。在中国民谚曰"三祭灶，四扫屋"，即指每年的腊月二十三（一说二十四）祭祀灶神。灶神，俗称灶君、灶爷、灶王爷，是由原始的火崇拜发展起来的一种神祇崇拜。冲绳祭祀火神的猪肉料理有猪肉杂炊，为何要用杂炊的形式来祭祀，冲绳的备濑和今泊等地据传是为了扫除正月初七杀猪带来的晦气，也有一些村落祭祀的目的是祈祷多子多孙。

冲绳的中部和北部在正月十四日祭祀，其他地方未见。正月十四和正月初七所采用的祭品多以猪肉料理为主，将猪腿骨和白萝卜一起煮后，和米饭、油一起供奉于佛龛前，除此之外，还会将锄头、钓竿置于佛龛前。晚饭的时候会加芋头一起煮汤放到佛龛前，祈祷丰收。备濑和今泊当日祭祀时会在佛龛前放加入猪肉煮的汤。正日二十祭祀的区域主要以岛尻为中心，冲绳的中部和北部也有祭祀。正月二十时，正月行事接近尾声，座喜味的人们把加入猪脚煮成的杂炊放到佛龛前祭祀。汀间地区则放猪肉和米饭。那霸的泊地区在佛龛前摆放猪肉料理，读谷的波平地区则在麦饭里加猪腿骨煮成的料理置于佛龛前。

②秋季祭祀中的猪肉。如果说春天的祭祀是祈愿丰收，那么秋天是感谢收获的喜悦。秋季祭祀用到猪肉的节日主要为海神祭、豚祭等，且海神祭、豚祭受到中国文化深远的影响。

海神祭是自然信仰的重要部分。在沿海一带盛行，并且受到了中国的妈祖、九天玄女等海神信仰的影响。冲绳靠海，人们靠海为生，为了祈祷海上安全及渔获丰富，自然而然就要祭拜海神。冲绳的海神祭不仅受到中国的影响，后来也受到了神道教的影响。冲绳在海神祭的时候也会将猪肉当作祭品。比如《国头郡志》曾记载海神祭当日，准备神酒、年糕、猪肉、小鱼、蟹、蜜桔，装盘置于桌上，祭祀海神，之后着盛装舞蹈，模仿猎捕野猪的动作。

  豚祭则在石垣市名藏举行,石垣市名藏被称作台湾部落,因大正末期来自中国台湾地区的中国人到冲绳来开辟荒地,后便移住此地。19世纪四五十年代此地疟疾肆虐,再加上之前神经质等病也一度流行,移民为了抵抗疾病,恢复垦荒的信心,向名藏著名的灵山——名藏狱岳祈求后,大病得治。之后,每年的八月十五,便会在名藏狱岳举行猪祭。祭祀当天,在拜祭的庙前广场搭棚,摆满染成红、黄、蓝三色的各种料理。在近处置一桌,摆上一头猪,猪上面叠放一头山羊,山羊背部插两把菜刀,桌下挂着鸡和鱼。这些祭品一部分由村里面共同置办,一部分来源于家里生了男孩子,家人对神表示感谢而供奉。据当地人介绍,这个仪式是为了感谢台湾地区的土地公和名藏的神灵。人们焚香一来感谢神灵庇佑,二来祈求来年丰收。香燃完后烧纸钱。猪祭多会燃放爆竹,在祭祀场地搭舞台,请当地的舞蹈团助兴。大家通过这样的祭祀,增进彼此的感情和民族凝聚力。冲绳自古以来便有御岳信仰,类似于中国的山岳信仰,豚祭其实就是以中国祭祀形式来拜山神,所以采用的祭品主要为中国小三牲。

  ③其余时节祭祀时的猪肉。相对正月和秋季,冲绳人民在其余时节中较少使用猪肉进行祭祀。春季祭祀中使用猪肉的节日是火神祭和清明节。火神祭是一种古老的祭祀,曾一度兴盛于整个琉球国。第二次世界大战前几近消亡,战后也只有极少数地区举行火神祭。祭祀当日,村里共宰一头牛,家家户户将树枝沾上牛血后插到自家门口和家里的各个角落。牛肉平均分给各家各户,祭拜神灵所用的菜肴也会在公民馆祭拜神灵后分给各家孩子。随着牛的价格高涨,有些村落便用猪来代替。滨比嘉和宫城等地用山羊来代替牛,座间味则屠宰猪、山羊甚至鸡来祭拜火神。

  夏季是病虫害、台风、洪水等自然灾害多发的季节,这些灾害容易影响农作物的生长,因此,在日本农村逐渐兴起了驱赶病虫害的活动,如"害虫祭"等。在冲绳,祛除虫害的祭祀也会用到猪肉。比如,在距离海较远的系满等地,每个村落的家家户户在祭祀当日会杀猪,村里的男人聚集到一起摆酒宴,各家各户把豆腐和猪肉料理放到佛坛前,口中边念叨"abushibare"边跪拜。村民在害虫祭除祈祷神灵祛除虫害外,也同时祈祷海上平安、渔获丰盛和祛除恶灵。

冬季祭祀中使用猪肉的节日主要为岛仲祭和锻冶屋祭。前者是为了祈祷丰收和航海安全的节日。每逢祭祀时，村里便敲锣打鼓，杀猪或杀牛。锻冶屋祭其实就是中国某些地方的炉神祭，一来为了感谢冶炼的工具，二来为了祈祷健康和生意兴旺。祭祀时，黑岛和多良间会杀猪，有些地方村落会杀鸡。

根据冲绳一年四季的祭祀活动中利用猪肉祭祀的情况，冲绳民间一般是将猪作为三牲之一，以村落而不是每户为单位进行屠宰，宰杀后猪肉用于各种节日的祭祀而非家庭内部食用，并且食用方式多为祭祀之后众人当即在举行祭祀的广场共食，如上文提到的灶神祭、海神祭、豚祭等节日。这和中国汉族的民间信仰和习俗有一定的相似性。那为何在祭祀的时候要使用猪肉呢？因为冲绳在近代以前，老百姓非常贫穷，根本吃不起肉类。岛袋正敏在《冲绳的猪肉与羊肉》里说道："因为日常生活贫困，食材缺乏，正月、播种、清明、旧盆、运动会、冬至、鬼饼等节日，是老百姓可以享用肉类和米饭的不可多得的机会，大人小孩都盼望节日到来。所以生活越贫困，祭祀的意义便越大，祭祀活动也越盛大。"① 因为日常生活的贫困，才更加凸显节日里用肉类祭祀的意义。

（3）祭祀所用猪肉的保存方法。祭祀时使用的猪肉，有新鲜的猪肉，也有腌制过的猪肉。因冲绳地处亚热带，高温多湿，食材容易腐坏，所以多余的肉类往往要加工保存，但冲绳的肉类的加工储藏技术却非常落后。16世纪中叶之后的四五百年，甚至在明治三十九年（1906）冲绳的猪和山羊饲养数量占日本第一的情况下，在肉类烧烤、干燥、熏制等肉类加工保存技术方面，也鲜有进步。尽管如此，较之牛羊肉，猪肉的保存方法相对来说还是要多一点。岛袋正敏的《冲绳的猪肉和羊肉——从生活中而来》中便详细记载了腌制、熏制猪肉的过程。旧历正月杀猪，为了在之后的祭祀活动中还能用到猪肉，便用盐腌制好，在大年夜、正月、春分、清明、除虫甚至到初夏时节的节日祭祀的时候，都会用上腌制好的猪肉、猪骨和猪舌等。20世纪60年代，

---

① 岛袋正敏. 冲縄の豚と山羊［M］. ひるぎ社, 1989：11.

离岛和山原东村的人们，为了犒劳在砂糖收获季节和播种时节前来帮忙的村人，曾把瓦罐中腌好的猪肉赠与他们。

腌制猪肉时，用大量盐在肉和带肉的骨头上擦好，放入阔口瓦罐。这样的瓦罐每家每户都备有两到三个，多则四到五个，专门用来腌制猪肉。多取脂肪多的白肉（当时比起瘦肉，人们更偏好脂肪肥厚的白肉），一块一块切好后放入大锅中和海带一起炖煮。煮好之后将其油脂滤出加少许盐放入器皿中待日后食用。肉则放入瓦罐底部，用盐腌制，直至颜色发黄，方可食用。考虑到猪肉的鲜度和风味，腌制猪肉最多保存四个月。

除了腌制猪肉，冲绳人民还利用熏制法保存猪肉。熏制猪肉冲绳方言称作"warakubichi"，是将用盐腌制好的猪肉在其表面裹上蒿草或蒲葵叶，挂到火棚上，下方用炭火熏烤。或者将腌肉直接挂到房梁上风干。熏制猪肉保存时间最长，而且不会影响猪肉的鲜美。这种熏制猪肉的风俗战前在冲绳北部还保留着。岛田正雄发现九州鹿儿岛县屋久岛的上屋久地区也有将猪肉裹上蒿草，吊在房梁下风干，保留六个月到三年的习俗。因此岛田正雄认为从屋久岛到与那国的琉球群岛，都曾有熏制猪肉的习惯。

冲绳熏制腊肉的方法类似于中国南方地区的腊肉制作方法。譬如广东人每逢冬腊月，家家户户杀猪宰羊，除留够过年用的鲜肉，其余的肉用食盐，配以一定比例的花椒、大茴香、八角、桂皮、丁香等香料，腌入缸中。《广式腊肉制造方法》一文提到"选用符合卫生标准、皮薄肉嫩、膘肥肉满、无伤疤、不带奶脯的肋条肉为原料。全部切除骨头，修整边缘，切成每条长36~40厘米、宽约2厘米的长条，重200克左右的肉胚。一端用尖刀穿一小孔，以备穿进麻绳。然后将肉胚用20~30℃温水漂洗干净。……广式腊肉的配料标准为：肉胚100千克，白砂糖4千克，酱油4千克，精盐2千克，60度大曲酒2千克，硝酸钠130克。……用木盆或陶缸，将各种辅料搅拌均匀，待完全溶解后，将肉胚投入，浸8小时，每隔1~2小时上下翻动一次，使辅料充分被肉胚吸收。腌透后捞起，在穿洞处串一麻绳，挂竿晾干。绳与绳之间保留3~4厘米距离，以防腊肉条在烘烤时互相接触。"[1] 而在湖南，则把

---

[1] 徐太德. 广式腊肉制作方法 [J]. 吉林畜牧兽医，1998（09）.

熏制的腊肉叫作柴火腊肉，把猪肉按两斤左右一条条地劈开，放在一个大盆中均匀撒盐腌制两三天，将水分腌制出来后，串起来风干一两天，放在灶台上挂好，用柴火不断熏制，直至猪肉出油。熏烤腊肉的燃料采用茶树枝、苹果树枝、杨梅树枝等。熏烤时，还会不断将松果、茶壳、桔皮等放入火塘，这样熏烤出来的腊肉会带着果香。

（4）祭祀时是否专用猪肉。在冲绳，其实有些节日祭祀一开始时并不是用猪肉祭祀的，而是牛肉。岛袋正敏的《冲绳的猪肉和羊肉》中说过："冲绳食用家畜的文化和祭祀有着重要关联。祭祀时祭品的元祖是牛，但是从各地的祭祀记载来看，猪肉当作祭品的情况也很常见。"[1] 推测后因牛肉价格高涨，才用猪肉或者山羊肉代替。涌上元雄、山下欣一的《冲绳、奄美的民间信仰》的"动物供奉"一章中曾记载："在正月时，喜界岛地区会宰牛，砍下牛头，随后用树枝沾上牛血，插在门口和院墙的石缝里。牛肉平均分给众人，即刻便在广场上分食之。但今三十年前，因为牛的价格高涨，便用山羊代替了。在手久津附近的嘉铁，正月时也要宰牛。牛头砍下后，牛血煮汤喝，并将牛肉和牛血放到广场角落放置的圆石前祭祀。随后平均分配牛肉给各家各户。花良治地区以前祭祀也用牛，但四十年前用猪代替。猪肉平均分给众人，猪头骨则吊在村落入口的树上。把猪骨挂在村口树上祛除恶灵的这种习俗在冲绳随处可见。二月和十月的时候，很多部落会在广场上杀牛或猪，用树枝沾上猪血或者牛血插到家门口，并把猪骨或牛骨用绳子挂到村口的树上。祭祀后，平均分配猪肉或牛肉并在广场上共食之。目的在于祛除邪祟。"[2] 当然，冲绳并不是所有祭祀都有猪肉的身影，有些地区猪肉是禁忌品，不能供奉神灵。涌上元雄、山下欣一的《冲绳、奄美民间信仰》里曾提到："冲绳本岛固有的神灵祭——麦稻四祭的贡品只限于稻穗、花米、甜酒、酒、拌野菜等，没有肉类。在山上祭祀的时候，因为血是污秽之物，尤其忌讳鱼和肉类。在冲绳北部的うんじゃみ、しぬぐ和本岛神灵祭祀的时候，只能供奉生鱼、干鱼或牛肉，决不能供奉猪肉。"[3] 可见年中节日祭祀、祖灵祭

---

[1] 岛袋正敏. 沖縄の豚と山羊 [M]. ひるぎ社，1989：21.
[2] 湧上元雄，山下欣一. 沖縄・奄美の民間信仰. [M] 明玄書房，1974：149–151.
[3] 湧上元雄，山下欣一. 沖縄・奄美の民間信仰. [M] 明玄書房，1974：43.

祀能使用猪肉祭祀,而本土的神灵祭祀中将猪肉视为禁忌。

(5) 现代冲绳祭祀中使用猪肉的情况。近年来随着经济发展和人民生活水平的提高,祭祀活动渐渐弱化。一方面是因为祭祀的形式简化和冲绳部落的组织逐渐瓦解;另一方面是因为经济发展,社会安定,肉类已经成为司空见惯的食物,食肉文化的基础——祭祀的意义已被弱化。目前,祭祀的形式已经简化,有些地区供奉神灵也不一定需要屠宰家畜了,但在日常生活中为了庆祝出海或者其他喜事而屠宰家畜的新食肉形式多了起来,庆祝时,人们杀鸡宰牛或山羊,宴请亲朋好友。因为现在花少许钱便可买到猪,在冲绳的各地还出现了众人共食烤全猪的新光景。随着时代的发展,经济水平的提高,如今在冲绳,猪肉并不只限于节日祭祀,而成为一种日常食物。传承几百年历史文化的猪肉,经世世代代冲绳人民的反复实验,不断地往猪肉料理中添加新的食材,令猪肉料理的菜谱不断创新,给各国食客带来了意外的惊喜。

三、中国食羊肉文化与冲绳羊肉料理文化比较研究

冲绳料理与中国饮食习惯相似,多盐重油,且多猪羊肉。冲绳最受欢迎的肉类料理首推猪肉,但是要说味道独特,非羊肉料理莫属。因为根据日本本土不喜异味的习惯,日本本土没有吃山羊肉的习惯,但在冲绳,挂着"山羊汁"牌匾的店铺随处可见。冲绳的山羊料理不仅有将山羊骨、肉、内脏、艾蒿、羊血等一起熬制而成的山羊汁,而且有将山羊肉带皮略加烧烤后薄薄切片的"山羊刺身"等。

(一) 冲绳山羊的来源

在人类驯化的动物中,山羊是除犬以外最早被驯化的动物。根据考古工作者对发掘的新石器时代的山羊骸骨所做的放射性碳测试结果,有镰刀形角的山羊在公元前7000~前6000年就已存在。最早以家畜出现的山羊在10000年以前便存在,可见山羊与人类至少共存有一万年之久。山羊具有肉用、毛用、乳用三大经济功能。考古学的材料显示,距今约9000年,山羊、绵羊、牛、狗的驯养已在埃及、希腊、土耳其、伊朗、伊拉克等地出现。目前世界

公认的现有山羊的主要发源地在我国西南部的边疆高原及邻近的中亚细亚地区。① 冲绳的本地山羊主要为褐羊和黑山羊，小角、颌下有须。平川宗隆认为冲绳山羊的来源主要有两个途径。他在《羊为什么在冲绳备受宠爱》中分析道，"冲绳山羊的来源可追溯到 15 世纪，一种为从中国大陆经中国台湾传到冲绳的黑山羊，另一种为伊斯兰教徒因布教，将作为食粮的褐色山羊从印度尼西亚、马来西亚、菲律宾带到台湾，经由中国台湾传到冲绳"。② 并且"琉球王国的大交易时代在 14 世纪和 15 世纪到达顶峰，当时琉球王国与东南亚各国交流频繁。因此这种褐色的山羊便从东南亚传到琉球王国。与此同时，琉球王国为了向明王朝进贡，便从中国引进了黑色和灰色的山羊"。③ 因此，可以认为冲绳的山羊是 15 世纪从中国大陆或东南亚，经中国台湾传到冲绳的。不过那时的山羊是作为皇室的贡品，还不是民间养殖的一般家畜。这些山羊为肉用山羊，个头比较小，目前冲绳的本地山羊——屋久岛山羊就是这些山羊的后代。

（二）冲绳山羊料理的历史发展阶段

山羊胆大活泼，敏捷机智，喜欢登高，善于游走，冲绳本岛中南部的方言里称山羊为"ヒージャー"。冲绳人多养殖山羊。一是因为当地植被丰富，山羊易于觅食，特别适合妇女、小孩和老人养殖。二是冲绳地形狭长，因耕地面积较少且易受台风和干旱的影响，粮食缺乏的情况经常发生，人们多选择养殖适应力强的山羊来补充动物蛋白。冲绳羊肉文化的历史发展阶段可分为"二战"前、"二战"后及日本恢复对冲绳的管辖后的三个阶段。

1. 第二次世界大战前

冲绳县关于山羊饲养的官方记录文件从日本废藩置县的第二年，即 1880 年开始。明治、大正、昭和年间日本国内的山羊饲养状况如表 4-5 所示。

---

① 张翼汉，等. 我国山羊分布与环境条件关系的初步探讨 [J]. 中国农业气象，1981 (3).
② 平川宗隆. 沖縄でなぜヤギが愛されるのか [M]. ボーダーインク，2009：26-27.
③ 平川宗隆. 沖縄でなぜヤギが愛されるのか [M]. ボーダーインク，2009：38.

表4-5 明治、大正、昭和年间日本国内的山羊饲养状况

年份	冲绳的饲养量（头）	日本全国的饲养量（头）	冲绳的饲养量占日本全国饲养量的比重（%）
1889	49444	58694	84
1905	57760	72121	80
1911	75704	100081	76
1929	900321	128504	70
1925	108859	168265	65
1929	141767	215439	66
1936	155198	292215	53
1944	135246	387219	35

资料来源：平川宗隆．沖縄でなぜヤギが愛されるのか［M］．ボーダーインク，2009：44-45．

由上表可知，冲绳饲养山羊的数量在日本全国饲养量中占有很大比重。山羊的饲养使冲绳成了日本国内的一个特例。然而，在1926年以前，冲绳的山羊品种是15千克左右一头的小体型山羊，其肉量适宜与家族或友人同食，经济价值非常低。1926年以后由冲绳县政府主导，从长野县引入日本"ザーネン"品种，进行品种改良。冲绳县政府对积极进行品种改良的农家给予奖励，以增加改良种山羊的数量。1943年，农林省畜产试验场长野支场的技术人员前往冲绳，对山羊进行人工授精。冲绳的山羊品种经过与从长野县引入的"ザーネン"品种经过三代杂交后，由15千克的小体型山羊变成了40~50千克的大体型山羊。① 此次的品种改进以乳用为目的，山羊奶成为冲绳各地新生儿的营养补给源之一。1926年前的冲绳山羊品种是以肉用为目的，改良后的乳用品种对之后的肉用品种的进一步改良也产生了影响。

在第一次世界大战时，山羊作为一种食物来源，发挥了非常大的作用。原因之一是山羊肉相对便宜，公母山羊的价格几乎没有区别。原因之二在于羊乳还是战争期间及战后最容易得到的贵重的蛋白质补给源。原因之三是羊皮在战时还是一种宝贵的皮革原料，在第一次世界大战中，甚至还有这样的

---

① 平川宗隆．沖縄でなぜヤギが愛されるのか［M］．ボーダーインク，2009：46．

标语:"吃山羊把皮留下,一张皮也是对帝国的贡献"。山羊料理成为慰劳会、祝贺会、欢迎会等活动上不可或缺的一道美食。

之后,琉球政府提出了"普及优良乳用山羊品种、繁育种羊、提高技术、强化防疫"方针,以促进山羊改良品种的发展和增加山羊的饲养数量。然而,琉球政府的此次计划以失败告终。

2. 第二次世界大战后

第二次世界大战前,山羊品种的改良正朝好的方向发展。然而战争爆发后,因受到战争的影响,冲绳的山羊饲养遭到了毁灭性的打击。在大战结束后的1948年,亚洲救济联盟主导开展了向冲绳县赠送山羊的运动。在1948年至1949年,冲绳县共收到"ザーネン"品种、"トッケンブルグ"品种、"ヌビアン"品种、"アルバイン"品种等共2867头乳用山羊。第二次世界大战之后的二十年间(1945—1965),因食物短缺,山羊料理作为重要的蛋白质来源拯救了许多冲绳的百姓。在日本经济安定成长期(1966—1989),虽然猪肉、鸡蛋、牛奶等动物蛋白质的获取已经不是难事,冲绳人对山羊料理的喜爱仍与日俱增。

3. 日本恢复对冲绳的管辖后

1972年,日本恢复对冲绳的管辖后,冲绳作为日本的一个县,不必进行动物检疫即可自由地在日本本土和冲绳之间进行山羊的买卖交易。冲绳县的农家为进行品种改良也开始自行从本土购入不同山羊品种进行交配改良。但由于各种原因,冲绳县的山羊饲养数量较以前只减不增。经调查、整理和思考,可举出以下原因:一是随着交通、经济各方面的发展,食物的获取变得不再像从前那么困难,可选择性也大大增加。二是日本大多数的年轻人尤其是女性对山羊的膻味敬而远之,日常会食用山羊料理的多为老年人,山羊肉的需求量减少。三是因1998年震惊日本全国的"O-157"食物中毒事件,厚生省提高了对屠宰场的卫生要求,一部分屠宰场停止营业,从而影响了山羊等肉食的产业链。

然而,近年来,冲绳县作为热门观光地吸引了大批的游客。当地政府和学者为了复兴冲绳的民俗文化做了一系列的努力。冲绳县政府设立了"冲绳山羊节",该节日在每年六月的第三个周日举行,节日中会进行山羊肉的品尝会等活动，目的为促进山羊肉食文化的发展。冲绳县地方的企业牧场和冲绳县工业技术中心联合开发的以羊奶为原料的各种点心，作为冲绳县的特产，由全日空商事、JTA商事等航空公司在冲绳的那霸机场销售，好评如潮。近年来因产地伪造、擅自更改保质期、过度使用农药等食品安全问题的影响，社会上对食品安全问题的重视程度空前提高。为此，冲绳县积极提倡"食育""地产地销"，积极促进当地生产的农牧产品用于当地学校的餐饮原材料，其中用羊奶代替牛奶即是当地特色之一。因羊奶的蛋白质分子比牛奶小，较易为人体所吸收，经过加工处理后的羊奶能很好地代替牛奶，为牛奶不适的人们所饮用。冲绳县食品卫生协会那霸支部副会长，同经营饮食店独创新式山羊料理，例如山羊肉饺子、蔬菜炒山羊肉、山羊肉火腿等，为迎合大众口味，着重在去除油腻、膻味上下了功夫。

第二次世界大战前，冲绳对山羊的需求量很高。受到中国药食同源的影响，山羊料理也是一味营养丰富的药膳。结婚或者节日时，例如在收获节时，人们会把自家养的山羊宰杀，邀请亲朋好友大快朵颐，一起庆祝。在村里举办各种活动的时候，贩卖"山羊汤"的流动店铺是必不可少的。现在，冲绳山羊肉的贩卖形式不同于猪肉、牛肉、鸡肉。猪肉、牛肉、鸡肉在当地超市里面就能买到，而山羊肉只限于那霸市公共市场山羊肉专卖店等相应的专门经销山羊肉的商铺。一般家庭或者人数少的聚会需要用山羊肉的话，根据需求量向销售山羊肉的店铺预定。那霸市多数山羊料理店定期向山羊肉专卖店订购山羊肉。

（三）冲绳独特的羊肉料理与其他东亚国家羊肉料理的对比

冲绳山羊料理以其独特的烹饪做法在世界上获得好评。冲绳的山羊料理主要分为山羊肉汤、炒羊杂和山羊肉刺身这三种做法。冲绳的山羊料理受到中国药食同源的影响，味道清淡，营养丰富，颇受海外游客的好评。

1. 山羊汤

山羊汤是冲绳驰名已久的乡土料理。其做法是将带皮的山羊肉、四肢、带骨头的肉等剁碎放入一口大锅里，然后次第放入山羊的小肠、大肠、胃、肺、心脏、肝脏等内脏和凝固的山羊血等，一起熬煮三四个小时，直到羊肉的鲜味与香味全部熬煮出来。这一食俗与季羡林《糖史》中记载的古代中原人烹煮羊肉时加入甘蔗的做法相同。① 为了最大限度地保持山羊肉的原汁原味，汤里面一般不放冲绳人喜食的白萝卜、胡萝卜、冬瓜等蔬菜或海带等。食用山羊料理可以排出人体的异物，帮助提高免疫力，也有孕妇产前或者产后食用山羊肉汤，有极好的安产和恢复元气的效果。冲绳地区人们经常通过喝山羊肉汤来治疗跌打损伤、破伤风、腹痛等病状。山羊汁可以视为一味药，和艾草一起熬药效最佳，有的地区会加入桑叶或者车前子的叶子一起熬煮成药。

2. 炒羊杂

炒羊杂是冲绳山羊料理里面唯一的炒菜。主要是将山羊血、肉、蔬菜一起炒。先往大锅里面放入带皮肉、羊腿肉等红肉，再加入去除内脏的已经凝固的山羊血，最后加入胡萝卜、洋葱、韭菜，有时根据季节不同还会加入大蒜叶等蔬菜一起爆炒，是冲绳独具特色的菜肴，备受欢迎。

3. 山羊肉刺身

山羊肉刺身选用经火烧过的带皮肉，因表面被烤过，散发着浓郁的肉香，用来做刺身最美味不过。除此之外，里脊肉等红肉也用来做刺身。食用山羊肉刺身的时候，一般是在酱油里面稍加醋和腌渍过的生姜，调味之后方可入口。如果遇上冲绳本地产的小橘子收获期，山羊肉刺身也会加入小橘子汁来调味。

除了日本冲绳县有吃羊肉的文化，在亚洲其他国家，如中国、韩国、菲律宾、越南、印度尼西亚、印度等地，也有食用羊肉的文化。中国的宋代受北方少数民族饮食文化影响，喜食羊肉。当时皇家的规矩是御厨只用羊肉而不用猪肉，宫中食羊数量惊人，一日宰杀二百八十只羊，年需十万余只羊，可以想象得到当时已有成规模的羊养殖业。北京菜中的"全羊席""涮羊肉""爆羊肚"都是著名的羊肉菜肴。蒙古族自古以畜牧为主，饮食上形成了以羊肉、羊奶为主食的习惯。藏族的手抓羊肉也是独特的风味佳肴。中国台湾地区的山羊料理文化主要是用山羊肉做药膳，在与日本山羊汤相似的汤底中会加入各种药材，或是用来涮羊肉，做成羊肉涮涮锅，其他还有炒羊肉、烤

---

① 许先. 中国食文化讲座之七五畜为益——谈中国古代的肉食 [J]. 食品与健康, 2007 (7).

羊羔肋骨等特色菜。在韩国有着女性吃羊肉、男性吃狗肉的说法，使用羊肉和药材等制作补阳汤，用于滋阴强身，治疗妇科病。与日本偏向使用带皮的肉制作刺身的羊肉文化不同，韩国更喜好羊肉中的红肉。

　　冲绳的肉食文化异于日本本土，同于中国，食用山羊肉的饮食文化类同于中国饮食文化。羊肉最大的特征就是有种特殊的膻味，很多年轻人对羊肉的味道敬而远之，但是，对山羊汤情有独钟的人会很喜欢那股羊膻味，并称山羊汤是天下第一汤。因为食用山羊肉会导致血压升高，现在冲绳针对各种游客的不同需求大力开发山羊料理的新菜谱，如山羊饺子、山羊肉杂蔬炒、山羊肉熏肠等，品种丰富，受到各国游客的喜爱。

　　冲绳的羊肉料理乡土气息浓郁，品种丰富。独特的羊肉料理不仅很好地诠释了冲绳有别于日本本土的饮食文化发展史，也极大地丰富了冲绳作为国际旅游胜地多元饮食文化的魅力。

第五章　日本南部与我国华南——节庆民俗文化比较研究

第五章 日本南部与我国华南节庆民俗文化比较研究

中国作为历史悠久、文化底蕴深厚的文明古国,各地都孕育了独特而丰富的节庆民俗。中国的节日沉淀了千百年的传统文化,每个节日都有它的历史渊源、独特的风情和深厚广泛的民众心理,反映了中华民族的传统习惯和宗教观念。

古琉球国自中山王建立琉球王朝到其覆亡的450年间,琉球人在冲绳诸岛繁衍生息,留下了许多有形和无形的文化遗产,呈现出强烈的个性,同时又具有多样性的文化特征。一方面,明清时期,中国传统民间文化随着中琉两国间封贡往来的深入频繁而大量传入琉球,成为琉球民间习俗文化的重要组成部分。综观琉球王国的年中岁时节庆,最重要的元旦、清明节、端午节、中元节、重阳节等节日无一例外承袭了中华民族的传统节日。另一方面,虽然冲绳的传统文化和社会习俗不断遭受外来文化的冲击和影响,但深深根植于冲绳诸岛的古老民俗礼仪具有很强的向心力,与冲绳民众的愿望、需求紧密相连而得以长期存在和传播,具有混血性格的冲绳主流文化是底蕴深厚的中华文化与冲绳底层文化的融合与存续。这也是为什么属于日本的冲绳,其年中重要的岁时节庆与本土差异较大,却与我国一脉相承的根本原因。

民俗作为一种基础文化,在传承与传播过程中并非一成不变,相反,它随着时空的变化不断发生变异,形成了与稳定性相联系的变异性特征。冲绳传统文化虽然深受中国的影响,但任何外来文化都须经历与本土文化不断融合的过程,即本土化过程。如今的冲绳具有了与我国文化相互交融、和而不同的文化品格。

本章重点围绕日本本土鲜有而冲绳诸岛高度重视的以祭祖祭神为主旨的清明节、中元节、端午节三大节日展开考察与研究,挖掘两地重要的文化线索与文化特征,梳理比较两地的共通性与异质性,以更好地认识中日两国在漫长的历史发展中文化传承上的痕迹、汉文化在异域进行交融以及发生流变的一些规律。

一、闽台清明节习俗与冲绳清明节习俗比较研究

冲绳的传统文化中有很多中国文化元素,清明节习俗就是其中之一,并且该习俗一直延续到现在。关于冲绳清明节的记录和先行研究有洼德忠(1971,1981,1989,1990)、崎原恒新、山下欣一(1975)、渡边欣雄(1989)、高良勉(2005)、大桥义武(2011)、林国平(2013)、竹田旦(2014)等。下文拟在这些先行研究的基础上,加深纵向的历时视角,并且拓宽横向的共时视角,重点论述冲绳清明节的历史渊源和不同历史时期冲绳清明节的状况,考察冲绳的清明节扫墓祭祖习俗,并将之与中国闽台地区进行比较。

(一)冲绳清明节的缘起与变迁

中国作为世界四大文明古国之一,汉文化对汉字文化圈地区有着深远影响,清明节作为汉文化的节庆习俗也传播到了周边地区,越南、韩国、马来西亚、新加坡、泰国都有清明节习俗。日本深受中国文化影响,中国的节庆习俗,如端午节、中元节、重阳节等都传入日本并成为日本年中节庆的重要组成部分,但是清明节没有成为日本的节庆习俗。刘晓峰(1995)认为,作为清明节基础的寒食节在唐代非常流行,却没有传入日本,主要是因为寒食节的习俗与日本的"秽"观念相冲突,使得日本没有接受寒食节的文化土壤。杨立影(2009)提出了另外的观点:清明节形成于唐朝时期,此前,盂兰盆会早已被日本人所知晓,加上日本人对佛教"成佛"观念的深信不疑,所以盂兰盆节比清明节更容易被日本人所理解并接受。不过,有关日本冲绳县的清明节习俗,日本出版的《年中行事辞典》(1958)、《日本民俗事典》(1972),以及中国出版的《世界风俗辞典》(1990)等民俗辞典中都有明确

的记载。那么冲绳的清明节习俗又源自何处呢？

清明是二十四节气之一。二十四节气是中国先秦时期开始订立至汉代完全确立的用来指导农事的补充历法。清明在立春、雨水、惊蛰、春分之后，为第五个节气，每个节气持续十五天，则清明在立春六十天后，也就是农历三月。清明之前，有个重要节日，称为"寒食节"。缘起"禁火"的寒食节到汉代加入了祭祀祖先的习俗。因为寒食节与清明节在日期上相近，寒食节习俗活动延续至清明节，使寒食节与清明节相融合。至盛唐，朝廷将上墓风俗编入五礼，并将寒食、清明并提，规定了假日。《唐会要·卷八十二·休假》明确记载："（开元）二十四年二月十一日敕：自今以后，寒食通清明，休假五日。至贞元六年三月九日敕：寒食清明，宜准元日节，前后各给三天。"至此，清明节气已然成为清明节日。扫墓祭祖风俗与儒家推崇的宗法制度、忠孝观念相一致，也有利于社会安定和维持王朝统治，以至于寒食禁火风俗日趋式微，清明扫墓祭祖风俗更受重视，逐渐深入人心，宋代以后，清明节逐渐取代寒食节的地位，沿袭至今。

福建古称"闽"，在唐朝隶属江南东道，唐朝中期设福、建、泉、漳、汀5州，唐开元二十一年（733）为加强边防，设"福建经略史"，始有"福建"之称。唐朝"安史之乱"时期，部分中原人为了避难，逃到闽南一带定居，唐朝官话在当地推广开来，因此，闽南语中保留了很多唐宋时期的语音、词汇。由此可以推断，清明节习俗在唐朝就传入了闽地。到明代，清明节在闽地已经相沿成习。从明太祖赐琉球王国"闽人三十六姓"的洪武年间算起，冲绳的清明节可谓源远流长。从历史上看，冲绳清明节的变迁可以分为琉球王国时期、"二战"前冲绳县时期和"二战"后冲绳县时期。

1. 琉球王国时期的清明节

据《蔡家家宪》记载，雍正六年（1728），蔡氏门中决定进行清明墓祭。乾隆三十三年（1768），尚穆王决定在清明节祭祀第二尚氏王墓的玉陵和极乐陵。[1] 清明节习俗逐渐由首里、那霸的王府官人、士族普及到了冲绳的中

---

[1] 林国平. 冲绳久米村阮氏、毛氏门中清明墓祭的调查 [A]. 陈硕炫，徐斌，谢必震. 顺风相送：中琉历史与文化——第十三届中琉历史关系国际学术会议论文集 [C]. 海洋出版社，2013：171–184.

南部各地和北部地区的农村。①

这些记载出现在萨摩藩岛津氏1609年入侵琉球之后是有原因的。萨摩藩虽然强占了琉球北边的奄美大岛及附近岛屿，勒索贡物，并强迫琉球王国派使节向江户幕府将军朝贡，但是同时也希望从琉球与明王朝的贸易中获利，因此，为了维持并强化琉球与明王朝的贸易关系，萨摩藩鼓励琉球更广泛地引进中国的制度等各种文化和中国的物品。在这种情况下，作为媒介的久米村人凸显了其价值而更加活跃起来。

久米村人特别重视家族和祖先祭祀，进而发展出"门中"及"门中制度"。"门中"又称为"一门"，乃父系血缘亲族集团，一般认为形成于17世纪琉球王国时代，以士族阶层为主发展而来。琉球王府在1689年开设了管理家谱的王府机构——"系图座"，促进了"门中"和"门中制度"的形成。"门中制度"包括家谱、门中墓、墓所、牌位、祖先祭祀、父系嫡男继承制、养子同门制、门中称呼等，其中最具凝聚力的是家谱和祖先祭祀。

琉球王国中后期，久米村人通过在中国学习，担任琉球王国与中国王朝的朝贡贸易工作，对琉球社会做出了很大贡献，典型代表有蔡温（1682—1761）和程顺则（1663—1734）。蔡温官至三司官（从一品），程顺则官至三司官座敷（正二品），后又升为名护间切总地头职。程、蔡生活的时代是久米村在琉球的全盛时代，这两位为中国文化在琉球的发扬光大做出了重大贡献，成为久米村人后裔建构久米村人意识的重要历史记忆。

虽然未见文献记载，久米村人应该一直沿袭清明节习俗，并且日趋重视和盛行，所以才会发展到门中清明节祭祀，并且影响到琉球王府也接受清明节习俗。王府的清明节祭祀行为对琉球社会的影响是深远的，促进了清明节习俗的传播。同时，还有两个因素对清明节习俗的普及发挥了重要作用：其一，久米村人坚持同姓不婚的原则，因此，不可避免地会与琉球人通婚；其二，18世纪初的尚敬王时期，王府奖励下级士族转业，鼓励士族归农，从而出现了久米村人的第一次人口迁徙。所以，清明节普及到了冲绳的中南部各地和北部地区的农村。

---

① 平敷令治. 沖縄の祖先祭祀 [M]. 第一書房, 1995: 93.

2. "二战"前冲绳的清明节

面对明治政府禁止琉球王国向中国王朝进贡、接受中国王朝册封,废止福州琉球馆,要求使用日本明治历法(阳历)等,琉球王国进行了力所能及的抗争,但弱小的琉球王国在1879年被迫成为日本国的冲绳县。[1] 由于琉球与中国的朝贡贸易关系终止,久米村人也就失去了发挥才能的舞台,而且当时不少久米村人士族亡命大清国向清政府求救,这些人被称为"脱琉人",福建的琉球馆收容了这些人。这种与明治政府敌对的行为使久米村人受到明治政府的打压,陷入更艰难的处境。久米村人为了生存被迫适应现实情况,失业无禄的士族被迫下乡劳动以维持生计,出现了久米村人的第二次人口迁徙。这次迁徙与琉球王国时期久米村人的第一次主动迁徙不同,是被迫的迁徙。

另外,明治政府对冲绳人实行同化政策,主要的同化政策有"改姓名""改语言"。琉球人原来使用"童名""唐名",被要求改为"大和名",时至今日,已经无法从姓名来辨别久米村人和琉球人的区别,唯一能分辨的线索就是家谱。琉球人被要求改学"日本标准语",废止琉球语、官话(汉语),现在会琉球语的人屈指可数,更不用说官话了。久米村人的官话学习从废藩前的正式教育机构明伦堂退回至私塾、家庭,继而退到一年一度的孔庙祭祀,"二战"后完全消失。[2] 总之,久米村人受到日本全面同化的同时,作为民族特征要素的民俗、语言、宗教也受到全面冲击,民族性弱化,民族界限变得模糊。正如洼德忠(1989)所指出的,当这些习俗的主体感受到本身的经济、文化处于优越地位时就会积极地坚守和传承这些习俗,而当他们感受到本身的经济、文化处于劣势地位时就不会积极地保留和传承这些习俗,而且愿意接受周围其他文化习俗的同化。但是,在琉球国王时期已经普及到冲绳中南部各地和北部地区农村的清明节习俗还是传承了下来,以门中形式或个人形式在清明节祭祀祖先的情况还是很常见的,根深蒂固的家族观念对清明节习俗的传承起到了很大作用。

---

[1] 米庆余. 琉球历史研究 [M]. 天津人民出版社, 1998: 160.
[2] 吕青华. 琉球久米村人的民族学研究 [D]. 台湾政治大学, 2008.

3. "二战"后冲绳的清明节

"二战"后,美国于1945年至1972年接管冲绳27年。冲绳复归日本后,对琉球历史、文化做出卓越贡献的久米村人再次受到肯定,"琉球处分"后一直被迫保持沉默的久米村人终于勇于在公开场合承认自己的闽人血统,以身为"闽人三十六姓"后裔为荣。再者,"二战"后日本进入民主化社会,日本经济也实现了举世瞩目的发展。在这样的社会环境下,经济条件大为改善,生活安定的久米村人开始积极复兴传统文化。除此之外,冲绳的历史和文化也受到研究者的广泛关注,出现了不少关于冲绳历史、文化、习俗等方面的研究成果,其中就有清明节习俗的记录和研究。崎原恒新、山下欣一在《冲绳·奄美的岁时习俗》中记述了冲绳的清明节习俗。洼德忠在渡边欣雄主编的《环中国海的民俗和文化之三——祖先祭祀》中的第四章第三节以"清明节的扫墓习俗"为题,比较详细地叙述了清明节的渊源以及中国台湾地区和冲绳的清明节祭祖习俗。高良勉在《冲绳生活志》中以冲绳当地人的亲身体验谈到清明节活动。林国平对久米村阮氏、毛氏的清明墓祭进行了考察,详细记述了阮氏、毛氏的清明祭祀情况。通过这些记录和研究以及相关研究可以了解"二战"后冲绳清明节的情况,具体可以概括为如下几点。

第一,门中制度开始复兴。门中有首里、那霸、久米三个系统,久米系统下有25个子系统,19姓。代表性的久米门中会有阮氏我华会、毛氏国鼎会、梁氏吴江会等,都有会员三百多户。[1] 门中会的宗旨为管理、维持及运营共同财产,联络宗亲的情感,具体内容有编印家谱、祭祀、敬老、提供奖助学金、与海外宗亲会交流等,尤其重视清明扫墓祭祖。

第二,与"二战"前门中清明墓祭只有男子能参加不同,"二战"后女子也可以参加门中清明墓祭,甚至可以邀请友人参加。例如,在"二战"前,毛氏门中清明墓祭祭主由门中有声望的人轮流担任,负责清明墓祭的一切事务,每年5月选定下一任祭主,只有男子能参加清明墓祭,每年约80人。"二战"后,由久米国鼎会组织清明墓祭活动,祭主则由本家担任,女子也可以参加清明墓祭,祭祖人数增加到四百多人。但是,梁氏门中还维持

---

[1] 吕青华. 琉球久米村人的民族学研究 [D]. 台湾政治大学, 2008.

只有男性成员才能参加清明墓祭的古例。

第三,清明墓祭的一般程序和祭礼是:清明前一天,洒扫祖墓,第二天,同族聚集祖墓,供三牲、年糕、糕点、水果等祭品,焚香燃烛,奠酒烧纸,祭拜,祭毕在墓所共食祭品,相互交流,老人会讲述祖先的故事。①

第四,冲绳的许多门中到福建寻根祭祖,帮助修建祠堂,甚至与中国其他地区的同姓家族建立密切关系。例如,阮氏门中于1987年到福建漳州调查家谱和祖庙,确认漳州市龙海县角美镇石美埭头村的世德堂为其福建祖庙,1992年访问香港阮氏宗亲会和台湾阮氏宗亲会,1993年捐资协助修建福建祖庙。②

第五,冲绳清明节的传承也受到了现代社会潮流的冲击,有弱化的趋势。毛氏奥间门中会会长奥间伟功谈道,自己小时候乐于参加清明墓祭,能感受到自己作为毛氏家族一员的骄傲,但现在清明墓祭时,带小孩来的人很少,来参加的年轻人也不多。他认为是因为各家庭缺少诸如爱护家族、尊崇祖先、祝福子孙繁荣的教育。高良勉也谈到自己年轻的时候,很想挣脱血缘共同体的束缚,很讨厌参与祖先祭祀活动,上了年纪才认识到祖先崇拜信仰很重要。他认为资本主义与商品经济、消费社会对血缘共同体和祖先崇拜信仰的冲击很大。③

(二) 冲绳清明节与闽台清明节的扫墓祭祖习俗

冲绳清明节习俗和中国闽台清明节习俗的主要内容都是扫墓祭祖。冲绳和中国台湾的清明节习俗都源自闽地,即福建,因此三地的清明扫墓祭祖习俗基本上大同小异。

1. 冲绳清明节的扫墓祭祖习俗

冲绳清明节的扫墓祭祖习俗具体可以从清明扫墓祭祖活动的时间、活动

---

① 具志堅以徳,国吉有慶. 久米島の民俗 [M]. 久米崇聖会,1989:32.
② 林国平. 冲绳久米村阮氏、毛氏门中清明墓祭的调查 [A]. 陈硕炫,徐斌,谢必震. 顺风相送:中琉历史与文化——第十三届中琉历史关系国际学术会议论文集 [C]. 海洋出版社,2013:171-184.
③ 高良勉. 沖縄生活誌 [M]. 岩波書店,2005:57.

的组织运作、坟墓形制、活动的祭拜对象、祭祖的供品、活动的仪式流程等几个方面加以说明。

(1) 清明扫墓祭祖活动的时间。在琉球王国时期，琉球吸收中国文化，奉行中国正朔，所以清明扫墓祭祖的时间与中国一样，在农历的清明节举行。明治维新后，日本废除农历，采用阳历，农历的清明节一般对应阳历的四月初。如果清明节当日不是周末休息日，出于方便，就会在清明节之后的第一个周日举行清明节扫墓祭祖活动，甚至在从清明节后的第一个周日算起的两周内都可以举行清明节扫墓祭祖活动，因此这段时间也被称为"清明季"。但是，系满、有铭、座喜味、喜如嘉和奄美的喜界岛等地，清明节是阴历三月初三，扫墓祭祖可以在三月的任何一个吉日举行。另外，冲绳本岛北部、宫古诸岛、八重山诸岛多在正月十六日举行扫墓祭祖，称为"十六日祭"，也称正月十六这天为"祖先的年节"，与正月初一为"生者的年节"相对应。一般来说，正月十六举行墓祭的地区似乎不太重视清明节，但其中部分地区正月十六的扫墓祭祖和清明节扫墓祭祖习俗并行不悖。[1]

(2) 清明扫墓祭祖活动的组织运作。冲绳的清明扫墓祭祖活动一般由门中会组织运作，也有由本家担任主祭、组织运作的。在门中成员散居各地的情况下，会通过登报等方式来通知。例如，林国平对久米村阮氏、毛氏的清明扫墓祭祖活动进行了考察。清明节当日，阮氏门中清明扫墓祭祖活动由门中会——阮氏我华会主办，会长真荣田世行主祭，先祭拜尚宁王墓，再拜仲西野吕之墓，祭仪与尚宁王墓相同[2]，接着到神女家，在神女坛进行类似的祭仪，随后到首里附近的阮国墓祭拜，前来参加祭祖的阮氏后裔有150人左右，其中男人、老人居多，妇女、青少年为少数。毛氏门中的清明扫墓祭祖活动由久米国鼎会组织，约200人参加，本家与座信义担任主祭，先祭拜本家墓，两个儿子陪祭。接着祭拜始祖毛国鼎墓，久米国鼎会会长和事务局局长等陪祭。

(3) 坟墓形制。冲绳的坟墓形制有"龟甲墓""屋形墓""破风墓"三

---

[1] 高良勉．沖縄生活誌［M］．岩波書店，2005：20．
[2] 林氏没有指出祭祀缘由，估计该墓是"按司墓"。"按司"就是琉球王国时期当地的领主。

种。"龟甲墓"因墓丘隆起呈凸状，形似龟背而得名，由墓圈、墓丘、墓碑、墓埕、祭台、墓手、墓庭、坩池、后土座构成，和中国南方的龟壳墓基本相同。龟甲墓在冲绳很普遍，随处可见，大多建在山边，用水泥和石块砌成，十分坚固。高良勉谈到，"龟甲墓"由中国传入，从远处看像伸开双腿仰面而躺的孕妇的下半身，隆起的腹部像乌龟背一样，所以称为"龟甲墓"，墓室入口正处在孕妇的阴部。老人们说："人死后又会回到母亲的腹中，所以墓的形状如此。"①"屋形墓"远看似一片房舍，到了跟前才发现是一片墓地。屋形墓有屋顶和抱厦，还建有院落，可以说是"事死如事生"的体现，与日本本土墓地的形状完全不同，是冲绳特有的坟墓形制。琉球王族的墓地称为"玉陵"，紧挨首里城，是冲绳最大的一座屋形墓，分内外两重院落，共有三座石室，中室暂时安奉遗体，数年后在这里洗骨。国王和王妃的遗骨装在骨灰罐中安放在东室，西室则是其他王族的安葬地。只有玉陵外院落中石碑上注明的家族有资格葬在玉陵内。"破风墓"也是冲绳特有的坟墓形制。

（4）清明扫墓祭祖活动的祭拜对象。冲绳清明扫墓祭祖活动分为神御清明、村御清明、家庭清明，都是在四月的清明节及其后的两周之内举行。

神御清明祭拜按司墓或门中的远祖，有的还祭拜神女（巫女）和特定山岳，一般在清明节当日举行。高良勉提到，他们门中一族的神御清明就是祭拜系满市字与座（"二战"前隶属高岭村，琉球王国时期隶属高岭间切）的按司墓。这个按司墓，埋葬着历代高岭按司（旧高岭间切的领主）及其家人的遗骨，还有末代琉球王尚泰的第五王子尚秀和雪子妃的遗骨。按司墓是典型的"龟甲墓"。清扫之后，献上供品祭拜，感谢祖先对子孙的庇护，然后众人在墓前分食供品。神御清明的时候，散居那霸市、名护市、冲绳市、玉城村等地的门中子孙会前来集会。神御清明墓祭大多是男性参加。还有每隔5年才举行一次神御清明墓祭的情况，例如，系满的门中多是渔民，分散各地，每隔5年举行一次神御清明墓祭。

村御清明也称"门中清明"，祭拜门中墓，每年举行。有的在清明节当日举行，有的在神御清明之后的某日举行。高良勉提到，他们门中一族的村

---

① 高良勉. 沖縄生活誌 [M]. 岩波書店, 2005: 55.

御清明在神御清明的一周之后的周日举行，先是父系墓所的祭拜，参与墓祭的是同村的门中子弟和外嫁的姊妹以及家人，傍晚，再到母系墓所祭拜，晚上，到安放祖辈牌位的兄长家举行清明祭祀，交换各家带来的食物，共饮欢谈。[①] 林国平谈到，在 4 月 4 日的清明祭祀之后一周的周日，即 4 月 11 日，又来到冲绳中部的具志川，参观了阮氏三世祖起龙墓的清明墓祭。墓祭仪式也是正午 12 时举行，由门中会会长与古田德修主祭，先祭拜墓左侧守护神，接着祭拜本宗祖先。

家庭清明就是单个家庭祭祀已故家族成员的清明节扫墓祭祀活动。因为神御清明和村御清明是祭祀门中远祖和门中本宗祖先的集体活动，所以几个家庭的近祖或单个家庭的已故先辈的墓所的清明节祭祀就只能是小范围人员的行为，一般是在神御清明和村御清明之后举行家庭清明活动。没有门中的地方或没有参与门中的家庭一般只举行家庭清明的扫墓祭祖活动。

（5）清明扫墓祭祖的供品。在冲绳，清明节扫墓祭祖的主要供品是三牲——猪肉、鱼、鸡，猪肉多使用五花肉或猪头。除三牲外，一般还有年糕、油炸豆腐、茶、酒、醋、水果、点心、鱼糕、天妇罗、牛蒡等。林国平所记述的阮氏清明墓祭的供品是切成小块的三牲、年糕、酒、茶、水果等；而毛氏清明墓祭的供品则是约 5 斤的整块猪肉、整条鱼与一只完整的鸡，同样有茶、酒、水果，另外还有一捆总共 15 根、每根长约 50 厘米的甘蔗。不过，阮氏和毛氏门中在清明扫墓祭祖的祭拜结束之后，并没有在墓庭一起分食供品，这跟以前的传统不一样。以前，冲绳清明扫墓祭祖时，各个家庭会做好各式供品带来，祭祀结束后，大家在墓庭欢聚一堂，一边分享供品，一边谈话交流，是冲绳清明节的一道风景。现在，也有在墓庭分食供品的情况，但没有以前那么普遍了。还有一个现象，现在，每到清明节，便利店为了满足顾客的需求，会设有专门出售清明节祭祀用的各式冷拼盘的柜台。可见，随着时代的变迁，清明节活动也有简化的倾向。

（6）清明扫墓祭祖活动的仪式流程。清明扫墓祭祖活动的一般程序是清明前一天洒扫祖墓，第二天同族聚集到祖墓，供三牲、年糕、点心、水果等

---

① 高良勉. 沖縄生活誌 [M]. 岩波書店，2005：56.

祭品，焚香燃烛，奠酒烧纸，祭拜，祭毕在墓所共食祭品，相互交流。许多家族很重视清明墓祭，从祭品数量、品种、调理、祭日的选择，祭祀前的斋戒沐浴，书写牌位，选择主祭人、执事、礼生，祭品的排列，祭祀的程序等都有严格规定。[①] 林国平具体记述了阮氏和毛氏清明扫墓祭祖活动的祭拜仪式流程。首里附近的阮国墓由阮氏元祖墓之崇莹、墓所守护神、阮氏神村本家之墓、始祖阮国公来琉四百年纪念碑等组成。正午12时开始墓祭，祭拜顺序为：①祭拜中国的阮氏元祖墓之崇莹；②祭拜墓所左侧的守护神（类似于中国的"后土神"）；③祭拜琉球始祖阮国之墓；④祭拜阮氏神村本家之墓。不同灵位的祭仪大同小异，基本程序如下：①全体正坐；②礼拜；③祭主供奉茶和酒；④祭主供香；⑤全体合掌；⑥祭主焚烧纸钱（在阮氏元祖墓之崇莹和守护神位前不焚烧纸钱），并象征性地翻动和置换新祭品；⑦全体合掌；⑧礼毕。前后约半个小时结束。林国平教授还记述了毛氏水釜奥间门中清明墓祭。祭祀仪式下午2时开始，之前，已经派人到其他地方祭祀分支祖先东奥间、前奥间、垣花奥间之墓。墓祭之前，久米毛氏国鼎会会长吉川努给奥间家的在读学生颁发奖学金。由奥间本家的奥间伟功会长主祭，祭祀顺序为：①祭拜墓所守护神；②祭拜本家墓（五世祖朝祥之墓）；③朝大海方向祭拜龙宫之神；④朝那霸方向祭拜六世秉仁之弟秉礼之墓和中祖垣花的奥间之墓（因二人对家族的繁荣做出过重要贡献）。

2. 闽台清明节的扫墓祭祖习俗

福建在历史上是一个移民之地。中原人入闽始于汉代，之后较大规模的南迁有四次。第一次是西晋"八王之乱"时期；第二次是唐天宝年间"安史之乱"时期；第三次是唐末五代时期随王氏兄弟（王潮、王审邦、王审知）入闽将士3万余人；第四次是北宋靖康年间，金兵大举南侵时期。至此，福建成为以汉族为主的地区。中原汉族入闽，不仅带来了先进的生产技术，也带来了中原汉族的文化，清明节习俗就是其中之一。除此之外，因为福建临海，与台湾岛仅隔海峡，明清时期福建人大量迁往台湾。现在，祖籍是福建的台湾人约占台湾地区总人口的四分之三，大多来自福建漳州和泉州。他们

---

① 具志堅以德，国吉有慶. 久米島の民俗 [M]. 久米崇聖会，1989：33-34.

保持着原有的风俗习惯,构成闽台民俗区。① 本节就闽台地区的清明节时间、祭祖活动的组织运作、坟墓形制、祭祖活动的祭拜对象、祭祖的供品、祭祖活动的祭拜仪式流程等几个方面加以说明。

(1) 闽台地区的清明节时间。福建多数地方是在农历清明节当日或清明节期间扫墓祭祖,农历清明节对应公历4月5日前后。例如,泉州清明节一般在公历4月5日前后,前后十天均可扫墓,称为"巡风水""上墓"。漳州清明节扫墓祭祖在农历三月初三,俗称"三月节",也称"古清明"。据说,郑成功反清复明,认为清明二字,清在明前不好,就改为三月初三祭祖。而福建的客家人有正月十六扫墓祭祖的风俗。台湾地区清明节在冬至过后的第105天,台湾漳州籍人多在农历三月初三。客家人从元宵节过后便开始扫墓,日期各家自定,直到清明节。近年,在台北、嘉义、苗栗、新竹、台南等地,不管是福建人后裔还是客家人,认为从正月十六至清明节的任何一天都可以扫墓祭祖。

(2) 清明扫墓祭祖活动的组织运作。闽台清明扫墓祭祖分为家祭和公祭。家祭就是家庭扫墓祭祖活动,公祭则是家族的多个家庭共同进行扫墓祭祖活动,因此,只有公祭需要组织运作。清明节公祭一般是祭祀家族的祖先,该家族的后裔会一起参加扫墓祭祖活动。福建省由宗亲会组织运作家族的公祭。宗亲会是父系血缘亲族组织,由同一祖先的亲族的男性成员组成。"文化大革命"时期,福建省宗亲会组织大多解散,但近年宗亲会组织大多又得以恢复,也新成立了不少宗亲会,如蔡氏宗亲会、毛氏宗亲会、阮氏宗亲会、余氏宗亲会、陈氏宗亲会、张氏宗亲会等多个姓氏的宗亲会。宗亲会管理宗族事务,主要有编纂家谱、扫墓祭祖、与国内外同姓宗亲会联络等。

(3) 闽台的坟墓形制。中国北方地区坟墓样式相对单一,以"土馒头"形为主,这与北方的平原地形有很大关系,受风水观念的影响程度相对较浅。南方坟墓形制则较为复杂多样,这些坟墓样式之间存在着复杂的共生共存关系,因其细部特征有些差异,学者相应的称谓用语也不统一,有龟壳墓、类龟壳墓、马蹄形墓、土馒头墓、半月形墓、钟形墓、椅子坟、交椅墓等说法。

---

① 赵麟斌. 闽台民俗散记 [M]. 海洋出版社,2006:286,390.

这些各不相同的坟墓形制或样式，除与南方复杂的地形地貌相关外，更与风水观念密切相关。

福建龟壳墓是脱胎于椅子墓的地方化的墓形。龟壳墓由墓圈、墓丘、墓碑、墓埕、祭台、墓手、墓庭、坍池、后土座构成，因墓丘呈凸状似龟壳形状而得名。万历三十五年（1607）工部侍郎何乔远所撰《福平山志》提及他见到的莆田尊贤里福平山林九牧墓，"予尝至其处，见九坟齐列，作龟体，莆人谓之九龟"。这是关于福建龟壳墓的较早记载。漳州市新华东路"教子桥"处所保存的宋代"萧状元墓"也属三合土铸造的龟壳墓。这个名称与龟所象征的"长寿""吉祥""永恒""灵异"相关。南方地形多丘陵，考虑到防水护坟，龟壳墓的墓后或坟圈基本上采用"上半圆"的形式，并呈缓坡式降低。清人陈盛韶所撰《问俗录》中，形象地将龟壳墓特征归结为"形若半月，后仰前俯"。从风水上说，墓圈呈偃月形状，有收来龙之气、藏风生气、牵制煞气等作用。五行之中，圆形及其变体代表"金"；镶嵌墓碑的墓埕（墓耳）和墓两边的墓手相连，则起到消砂纳水的功能。墓碑、墓耳和三重墓手合抱成"凸"字状，呈"外八字"或喇叭形伸张，高低错落有致，形似波浪起伏，代表"水"，正符合"入处为风，出处为水"的风水说法，故俗称"金水墓"。

（4）清明扫墓祭祖活动的祭拜对象。清明扫墓祭祖活动中家祭的祭拜对象是已故的家庭祖先或已故的家庭成员，而公祭的祭拜对象是家族的共同祖先，即家族远祖。近十多年来，福建清明扫墓祭祖传统再度兴盛，不少祖籍福建的台湾人会在清明节期间来福建参与扫墓祭祖活动。

还有一种公祭不是祭拜家族祖先，而是祭拜民族祖先或已故名人、烈士，例如，祭拜中华民族祖先轩辕黄帝。三月三，拜轩辕，是中华民族的传统大典。2017年3月30日（农历三月初三），台湾轩辕黄帝拜祖大典筹委会于台北市中山堂广场举办了丁酉年轩辕黄帝拜祖大典，数百人共同祭拜中华民族的人文始祖。在福建东山县，有"先祭谷公，再祭祖宗"的风俗。这是因为新中国成立之初，谷文昌赴任东山县县委书记，带领百姓植树造林、防治风沙、打水井、建水库、修公路，赢得了东山人民的崇敬和怀念。在他死后，东山人民把他的骨灰留在东山，给他建纪念碑，每年清明都自发到陵园祭拜。

(5) 清明扫墓祭祖的供品。福建建瓯清明扫墓祭祖备三牲，也就是三样荤食，可从五花肉、猪头肉、鸡、鸭、鱼、鸭蛋等荤食中任选三样，有少数人用全鸡、全鸭、全鱼。除了三牲，还有茶酒、香烛、纸钱等供品，也有用甘蔗做供品的。[①] 三明市明溪县清明扫墓祭祖备有三牲（猪肉、鸡、鱼）、糍粑、豆腐、笋块、炒面、水酒、香烛等。[②] 福州市清明祭祀神灵祖先的供品一般也有三牲、切面、豆腐、酒、香烛、纸钱。此外，菠菠粿（也称清明粿）、光饼也是清明节必备供品。菠菠粿用糯米粉包裹菠菠草、萝卜丝、豆沙，用黄皮果叶子衬底，有特殊香味。光饼是一种简单的烤制小饼，据说是抗倭名将戚继光发明的，也称"继光饼"。泉州市则除一般供品外，还有"润饼"（也称"擦饼"）、"清明馃"。在台湾，一般祭扫的仪式和祭祀品都比较简单，有供香、三牲（猪肉、鸡、鱼）或五牲（猪肉、鸡、鱼、蛋、豆腐干）、鸡蛋、面、酒、茶、糕饼、水果的，也有只供一些米糕、粿类和糕饼的；不过，修整祖墓的祭扫则祭礼隆重，供品也很丰富，有香、烛、花、三牲、酒、茶、多种蔬菜和粿类、糕饼等。

(6) 清明扫墓祭祖活动的仪式流程。清明家祭一般先在家里厅堂祖先牌位祭祀处点烛、香，摆上供品，祭拜，然后带上扫把、耙子、锄头等工具和供品去墓地扫墓祭祀。祭扫仪式流程大体相同：首先修整清理坟墓，然后拜土地神，再后祭拜祖先。祭拜完后在坟墓上用小石头压上"墓纸"，表示祭奠完毕。压纸表示此墓有后人，也可对无后人扫墓的"邻居"压一些冥钱，以示友好。压纸归来，摘一枝马尾松或其他绿树枝带回来插在祖宗牌位前，目前演变为插在门前，称为"压青"，表示这家已经扫墓了。古时的插柳习俗已不多见。例如，在三明市明溪县，先清除墓上及周围的杂草，然后点香烛、放鞭炮、洒水酒、摆上供品上祭，用白纸放在坟顶及左右，用小石头压住，接下来烧纸钱。清明家族祭祀则一般先在家族祠堂聚集祭祀，有的还为新丁上名，修编家谱。然后，家族众人一起到祖墓祭扫。在三明市泰宁县，

[①] 潘渭水. 建瓯县清明习俗考 [A]. 闽台岁时节日风俗——福建省民俗学会第二届学术研讨会论文集，1991.

[②] 吕清义. 三明市清明节习俗的调查与思考 [A]. 闽台岁时节日风俗——福建省民俗学会第二届学术研讨会论文集，1991.

在异乡生活的人都要尽量回来扫墓，开宗祠门，祭祖办宴。然后从始祖起，把所有祖坟祭扫一遍，俗称"清明寻祖"。[①] 台湾地区的清明祭扫仪式流程大致与福建省相同。清扫坟墓后，先祭拜土地神，再祭拜祖先，先供茶，然后供三牲等。洼德忠实地考察了台湾地区的清明节，介绍了其中一个家族的清明扫墓祭祖仪式。墓所清扫后，祭拜的人每人拿着香，几位年长者站在墓前，其他人随意站在旁边。本家主祭带领众人依次祭拜天公、土地神、祖先，天公和土地神拜一拜，祖先拜三拜。然后上香，接着供酒，在三个酒杯内一次斟三分之一杯酒，等香燃了约十分钟再斟三分之一杯。其间烧纸钱，烧给天公的是寿金，烧给土地神的是九金，烧给祖先的是银纸。烧纸后再次在酒杯内斟三分之一杯酒，燃放鞭炮。鞭炮响过后，把酒奠撒在燃烧将尽的纸钱灰上。祭扫结束后，把供品分发给众人带回家。这里没有提到"压纸"。实际上，在台湾地区，清明扫墓"压纸"是较为普遍的，有些地方压红纸，在新竹压红、绿、黄三种颜色的纸，在苗栗，还在墓上撒纸冥衣、蛋壳。高雄市美浓区祖籍福建的人在墓上放置蟹、虾、贝、鸡蛋的壳，甚至撒豆子、米、钱、钉子等。在台湾地区，不管是闽人后裔还是客家人，墓庭前都放置天公炉。

（三）冲绳与闽台清明节习俗的比较

冲绳的清明节习俗是福建清明节习俗的异地传承，因此，扫墓祭祖的清明节习俗得以一脉相承。虽然年深日久，特别是发生了从琉球王国到冲绳县的历史巨变，但与福建有着深厚历史渊源的冲绳地区较完整地传承了与闽台地区基本相同的清明节习俗，时至今日，作为冲绳诸岛重要的祭祀活动仍然受到岛民的高度重视。当然，清明节习俗在融入冲绳本地化的过程中，也会发生异域的流变，呈现出一些异质性。

从清明节扫墓祭祖的时间来看，冲绳和闽台地区有三种情况：大多是公历4月5日左右、部分是农历三月初三、少数是正月十六。公历4月5日左

---

① 吕清义. 三明市清明节习俗的调查与思考 [A]. 闽台岁时节日风俗——福建省民俗学会第二届学术研讨会论文集，1991.

右并不是按公历定清明节，而是农历的清明节对应的公历日期。农历三月初三，是上巳节和寒食节习俗沿袭到清明节扫墓祭祖。正月十六是客家人扫墓祭祖习俗的遗风。不同的是冲绳把正月十六称为"祖先的年节"而扫墓祭祖。

从清明扫墓祭祖的组织运作来看，两地除亲人聚首一堂祭祖外，重要的是本族的公事清明祭祀都在高度的组织化下运营，参与人员众多。冲绳地区是由门中会召集组织，闽台地区则是由宗亲会召集组织，而且都比较重视编撰家谱。

冲绳的坟墓形制有"龟甲墓""屋形墓""破风墓"三种，其中龟甲墓较为普遍。闽台地区的坟墓形制有龟壳墓、类龟壳墓、马蹄形墓、土馒头墓、半月形墓、钟形墓、椅子坟等。冲绳的"龟甲墓"和中国南方的龟壳墓基本相同，是有渊源的，而日本本土没有这样的墓制。

在冲绳和闽台，清明节的家祭都是给已故的家庭祖先或已故的家庭成员的坟墓扫墓并祭拜。在闽台，清明节的家族清明扫墓祭祖活动的公祭有两种情况，一种是祭拜家族的共同祖先，即家族远祖；另一种是祭拜民族祖先或已故名人、烈士。在冲绳，清明节的家族清明扫墓祭祖活动也有两种情况，一种称为"神御清明"，祭拜琉球王陵墓、按司墓、家族远祖，有的还祭拜神女（巫女）和特定山岳；另一种称为"村御清明"或"门中清明"，先是父系墓所的祭拜，然后是母系墓所的祭拜，晚上到安放祖辈牌位的兄长家举行清明祭祀。

在冲绳和闽台，清明扫墓祭祖的供品都有香烛、纸钱、三牲、酒等。冲绳因有浓郁的猪肉文化和食肉习惯，三牲固定为猪肉、鱼、鸡，这与日本本土祭祀喜用植物性的祭品不同；闽台的三牲可以从猪肉、鸡、鸭、鱼、鸭蛋等荤食中任选三样。另外，可用一些地方特色供品，例如福州市有"菠菠粿""光饼"，泉州市有"润饼""清明粿"，台湾地区有米糕、粿类和蔬菜、水果等。

清明扫墓祭祖活动的仪式流程大体相同，首先修整清理坟墓，然后拜土地神，最后祭拜祖先。不过，在冲绳，有的在祭拜土地神前，要祭中国的元祖墓之崇莹。在台湾地区，有的在祭拜土地神前要祭拜天公。另外，闽台都有在坟墓上"压纸"的习俗,而冲绳没有这个习俗。

琉球王国时期,"闽人三十六姓"入琉,在琉球繁衍生息,他们带去了中国文化,也是中国文化在琉球传承的主体,以至于琉球王室以及一些琉球普通百姓也深受影响,接受了中国文化。通过对冲绳清明节习俗的考察和与闽台地区清明节习俗的比较,可以看出,冲绳比较完整地沿袭了福建地区的清明节习俗。缅怀先祖、慎终追远、和睦亲族、祈祷子孙繁荣的清明节扫墓祭祖观念在已经归化为日本人的冲绳人后裔的心中仍然有着很大的分量。

(四) 结语

至唐代,清明节习俗文化已然形成,其核心是扫墓祭祖。人们之所以重视清明节扫墓祭祖,是因为源远流长的中国家族制度。在中国,家族是人们根本的社会存在方式与社会生活方式,早在周朝,就有了基于家族的宗法制度雏形,以孔子为代表的儒家将宗法制度加以完善,并由此发展出"礼文化"和"忠孝文化"。朝廷提倡"礼文化"和"忠孝文化",臣民服膺"礼文化"和"忠孝文化"。清明节就恰恰体现了这个文化,人们通过清明节的扫墓祭祖,祭祀、追念祖先,加强家族认同,激励子孙自强不息、光宗耀祖,所以现在清明节仍然是重大节日。

冲绳清明节文化可以说是中国清明节文化的海外传承,始于明代"闽人三十六姓"移民琉球王国时期,盛行于琉球王国中后期,虽然在明治政府到"二战"前的时期受到打压,但在"二战"后得到了恢复。不过,在城市化和现代个人主义思潮的冲击下,家族观念趋于淡薄,也必然使清明节习俗文化的传承出现危机。

正因为冲绳清明节文化是中国清明节文化的海外传承,所以具有以下几个特点。

第一,与祖籍地的关联性与相似性。以福州、漳州、泉州等为主的福建人移居琉球后,繁衍家族,继承了具有福建特色的清明节文化,因此冲绳的清明节习俗与福建的清明节习俗大同小异,具有高度的相似性。同时,为了寻根思源,在清明节祭祀时,也会遥祭祖籍地的祖先或者亲赴福建扫墓祭祖。

第二,清明节习俗文化的当地传播。闽人不仅把造船、航海、建筑等生产技术传播到琉球，也把汉语、儒学、宗教信仰、节庆习俗等精神文化传播到琉球，促进了琉球的文明开化，使得琉球当地人仿效学习，清明节习俗文化就是其中之一。琉球王室举行清明扫墓祭祖就是典型事例。

第三，冲绳清明节的本地特色。如果把文化的形成归纳为四个要素，包括时间、空间、人物、内容。从福建到冲绳，清明节名称不变，但是空间发生了改变，所以冲绳清明节加入了当地文化元素。例如，冲绳清明节祭拜琉球王墓、祭拜按司（琉球王国时期的当地领主）墓，还到神女（巫婆）家祭拜神女坛。祭品也与福建有所不同。

虽然冲绳清明节文化是中国文化，更具体地说是福建文化的海外传播，具有与中国福建清明节文化的相似性，甚至有寻根问祖的民族认同情结，但是，随着时间的推移、空间的变换、人物的同化，其内容也出现了不同，俨然是冲绳文化的一部分，是冲绳文化的有机组成元素，成为冲绳人的文化认同和族群认同要素。

二、广东顺德"扒龙船"与冲绳系满"爬龙船"比较研究

龙舟竞渡是我国南方具有代表性的传统民俗事象，后来传到日本，成为两国普遍重视、每年举行的民俗活动。然而，在不同的社会背景和文化特性下，龙舟竞渡在传承过程中许多形式和特性逐渐发生变化，最终形成了具有日本本土风格的活动。研究龙舟竞渡在中国和日本的异同以及造成其差异的原因，不仅有助于我们了解我国的一些民俗文化向海外传播的过程及其在不同文化传统下呈现出的不同意义和表现形式，更有助于我们研究中日两国在漫长历史中的文化交流与文化传承。对于在"一带一路"构想中如何加强交流与合作也具有一定的启发作用。

本部分从比较文化学角度出发，通过梳理相关历史材料及田野调查等方法，重点围绕广东顺德"扒龙船"和冲绳系满"爬龙船"的历史起源、发展沿革、仪式庆典、现状及前景等方面，考察两地龙舟比赛在活动目的、举办时间、信仰、形式等方面的异同，并深入分析两地这一民俗事象的历史传承与本土化过程中产生的变异现象。

(一) 中国龙舟竞渡的起源

端午节是中国的传统民俗节日，端午节的主要习俗之一就是赛龙舟，古称"龙舟竞渡"，又称扒龙船、赛龙舟等。[1] 龙舟竞渡运动风行于我国华南地区民间，历史悠久。学界对这项民间运动的起源解释繁多，如为祭祀龙王祈求风调雨顺的禳灾说、缅怀屈原的人物说、表现人们对龙王崇拜的图腾说等。

关于龙舟竞渡的人物说，南朝梁学者宗懔在《荆楚岁时记》中记载："五月五日竞渡，俗为屈原投汨罗日，人伤其死，故并命舟楫以拯之。至今竞渡是其遗俗。"[2]这段话描述了百姓悼念屈原，并以划船的方式纪念他的历史渊源。

《越地传》中认为此风俗源于越王勾践，是吴越文化逐渐融入中原文化、中华文明历史交汇的表现。闻一多在《端午考》中也解释道："书传中关于端午的记载，最早没有超过东汉，而事实上吴、越一带的开辟也是从这时开始的。因此我们可以推测，端午可能最初只是长江下游吴、越民族的风俗，自从东汉以来，吴、越地域渐被开辟，在吴、越文化与中原文化的对流中，端午这节日才渐渐传播到长江上游及北方各地。"[3]吴、越一带常以刻龙舟，文龙身表现对龙图腾的崇拜，其本质相通，都是为了祈求龙王施与恩泽。龙舟的文化传统与图腾崇拜信仰有较深的内在联系。笔者认为，至少闻一多先生关于龙舟竞渡早于屈原的说法是成立的，屈原和竞渡相关联以及定于五月五日是后来的事情。而唐代以后龙舟运动发展越发迅速，龙舟赛的热烈气氛从唐代诗人李群玉的《竞渡时在湖外偶为成章》中可窥一斑："雷奔电逝三千儿，彩舟画楫射初晖。喧江雷鼓鳞甲动，三十六龙衔浪飞。"宋元时期，华南地区各地举行了大量龙舟活动。[4]

明代也有大量对龙舟竞渡的记载。弘治《温州府志》记载："是日各乡

---

[1] 曾应枫. 龙舟竞渡：端午赛龙舟 [M]. 广东教育出版社，2013：1.
[2] 宗懔. 荆楚岁时记 [M]. 陕西人民出版社，1987：48.
[3] 闻一多. 端午考 [J]. 文学杂志，1947 (3).
[4] 常建华. 岁时节日里的中国 [M]. 中华书局，2006：140.

造龙舟竞渡叶水心,所谓一村一船遍一邦,祈年赛愿,从其俗是也。但互争胜负,至殴伤溺水者。"① 这说明当时龙舟活动十分兴盛,受到温州各地欢迎,有时甚至发生摩擦冲突或者事故。明崇祯《海澄县志》则说:"所在竞渡非惟屈原,亦以辟邪。"这说明龙舟比赛并非仅为纪念屈原,其目的还有辟邪。清代南方仍流行赛龙舟风俗,似乎由于政府干预等原因,不如明代兴盛。②

从以上所引可见,关于龙舟竞渡的起源说法不一,很难给予一个明确的定论。另外,笔者在文献检索过程中还发现,关于龙舟竞渡的起源和端午节的起源的说法几乎如出一辙。笔者推论这可能跟龙舟竞渡出现之初乃至现今很多地方的举行时间都是在端午节有关。关于龙舟竞渡的起源,笔者更倾向于带有宗教色彩的祭祀说和图腾说。从众多史实资料不难看出,我国很多地区在古代就开展了龙舟竞渡的活动。从地理分布上看,这项活动主要集中在我国的中西部地区,在南部和东部地区也有相关活动的开展。这些地区主要集中在温带、亚热带季风气候,海洋气候区,其共同特点就是雨水充足。而龙代表雨水,崇拜龙图腾寓意着先民对神灵产生的想象与诉求。由此,龙舟比赛的最初起源应该跟神灵祭祀有密切的关系。经过漫长时期的发展演化,人们对端午龙舟文化的价值有了新的认识,龙舟竞渡成为一种有益于身心健康的体育活动。

(二) 广东顺德的"扒龙船"

顺德区是佛山市下辖区之一,是佛山与广州间的交通枢纽。顺德境内水资源丰富,河流众多。干流自西北向东南汇入大海,主要水道西江干流、平洲水道、眉焦河、南沙河等的河床都较深,水路交通十分发达。悠久的文化沉淀、得天独厚的地理位置、优越的自然环境使得这一地区民俗文化历史悠久、地缘深厚。"扒龙船"作为中国古老的民俗事象在这一地域开展得风生水起,其壮观的场面、繁杂的仪式内容和深刻的寓意堪称我国国内龙舟竞渡的典范,名扬天下。

---

① 吕韶钧.试论龙舟竞渡文化的精神内涵 [J].安阳师范学院学报,2011 (5).
② 常建华.岁时节日里的中国 [M].中华书局,2006:140.

龙舟，粤语称为"龙船"。"划龙船"是书面语，也就是我们通常所说的龙舟竞渡。又因粤语中"划""扒"同音，因此，广东人之间通用"扒龙船"这一称谓。

扒龙船是顺德端午节最盛大的民族活动，其仪式流程、风俗习惯等都已自成体系。扒龙船所用的龙舟有两种，分别是"游龙"和"赛龙"。"游龙"又称"龙船"，体积较大，装饰华美，往往用于展示和旗鼓助兴。而"赛龙"又称"龙艇"，主要是作为竞速船使用。

广东有很多反映端午节扒龙船仪式习俗的民谣："初一龙船起，初二龙船忍，初三初四游各地，初五龙船比，初七初八黄竹岐，初九初十龙船打崩鼻。"[①] "龙船扒得快，今年好世界。"[②]

有调查显示，广东顺德"扒龙船"比较简化的仪式一般有六种，也有八九种或十四种以上的，但内容基本相同，最主要的仪式分为起龙、采青、招景、应景、赛龙、藏龙和散龙等几个步骤。

（1）起龙、请龙。顺德多雨，气候潮湿，木制龙船易发霉，如果保存不当，很容易腐朽，不过先人早有应对之策。首先，在龙舟用料选择方面采用了坚实的红木，这些材料密度较大，大大增加了龙舟的抗腐蚀能力。其次，还用河泥涂抹龙船以隔绝空气的腐蚀。这样制作的龙船不易腐烂，可以保存数十年甚至上百年。

"四月八，龙船到处挖"，这句民谚描述出了水乡村落起龙的盛况。龙船是当地居民的图腾信仰的象征，因此起龙仪式庄严严肃。起龙也叫请龙，必须选定良辰吉日和负责人选，吉时一到，烧香祈祷，燃烧金银纸钱，燃放鞭炮，敲鼓助威，乞求老天保佑龙舟节平安。人们会先把龙船从涌底拉出来，推入一旁的河涌进行清洗，这叫作"龙船进水"，预示所有活动都一帆风顺。

清洗完龙船后，还需要进行上色、配备装饰和乐器等工作。船上还设有代表氏族的旗帜，让人易于分辨。龙船装饰一新后，还有一系列不能颠倒顺序的仪式过程：安装龙船头、安放神斗（放在船舱中的一个木制小神龛，里

[①] 曾应枫. 龙舟竞渡：端午赛龙舟 [M]. 广东教育出版社，2013：67.
[②] 曾应枫. 龙舟竞渡：端午赛龙舟 [M]. 广东教育出版社，2013：71.

面供奉着社庙菩萨的神位)、安放罗伞、请神、安放锣鼓、安装龙船尾、祭龙头、开光、点睛，等等。

(2)采青。采青是传统的民俗活动，每个地区的采青仪式都不尽相同，有的是男青年采山花制作花篮，挂在龙头上，也有的是采青禾苗回来，拜神后分别放在龙口、龙尾。无论何种方式，都是为了表达平安和谐、风调雨顺的愿景。

(3)招景和应景。招景指主办村在端午节邀请其他村来赛龙舟和吃龙船饭。应景指收到邀请的村子前来做客，进行龙舟赛。招景主要有迎龙、敬神、吃龙船饭和回龙四个步骤。

迎龙首先是本村的"老龙王"（老资格的龙舟）迎宾。迎龙当日热闹非凡，岸上的人们会热情欢迎访客。此时村民会把一匹布、一封利市和一包龙船饼绑在青竹上，竹尾用红绳扎上一束龙眼树叶。外地龙船到了，岸上的人就大声招呼，并把青竹的一端递向河中。受者也大声答谢，船上的人点燃鞭炮，村民们侧身上前捞竹竿，并把竹竿上的礼物绑到龙船支架上，叫作"送标"；船上的人接受礼物叫"捞标"。经过"送标"和"捞标"后，来访龙船来回巡游三次，主办方邀请访客上岸吃饼喝茶。等龙船到齐了，吃过龙船饭后，本村的龙船就出动，和别村龙船一起巡游三次，其间鼓声锣声不断。

龙船巡游完毕，等到下午潮水开始退潮之时，别村的龙船才开始离开，叫回龙。来访龙船作别主办村，也至少要划三次才会离去，回龙表达对盛情款待的谢意，是一种基本的传统礼仪。

(4)赛龙夺标（龙舟竞渡）。龙舟比赛前，人们会先去祠堂祭拜，祈求好成绩。拜神吃饭后，就抬龙舟入水开始比赛。比赛大致分为放龙、竞渡、夺标三个环节。

放龙：数十上百艘龙舟一字排开，吉时一到，敲锣鸣炮，龙舟齐头并进，锣鼓声、呐喊声、水浪声混成一片，场面蔚为壮观。

竞渡：端午时河流多涨潮，水流湍急。此时的龙舟竞渡不仅是一项活动，也是对选手技术与意志的考验，选手背负的是宗族的荣耀。

夺标：龙舟比赛的终点叫龙门，最后冲刺叫做龙门夺标，这也是整个比赛最激动人心的环节。终点处有时是红色彩球，先夺到者为胜，有时是书写

"龙门"两字的彩旗,先过龙门者为胜。此时气氛热烈,比赛会在沿岸观众的呐喊助威声中结束。

(5) 吃龙舟(船)饭(宴)。龙舟赛事是顺德人一年中必不可少的重要民俗活动。在龙舟赛结束之后,人们还会举办龙舟宴,将气氛烘托得更加热烈。

龙舟宴主料有大米(黏米、糯米皆有)、虾米、鱿鱼、豆角、冬菇等。主菜是把头菜剁猪肉、白豆辣椒炒头菜粒或节瓜煮猪肉等混合起来,或把猪肉、豆角、冬菇、鱿鱼之类切粒,同米饭一起煮成一大锅,象征齐心协力。

顺德不仅有赛后慰劳选手、联络感情的龙舟宴,在赛前也会设宴款待选手。"吃过龙舟饭,饮了龙舟酒,全年身体健康无忧愁",顺德人希望沾上龙舟宴的福气,保佑家庭平安。

(6) 藏龙和散龙。龙舟活动结束后,就进入了最后的步骤,即藏龙和散龙。藏龙是选好良时,拜神祭祖后,将龙船的主体埋在地下或悬在祠堂中。散龙是把龙头、龙尾与船身分开,供奉在祠堂或社庙里,其目的是更好地保养龙船。

(三) 冲绳系满的"爬龙船"

日本冲绳的赛龙舟(日文称"爬龙船")是当地的传统民俗活动,其分布北至奄美大岛,南至八重山地区,几乎包含了整个冲绳地区。其中,位于冲绳岛南部系满地区的"爬龙船"历史最悠久也最负盛名。根据史料记载,此活动于1400年左右由中国传入冲绳,其起源有几种说法,但无论哪种说法都与中国有着很深的渊源。

1. 冲绳"爬龙船"起源概说

关于赛龙舟传入冲绳的途径或方法,比较有说服力的是18世纪琉球正史《球阳》中的三种解释。[①]

一是引自琉球王国史书《中山世谱》中的记载:中国福建的三十六姓闽

---

① 松尾恒一. 日本冲绳南方岛屿(八重山地区.西表里)的种稻仪式与赛龙舟 [J]. 王媛. 译. 文化遗产, 2012 (1).

人来访琉球,定居久米后,龙舟活动便开始向琉球传播。

二是源于《琉球国旧记·卷四·爬龙船》的记载:据传一个叫"长滨大夫"的人(姓氏未流传),奉命到中国,学习了赛龙舟,回归琉球后也仿造龙舟,并在五月初进行龙舟比赛,以后赛龙舟就成了祈求太平的仪式。

三是见于《球阳》第53条的"龙舟竞渡说":据说大约在1400年,由南山王①开始举行赛龙舟。明朝时南山王远赴南京,欣赏到了龙舟比赛,于是回国仿造龙舟,并在五月初泛舟那霸江上。当地居民对此十分感兴趣,也纷纷效仿。于是之后每逢五月初就会举行龙舟赛。

以上三个关于冲绳爬龙船的起源传说,固然存在其各自的区域特点,但毋庸置疑的是都有一个共同点,那就是均认为冲绳地区的龙舟比赛是从中国流传过去的。

关于爬龙船的目的,根据《琉球国来由记》和《球阳》的记载,也存在两种说法。一说是为了纪念屈原,在其死后的第二天即五月五日进行爬龙船比赛;另一说是为了供奉长滨大夫,在每年农历五月三日在那霸的"西海",身穿悼念死者的"白帷子"服装举行爬龙船比赛。还有学者认为东南亚的农耕民族进行祈雨的仪式中也会用到爬龙船。

如今,农历五月四日举行的爬龙船活动,其目的已经完全改变。随着时代的变迁,其原本的悼念意义或祭祀海神的意识已逐渐淡薄,各地人们以之祈求渔业、农作丰收以及航海安全,祈祷健康的意愿越来越明显。

2. 系满"爬龙船"的仪式内容

系满市位于冲绳岛最南端,毗邻那霸市。由于古代曾是南山王国的中心,至今仍然保留着散发古琉球风情的"冲绳文化王国村",盛行诸如"系满哈里"②和"系满大拔河赛"等历史感厚重的民俗活动。近年来人口增长与城市开发迅速,境内有全长约10公里的通得川从东向西穿越市区。依照

---

① 1429年由中山王尚巴志完成了三山统一,从而建立了琉球国。在此之前,北山、中山、南山的三个地区分别是由各自的王所统领的。外间守善. 沖縄の歴史と文化[M]. 中央公論新社刊, 1986: 36-37.

② "哈里"意为"爬龙",是由其形状和装饰而得名的。由于古时就用"哈里"这个名称,所以从1977年开始仍沿用此名。

"龙舟竞渡说",系满的爬龙船源于南山王仿造明朝的龙船在城下的漫湖进行比赛,经过岁月荡涤的系满爬龙船如今已经成为冲绳最具代表性的民俗活动。系满市"哈里"竞舟采用三地对抗的形式,分别在西村、中村和新岛三地进行,分为祈祷捕鱼丰收的"哈里"和分胜负的"哈里"。

系满爬龙船的最大特征在于它与其他以吸引游客为目的商业活动不同,是在尊重古代文化的基础上发展起来的独特祭典,传统韵味浓郁。这一特点从系满爬龙船的流程可以得到证明。

系满爬龙船为了突出其祭祀性质,龙舟使用过去用来捕鱼的传统小型渔船,竞赛时间也按照传统通常在农历五月初四(阳历6月上旬至中旬)举办。以1986年的系满爬龙船为例,在开幕式前一周,爬龙船执行委员会和系满渔业联合协会会长穿着上一年度龙舟冠军的服装,往左方向慢慢环绕位于城市中心最高位置、作为居民遥拜场所的山巅毛山①转3圈,随后登高至山顶敲响锣鼓。锣声响起即意味着在6天之后的农历五月初四将要进行爬龙船比赛。随着响锣仪式的结束,维持一周时间的所谓"山留"斋戒也结束了,渔民的妻子们为了祈祷自己的队伍能够在龙舟比赛中获胜,会到作为妻子们守护神的白银堂和祝女殿去祈福。同时,划船练习也将开始。

五月初四凌晨5点,选手们会举行晨拜活动。各参赛队的负责人拿着各自队伍的专用瓶子,陪同掌舵人一同去白银堂和山巅毛山去祭拜,为男人们的胜利进行祈祷和祝福。

祭拜结束后的上午八点半,神职们在山巅毛山上待命。南山祝女②和系满祝女共同进行祈祷。在山巅毛山的祈福首先朝东、南山城的方向进行朝拜,其次面向西面海之神进行朝拜,最后朝北、南方向进行祈福。祈祷内容多是

---

① 山巅毛山冲绳语为万座毛,指的是能够容纳万人的草地,也是冲绳传统的"圣域"。位于冲绳本岛西海岸恩纳村的国家自然公园海边的一座断崖之上,崖上是一片辽阔青草地,在崖上眺望,景色壮丽无比。

② 祝女是古代琉球国的琉球神道教女祭司,祝女独揽其所在地域的祭祀活动,并管理该地域的御岳。第二尚氏王朝尚真王时期则将其提升到国家层次,正式制定祝女为官方的神职,参与国家的各种仪式,负责祈求人间有好收成,为人祛病消灾,以及迎接祖先的灵魂。在祭祀中,祝女身着琉装或和服,神凭借祝女之身体而显灵,因此祝女也被称作"神人"。涌上元雄,山下欣一.冲绳·奄美的民間信仰 [M] 明玄書房,1979: 78-82.

"接下来要进行系满爬龙船比赛了,希望各方神灵赐予这三个村的年轻人以力量,保佑龙舟赛顺利进行"。其用意在于祈祷四方之神和海神赐予西村、中村、新岛三组龙舟队伍以力量,同时也邀请各方神灵前来乘坐这些龙舟一起游玩。

仪式结束之后,神人们赶紧转移到白银堂,在山巅毛山仅仅留下宣布比赛开始的德屋(房子的名字)的主人一个人。德屋由南山王任命,历代传任。比赛中除了比速度,还带着对大海的感恩以及对未来一年中航海安全的祈福的心意。竞赛项目是从岸边出发绕过海上的目标,往返竞舟。这一竞渡方式包含有某种宗教的意义,划向海上意为"从海的彼方把访问子孙世界的祖先神灵迎接回来",人人都很上心争取,看谁能最先迎来祖先。855米比赛结束,返回系满的神庙白银堂汇报结果。按照比赛的名次,在堂中围成圆形,歌唱各自村落的"爬龙船歌"来进行祭拜。

祈愿的爬龙船比赛结束后,开始上演翻覆竞舟,爬龙船决赛,中学生、青年社团、按职业划分等的团体的龙舟比赛。这场盛会最为精彩的看点就是唯有在渔夫小镇才看得到、较量船员们技巧的独门竞赛"翻覆竞舟"。在比赛途中船员们会一齐跃入海中,故意将小船翻覆让船底朝天,然后再爬回船上继续进行竞赛。而如何快速地把船内的海水淘出来,便是决定胜负的关键。即使在比赛之中,这项炫技也特别能吸引全场的欢呼声。为什么要翻船竞舟,其理由尚不清楚,但和竞渡时人身投江的做法有异曲同工之处。系满市由于渔业发达,海上事故不免发生,所以,为了避免这种不幸,出现人身投江的想法也就不足为奇了。另外,还有独特的加演节目赶鸭子比赛,是将鸭子放生到港口,游客纷纷跳入大海去追鸭子。谁都可以参赛,同时还可以享受追鸭子的乐趣。最后一场重头戏是2150米的爬龙船决赛。为此,村镇所有身材魁梧的男人们都积极参加这场激烈的比赛。比赛结束后,人们前往系满的神殿,一边祝贺一边慰劳参加比赛的队员。系满爬龙船"从祈愿开始,到祈愿结束",继承祖先留下来的传统,并将其发扬光大,这就是系满爬龙船的魅力所在。

在冲绳本岛地区,除了端午节举办声势浩大的赛龙舟,也有和赛龙舟性质不同的划船仪式,即祭祀海神仪式。

（四）广东顺德"扒龙船"与冲绳系满"爬龙船"的比较

冲绳本岛及周边的岛屿都以地区为单位举办一年一度的龙船竞渡，这其实是自中国传入后在琉球的本土化调整或者延伸的习俗。下文以在地理、文化上与冲绳最为接近，同时最能代表我国华南地区龙船竞渡的广东顺德地区为例，围绕举办时间、祖灵信仰、竞渡形式、商业化等方面探讨两地的异同，进一步揭示传承于中国南方地区的这一古老民俗在冲绳本土化过程中的文化流变。

1. 活动目的的比较

顺德乃至整个华南地区的龙舟活动，其本质上都继承了宗族崇拜的文化基因。我国古代的宗族社会十分重视龙舟竞渡及相关礼仪的文化功能。我国龙舟赛中的龙船基本是模仿龙的造型，因此龙舟竞渡是祈求雨水与大地恩惠，保佑人们平安幸福的仪式。另外，顺德"扒龙船"活动基本上是以宗族为单位展开，是宗亲内部或乡村内部联系和团结的重要纽带，在某种意义上可以说是借此重构宗族传统文化。

系满曾是古琉球国南山王朝中心所在地，有着深厚的文化沉淀。所以，与那霸的现代化气息浓郁的"爬龙船"相比，系满的"爬龙船"至今仍保留了传统气息和神秘色彩。另外，冲绳系满市素来被称为渔民之街，系满人世代居住在海边，渔民们千百年来与大海相伴，以海为生，对大海有着特殊而细腻的情愫。纵观"爬龙船"的始终，从祝女主持祈祷仪式，到迎接祖先神灵回家以及人身投江等竞渡方式，无不体现了系满人通过举办"爬龙船"仪式敬"海神"和"龙神"以祈求航海安全和渔业丰收的目的。

2. 举办时间的比较

广东顺德"扒龙船"的举办时间一般始于农历四月初，止于农历五月下旬（包括赛后的藏龙和散龙仪式），主要活动一般是从农历的五月初一到五月初十。也就是说，顺德龙舟赛前后会维持近一个月之久。

古琉球时代由于岁时节令行事完全沿袭中国，一年之中的重要民俗活动完全按照农历时间举行。受中华文化的影响，如今冲绳诸岛各地举办"爬龙船"的时间一般在五月，有的沿用农历，有的改为阳历。例如，系满、前兼久和港川等地的"爬龙船"是在农历五月四日举行,而那霸的"爬龙船"则在阳历5月3日至5日举行。

如上所述,由于系满在琉球岛三山统一之前一直是南山王所在地,与中国交流最为紧密,受中国福建文化影响最深。所以系满"爬龙船"每年举办时间与我国福建地区基本相同,完全采用农历,即在农历五月初四举行龙舟比赛。系满市中小学校会在这一天放假,目的是让孩子们充分体验这一地域传统文化。我国福建五月初四举行龙舟竞渡的原因据说是为了回避五月初五闵王的忌日,也有民间说法认为五月初五是不吉利的日子。这种观点在日本也存在。系满地区认为五月初五是溺海身亡者举行爬龙船的日子,所以不能出海,并称为"鬼爬龙船"。换言之,无论出于何种原因,遵循农历是系满"爬龙船"的特色,而继承历史传统则是系满"爬龙船"的亮点。

系满的龙舟比赛是以赛前一周山巅毛山上敲响锣鼓宣告开始,前后大概持续一周的时间,而广东顺德是从四月八日到五月十日前后大约一个月的时间。因此,在举办的时间上两地基本相同,但在持续的时间上两地存在较大的差异。

3. 龙崇拜与灵神信仰的比较

关于龙舟竞渡的起源传说,无论是中国古代的纪念人物说、送标禳灾说、龙图腾说、祭祀水神说,还是日本最初的祈求天下太平、祈祷航海安全等的传说,都是基于一定的神灵信仰和图腾崇拜而产生的。这点从两地赛前赛后一系列的祭祀活动可以得到印证。

龙舟文化实际上蕴含着深厚的宗族思想。几乎每一个顺德村庄都以社庙为核心,龙船又与社庙息息相关,代表了社群的精神寄托。村民相信龙船就是保佑自己的神龙,守护一方,是整个家族的心灵慰藉。龙舟赛的奖杯一般也都供奉在祠堂里,代表宗族的荣耀。可以说龙舟将当地社群的民间信仰有机结合在了一起。

而冲绳系满人民世代居住在海边,以捕捞为业,因此,龙船竞渡同样有祈求出海安全和渔业丰收的目的。但冲绳的龙船竞渡所祈求的对象还有一种"海神",这体现出了冲绳人的灵神信仰。在冲绳,除了端午节举行盛大的"龙舟竞渡"外,冲绳岛北部、盐屋湾和八重山、西表岛等地一般在七月至十月举行不同形式与目的的划船仪式,即祭祀海神仪式,也就是迎接大海彼岸的神灵(海神),款待之后再将其送回的仪式。例如,西表岛地区就是在八月十九日举行隆重的龙舟比赛。

而从系满祝女与神职人员举行的祈祷仪式等可以窥见系满人对山神、神灵的信仰。传统上,"爬龙船"重要的仪式要在被人们誉为圣域的白银堂与山巅毛山举行也充分说明了系满人对"山神""海神"的敬畏与崇拜。

4. 竞渡形式的比较

通过上述对顺德龙舟竞渡礼仪与系满"爬龙船"的仪式内容的考察不难发现,两地都有自己独有的一整套流程。广东顺德的扒龙船在赛前赛后都有严格的仪式,从起龙、采青、招景、应景、赛龙、藏龙和散龙,到最后的龙舟饭(宴),几乎都是全村参加、全民参与的一项盛事,村民们把这一赛事当作头等大事来看待。

系满的"爬龙船"从策划到实施也有一套完善的实施计划与步骤,在实施的计划性和严密性上两地有诸多共同点。与顺德大众的高参与度相比,系满的"爬龙船"基本上以神职人员和负责人、选手们作为绝对主角,大众的参与度没有顺德高,参与面略狭窄。与顺德的以男性为主角相比,系满的"爬龙船"由在世界上都被视为独特的女神职人员主持整个祈祷仪式。这种思想源于冲绳古老的的姊妹神信仰。冲绳每年都会举行多次祭奠仪式。祝女作为高级祭司掌管国家和村落重大的祭祀活动,巫女作为一般的通灵人则管理占卜,主要负责民间的祛病与除灾,用巫术治病。祭司和巫师只能由女性担任,男性禁止参与。在早期,地方的祝女主要由控制该地域的按司的姐妹或妻子出任,久而久之,便产生了姊妹神信仰。随着中琉朝贡、册封体制的建立,我国的妈祖信仰随之传入琉球,与姊妹神相融合,进一步巩固了女性在琉球的优越地位。

此外,在竞渡形式上,系满的翻覆竞渡过程既展示了选手们精湛的驾船技巧,也有很好的观赏娱乐功能,堪称整个比赛的高潮。这一环节很好地体现了千百年来以海为生的系满人独特的驾船技术,别无二例。在顺德的龙舟赛中也曾存在翻覆竞渡,不过不是作为比赛项目,而是作为一项观赏性的娱乐节目来进行的,在挑战性和娱乐性方面还是存在一些差距。

5. 知名度与商业化的比较

无论是顺德的"扒龙船"还是系满的"爬龙船",作为古老的民俗活动能够延续至今,得益于这一民俗浓郁的文化内涵和旺盛的生命力。堪称我国龙舟界之典范的顺德龙舟不仅脱胎于本地浓厚的龙舟文化,更得益于竞技体育的发扬光大,顺德龙舟队在世界各地的比赛中屡获佳绩。而系满的"爬龙船"也是冲绳地区一年一度民俗节日活动的重头戏,富有宗教色彩的娱神仪式与饱含竞技精神的热烈场面深受冲绳人和世界各地游客的喜爱。顺德的"扒龙船"和系满的"爬龙船"都有很高的知名度,都不同程度地被指定为文化遗产。

系满方面,2012年正式将涉及系满"爬龙船"的渡船活动与相关仪式等指定为系满市非物质文化遗产。1998年座波、贺数的神龛被指定为物质文化遗产,2009年真荣里的拔河、米须的太鼓舞分别被指定为非物质文化遗产,爬龙船是系满被指定的第四项文化遗产。中国方面,2011年5月将龙船竞渡指定为第三批国家非物质文化遗产,现已将佛山市与其他数座城市的龙船竞渡申报世界非物质文化遗产。此外,偏向竞技的中国的龙船竞渡参加了许多国际比赛,以广东顺德为代表,取得了多次中国及世界性的龙船竞渡比赛冠军,通过比赛将龙船竞渡的魅力传遍了整个世界。

随着时代的变迁,龙船竞渡的旅游观光化倾向日渐明显。这一点,作为国际旅游名城的冲绳尤为突出,每年系满相关部门都会通过报纸、旅游主页、电视广告、社会性网络服务等方式吸引游客,同时为到场游客提供直达会场的免费班车,会场也设有观众席。这使得系满平日里能聚集近3万人的游客,多的时候达到近4万人。

综上所述,龙舟竞渡从中国流传到冲绳之后,在不同的宗教信仰、民族历史与民族文化的背景下,产生了一定的变化。广东顺德乃至整个中国华南地区的"扒龙船",继承了宗族崇拜的文化基因,某种意义上可以说是重构宗族传统文化的一种手段,将当地社群的民间信仰有机结合在了一起。而系满的"爬龙船",更多体现出对"海神"和"龙神"的敬仰,寄托了人们祈求航海安全和渔业丰收的愿望。从龙船竞渡的举办时间来看,顺德的龙舟赛持续近一个月之久,而系满方面则只有大概一周。另外,两地都存在神灵信仰或图腾崇拜的因素。顺德人民相信龙船就是保佑自己的神龙，这反映出图腾信仰的影响，而系满人民更多的是对"山神"和"海神"的敬畏和崇拜。顺德的"扒龙船"赛前赛后都有严格神圣的仪式内容，以男性为主角，女性只负责赛前赛后龙舟宴的事宜。大众参与度高，是整个宗族的大事。系满的"爬龙船"在姐妹神信仰的影响下，基本上以祝女等神职人员和负责人、选手们作为绝对主角，参与面狭窄。顺德的"扒龙船"和系满的"爬龙船"都有很高的知名度，都不同程度地被指定为非物质文化遗产。可以肯定地说，两地龙舟竞渡一脉相承，过多的相似性体现了两地这一民俗事象的内部关联，一定的变容也符合文化在异域流变的普遍规律。任何异域文化的流入都必须经过本土化的过程，与本土进行融合、重组而以一种新的形式出现，这也是民俗文化发展的一般规律。民俗具有变异性特征，一般包括形式上变异、性质上变异、消亡三种形式。很显然，起源于我国的"龙舟节"虽然在冲绳显现出一些不同，但仅仅是形式上的一些变化，其祈祷航海安全、渔业丰收这一自古传承下来的文化内涵并没有改变。

（五）龙舟文化的发展前景

龙舟文化起源于我国，并一直向域外传播，直至出现国际化趋势。随着各种国际性赛事的举办，龙舟文化正不断向世界展示传统民间运动的魅力。如今龙舟运动已遍及世界，树立了良好的国际形象。今天，以弘扬爱国主义为宗旨的龙舟竞渡活动更加丰富多彩，并进而发展成为我国各族人民都喜爱的体育竞赛活动之一，不断激励人们发扬集体主义精神，拼搏向上，奋发前进。

此外，龙舟活动具有广阔的市场前景，可以推动文化产业发展，所以，举办龙舟节也是市场经济发展的内在要求。如上文所述，2011年，龙船竞渡被我国认定为第三批国家非物质文化遗产。2012年，系满"爬龙船"的渡船活动与相关仪式等指定为系满市非物质文化遗产。我国对非物质文化遗产主要以传承和保护为主，日本则是为了未来的文化建设而对其进行保护。然而，随着时代的变迁、社会经济的发展，非物质文化遗产被历史赋予的文化厚重感在不断被淡化，取而代之的是旅游观光化倾向日渐明显。我国在面向现代化建设的进程中，不应该仅仅为了保持而传承和保护，而是须把传统精髓与现代化建设相结合，使两者和谐共生，才能为我国以后的文化建设和经济建设提供良好的发展条件。同时，龙舟风俗作为中华传统的民俗文化，是中国流传最久、地域最广的集体民间体育项目。中华民族对龙舟风俗抱有共同的理念、信仰和文化认同，深入研究中国龙舟风俗内涵对提升民族文化自信、增强民族自信心有重要作用。然而，任何事物都有两面性，龙舟文化的发展也面临着一些问题。首先，保留着"扒龙船"习俗的村里大多数的人，有的虽然按部就班地做着一系列赛龙舟的仪式，却少有人明白其中的缘由。其次，赛手都以青壮年为主，但近几年来有些地区的龙舟上的艄公呈现中（老）年化倾向。最后，水质恶化也在影响这一运动的发展。如何趋利避害，为这一传统文化的弘扬和发展提供更有利的条件和保障将成为今后一个重要的研究课题。

三、福建闽南"鬼节"与冲绳"盂兰盆节"比较研究

我国福建与冲绳经贸人文交往历史悠久，两地民俗文化有诸多相似之处。福建泉州农历七月举行的"鬼节"是闽南地区重要的民俗活动，而日本南部的冲绳亦在同样的时间举行"盂兰盆节"祭奠祖先。福建闽南"鬼节"与冲绳"盂兰盆节"虽然有着深厚的历史渊源，但随着时间的流逝，其祭祀性质、祭祀内容等诸多细节呈现出了同中有异、异中有同的现象。

（一）福建闽南"鬼节"的由来

农历七月十五日是中国传统意义上的中元节，是民间祭祀祖先的重要节日。1934年《上林县志》载："'中元'，祀先报本，极尽诚孝，比户皆然，一年大节无以过此，'元旦''除夕'不能及也。"[1] 因节日期间的活动多与孤魂野鬼有关，故民间俗称"鬼节"，也称"祭孤""七月半""阴节""盂兰盆节"。

明清时代的盂兰盆会风俗盛于南方，又以福建尤甚。在福建鬼魂崇拜的

---

[1] 丁世良，赵放. 中国地方志民俗资料汇编（中南卷）[M]. 国家图书馆出版社，1991：895.

习俗中，比较典型的当属敬祭亡魂的"普度"。"普度"是闽南地区特有的一种民俗文化事象，最早可追溯到唐、宋时期，它是糅合了农历七月十五道教中元节及佛教盂兰盆会而形成的民俗节日。

1. 儒家的祖灵信仰与祭祀

中华民族是礼仪之邦，自古以来就非常重视对祖先的祭奠追思。儒家文化认为"万物本乎天，人本乎祖，此所以配上帝也。郊之祭也，大报本反始也"。可见祖灵的信仰与祭祀在古代中国有着极其重要的地位，是古代宗教生活的两大要务。中国儒家的观念中，"忠、孝"是最重要的美德，即使对已经去世的先人，也要像他们依然活着时那样尊敬、供奉、祭祀。对于庶民百姓，祭祀尤为重要，人们相信其祖先具有神奇超凡的威力，会庇佑后代族人并与之沟通互感。因此，在民众生活中祭祖活动频繁举行，除了每月朔（农历初一）、望（农历十五）两次的日常祭拜外，在年度周期的几个时间节点上都要举行程度各异的祭祖活动。《春秋繁露·四祭》云："古者岁四祭，四祭者，因时之生熟，而祭其祖先父母也。春曰祠，夏曰礿，秋曰尝，冬曰蒸，此言不失其时，以奉祀祖先也。"[①] 可见七月十五在古时为"秋尝"，四时之享是夏商周三代唯一不变的宗教制度与礼制，有着深厚的民俗基础和悠久的传承历史。

中元节就是在上古秋祭习俗的基础上发展而来的。古老的"秋尝"节俗在南朝梁时因佛教的融入而面目一新，并且因此确定了七月十五日在中国节日中的特殊地位以及祀先、祭祖尝新是民间"七月半"的基本内容。无论是宫廷贵族还是庶民百姓，七月半都是祭祀祖先亡灵的时日。在中国，"清明节、七月半、寒衣节"三位一体，合称中国民间三大鬼节，"清明节"在北方较为盛行，而南方更重视"七月半"。

2. 道家的中元节

作为中国三大鬼节之一的"中元节"，既是佛教的节日，也是道教的节日，与佛道二教的文化影响有着密切的关联。

"中元"之名源于北魏，是道教的说法。道教信仰三官大帝，即赐福天官

---

① 萧放.《荆楚岁时记》研究[M]. 北京师范大学出版社，2000：188.

大帝、赦罪地官大帝及解厄水官大帝，分别以农历正月十五、七月十五、十月十五为诞辰，合称"三元"。《五杂俎》记载："道经以正月十五为上元、七月十五为中元、十月十五为下元。"《修行记》说："七月中元日，地官降下，定人间罪恶，道士于是日夜诵经，饿节囚徒亦得解脱。"① 民间信仰认为，阴间是由地官大帝管辖的，每年的农历十五为地官大帝的生日，要打开阴曹地府的大门，地狱的鬼魂会从地狱来到人间，所以，民间有"七月半，鬼乱窜"的谣谚。有主的亡灵回家接受子孙的祭拜，无主的孤魂到处游荡，徘徊在人迹可到达的任何地方，所以人们纷纷在七月里以咏经作法来举行"普度"，供奉食品及焚烧冥纸安抚那些无主孤魂，防其流浪为害，又或祈求鬼神保佑家人平安，从而形成了以七月十五祭祀亡灵为主题的中元节，也称"鬼节"。

众所周知，南北朝时期佛教大为流行。南朝梁武帝鼎力提倡佛教，定佛教为"国教"。随着佛教的发展，三元作为系统化的民俗节日在唐朝因玄宗的高度重视得以发展，并逐渐进入民间。到了宋代，与鬼神相关的中元祭祀活动十分普遍，已成为民俗的重要部分，规模有增无减。正如南宋陆游《老学庵笔记》所云："古都残暑，不过七月中旬，俗以望月具素馔享先……今人以是日祀祖，通行南北。"②到了清代，对七月十五中元节的祭祀活动更为重视，尤胜清明。《帝京岁时纪胜》描述北京"庵观寺院设盂兰盆会，街巷搭苫高台、鬼王棚座，看演经文，施放焰口，以济孤魂……"③

3. 佛教的"盂兰盆节"

农历七月十五日也是佛教的重要节日，称"佛腊日""佛欢喜日"，或称"僧自恣日"，也称"盂兰盆节"或"盂兰盆斋""盂兰盆会""盂兰盆供"。④ 盂兰盆之名源于佛教经典《盂兰盆经》，意为"解救倒悬"。据南朝梁人宗懔《荆楚岁时记》引《盂兰盆经》记载：目连看到亡母处在恶鬼中，以钵盛饭送给母亲吃，但食未入口就变成了木炭，母亲未能得食。目连大叫，跑回来禀告佛主。释迦说：你母亲的罪重，不是你一人所能解救的，需要十

---

① 高天星. 中国节日民俗文化 [M]. 中原农民出版社，2008：186.
② 李露露. 中国节 [M]. 福建人民出版社，2005：146.
③ 常建华. 岁时节里的中国 [M]. 中华书局，2006：165.
④ 钟敬文. 中国民俗史（隋唐卷）[M]. 人民出版社，2008：244.

方众僧威神之力，到七月十五日那天，你当为七代父母准备百味五果于盘中，供奉十方高僧，可使母亲解脱。目连一切照办，其母亲才得以被解救出地狱。目连禀报佛祖说，凡弟子孝顺者，可设盂兰盆供养十方高僧大德。此后，佛教徒据此兴起了盂兰盆会，以追思祖先，祭祀孤魂。①

盂兰盆节历史悠久，最早可以追溯到南北朝时期。北齐颜之推《颜氏家训·终制》云：若报罔极之德、霜露之悲、有时斋供、及七月半盂兰盆，望于汝也。②南朝梁时宗懔撰写的《荆楚岁时记》记载："七月十五日，僧尼道俗悉营盆供诸佛。按：《盂兰盆经》云：有七叶功德，并幡花歌鼓果食送之。盖由此也。"③由此可见，南朝梁时从僧尼到民间信徒在农历七月十五这一天做盂兰盆会已相当普遍，佛教的思想同祖先崇拜和孝道结合，使盂兰盆节活动深入民间，并逐步扩展到普度众生，祭祀孤魂野鬼。

古代福建闽南地理位置偏僻边远，生产力低下，气候复杂多变，自然灾害多发。面对无力抵御的自然灾害和无法解释的自然现象时，人民往往寄希望于超自然的神灵。福建鬼神崇拜的传统由来已久，这一点从众多史料中可见一斑。《重纂福建通志》中记载："照得闽人好鬼，习俗相沿，而淫祀惑众……"④源于中原地区的"中元普度"如今很少有人提起，而在闽南却久盛不衰，其原因在于以安抚孤魂野鬼为目的的"中元普度"习俗正好与福建本土悠久的鬼魂崇拜的传统相互融合、相互渗透。

（二）冲绳"盂兰盆节"的历史渊源

1. 日本本土中元节的历史渊源

中元节在日本一般称为"盂兰盆节"，也称"魂祭""灯笼节""佛教万灵会"。据史料记载，中元节于公元7世纪中叶出现于日本。"中元"祭祖习俗在"大化改新"（645）前夕传入日本。据日本最古老的史书《日本书纪》记载，推古天皇十四年（606）"自是年初，每寺四月八日、七月十五日设

---

① 李露露. 中国结[M]. 福建人民出版社，2005：148.
② 高天星. 中国节日民俗文化[M]. 中原农民出版社，2008：186.
③ 宗懔. 荆楚岁时记[M]. 中华书局，1991：13.
④ 孙尔准，陈寿祺. 重纂福建通志：卷五十五《风俗志》道光版[M]. 凤凰出版社，2011.

斋",这之后,齐明天皇三年(657)"在飞鸟寺西做须弥山之像,且设盂兰盆会",才有了真正意义上的祭祀活动——盂兰盆会。

平安时代之前,盂兰盆会主要在宫廷贵族等上层社会及周边的寺院进行,而到了镰仓时代,其传播范围不断扩大,武士阶层中兴起以供奉祖先为主要内容的"家盆",民间"陆斋""施饿鬼""火字""灯会"等活动也相伴举行。《日本风俗》卷七记载:"七月十五中元,为荷叶饭,谓之盆节。十五十六两日陆斋,具百味,谓之施饿鬼。十六日夕燃火字灯。"[1] 室町时期,由于战乱不断,各地寺院遭到不同程度的破坏,寺院的盂兰盆会呈衰败趋势。到了江户时代,日本社会稳定、经济繁荣,盂兰盆会的习俗也得到了巩固与发展,庶民阶层设立佛坛及举办盂兰盆节仪式都极为普遍。可以说,当今日本社会的盂兰盆会无论是形式还是内容基本上是江户时代的延续。

2. 冲绳"盂兰盆节"的历史渊源

中琉两国的政治互动与贸易往来带动了物质与文化的交流,琉球王国的历代尚氏国王都将中国的社会文化体系视为国策范本,岁时节令行事礼仪无不来自中国,传入就成定制。琉球国中元节主要以祭祀祖先活动为主,亦称为"盂兰盆""盆祭"。如今,中元节已成为冲绳最重要的祭祖节日,其与从中国流入的儒家的祭祀父母祖先、佛教的盂兰盆会施舍饿鬼、道教的中元节祭祀亡者灵魂习俗有着一脉相承的关系。

明清时期,佛教在中国得到大力推崇,同样为深受中国文化影响的琉球所信奉。相传,琉球王国尚宁王(1603)时,净土宗僧袋中滞留此岛三年间一直进行净土宗的传教活动,并著有《琉球神道记》一书,所以,在琉球皇族及贵族中越来越多的人开始念佛。以盆施僧、超度前世父母为目的的"盂兰盆节"自然得到琉球王国的普遍重视与推广。中国的儒教以《四书》《五经》为经典,以祭天、祭地、祭祖为宗教仪式,其核心内容"忠、孝"体现在对祖灵的信仰与祭奠上,在历代君王的推崇下,儒教在琉球得以广泛传播,其对琉球人思想道德规范的形成发挥了重要的作用。与此同时,在中国唐宋时期发展至高峰的道教于明朝初期也传入琉球,并随着"闽人三十六姓"的

---

[1] 郑土有. 中日民间目连故事及目连文化比较[J]. 江西社会科学, 2007 (2).

迁徙得到了普及与生活化。这一观点在琉球研究鼻祖伊波普猷所著的《孤岛苦之琉球》中也有记载："冲绳道教思想浓厚，实因三十六姓华裔移民而起。"不仅如此，琉球王室也不断派使节到中国学习道家文化。在中琉交流的初期，琉球最先接受的就是中国的历法，琉球国所用的年历都由明王朝统一颁发，琉球逐一吸纳、遵照执行。由于路途遥远，颁发年历经常受阻，于是，在正统元年（1436）改由福建布政司给予，福建的岁时节庆随之进入琉球并得到广泛的传播。琉球国对时令节序的划分在清代得到了不断完善与细化，逐渐形成了较为完善的体系。《琉球国由来记》就详细记载了琉球国一年的节令行事："五月：端午节（五月节供）、御祈念、稻穗祭、迎接敕书、大世闭开；六月：稻大祭、年浴、圣诞；七月：七夕行幸、施饿鬼、先王先妃忌日、先王先妃年忌。"除岁时时令，琉球人还按照农时变化，仿效中国编辑了详细的月令。在康熙五十八年（1719）册封副使徐葆光所著的《中山传信录》中就有对琉球各月月令的详细记载。

综观琉球的年中行事，最重要的元旦、清明节、端午节、中元节、重阳节等节日无一例外承袭了中华传统节日。琉球人对以祭祖为主旨的清明节和中元节重视的程度绝不逊于中国。朝鲜《李朝实录》曾记载济州岛人金非衣、姜茂、李正等三人还自琉球详叙所见，有云："七月十五日，诸寺刹造幢盖，或用彩带，或用彩绘。其上做人及鸟兽之送于王宫。居民选男子少壮者，或着黄金假面，吹笛打鼓诸王宫，笛如我国小管，鼓样亦与我国同。其夜大设杂戏，国王临观。故男女往观者填街溢巷，驮载财物，诸宫者亦多。"

（三）福建闽南"鬼节"与冲绳"盂兰盆节"的仪式内容

1. 福建闽南"鬼节"的仪式内容

福建闽南民间七月称为"鬼节"，相传农历七月初一午夜时起，冥府鬼门要打开地狱门，放出孤魂野鬼到人间讨吃讨喝，一直到七月三十才关地狱门，孤魂野鬼吃饱喝足后再关入冥府。因此，各街道里巷以及农村从七月初一到三十都要轮流做"普度"，敬祭亡魂。乾隆《泉州府志》卷二十记载："中元祀先，寺院作盂兰会，俗名普度。南国风俗，中元是夜家户各具斋供，罗于门外或垌衢，祝祀伤亡野鬼。"虽然各地都有大大小小规模不一的普度，但七月十五日中元节举行的普度是公认的规模最大、范围最广、仪式最为隆重的普度。正如民国《云霄厅志》卷三《岁时》记载的那样："七月半作盂兰盆会，延僧设施祀无祀之鬼。夜以竹竿燃灯天际，联缀数枝，如滴如坠，望之若星，谓之作中元，浦人谓之普度。"[1]

普度又称"普渡"，源于佛教"慈航普渡"，即普遍超度无祀孤魂。普度与中元节、盂兰盆节是不同的，但由于所祭祀的对象主要是孤魂野鬼，而且时间都是在七月，仪式也很相似，因此，闽南民间把三者合一，统称"中元普度"。普度是闽南特有的一种文化现象，其热闹程度仅次于春节，且节庆的时间之长、交际之广、花费之多令人咋舌。

闽南地区的普度一般分为"公普"与"私普"。"公普"是中元祭，是各村落团体以所在的寺庙为中心，由本地的富豪或寺庙主事者担任主祭人举办的隆重祭奠，也叫"庙普"。"私普"一般是个人或单一家庭举办祭祀活动。以"公普"为例，各寺庙在庙前竖起高达数丈的写有中元敬语的"灯篙"及圆形灯笼，用以召集孤魂前来聚集。普度当日，竖起由纸糊成的七层或九层不等的一尊大师佛祖的竖幡，俗称"立幡普度"。同时，在庙前设祭坛，坛中央悬挂写有"盂兰盆会"或"三官大帝像"，前方置上下两层的神桌，摆放上神像、香炉等祭奠所用之物以祛邪纳福。坛前也放置数丈的长桌，用于摆放诸如古董、碗厨灯炉等供品。庙内前殿设坛摆放佛像，供僧道咏经释忏，普度孤魂野鬼。庙前设"孤棚"以供置"孤饭"及由各户提供丰盛的鸡鸭鱼肉、糖饼水果，甚至全猪等祭品，祭品盛于竹器内，称为"孤盏"，满足那些平时无人祭祀的孤魂野鬼。供物上插有三角旗，上书"普照阳光""敬奉阴光"等。孤棚中央竖立高达丈余的竹竿，杆头系以金牌，有三角大红旗三面。"庙普"当日，闽南许多地方有"抢孤"的风俗。普度仪式结束后，以锣鼓或焰火为号，众人抢夺孤棚上的祭品。只要抢孤者能"比饿鬼还凶"，能让鬼魂畏惧，就能保得一年平安。年轻力壮者还会抢夺台上红旗。据说，此旗有护航奇效，能卖得好价钱，获胜者也会有一年好福气。夜间"以竹竿燃灯极高，联缀如星"，给"好兄弟"行路照明。这一月中，乡村里

---

[1] 方宝璋．闽台民俗研究［M］．人民出版社，2013：171．

社一片光明。

普度前夜举行的"放水灯"也是闽南普度活动中的重头戏,场面十分壮观。在临近江河湖海的地方中元节都有"放河灯"的习俗,也称"水普"。其壮观场面从南宋吴自牧《梦粱录》卷四《解制日》的记载中可见一斑:"七月十五日……后殿赐钱,出差内侍龙山放江灯万盏。"[1] 放江灯的寓意源于佛教"慈航普渡",目的是"渡出冥孤之魂",也是一种驱鬼活动。它以斋孤、普度的形式使孤鬼野鬼有一种安慰,以免留在人间扰乱活人。泉州凡溪滨铺境都做"水普"来祭祀海上遇难的孤魂,规模大小不一。南门新桥的观音渡头,每年都做规模颇大的"水醮"(水陆道场),远近民众皆到此"赞筵",添祀供品,送给水鬼穿的纸衫纸裤挂满江浒。"水醮"前后五天,都由道士举行宗教仪式,超度水中亡魂。

闽南普度的另一个重要仪式是十五日的"中元节"祭祖,这天民间又称"七月半"或"鬼节"。相传这一天不仅孤魂野鬼,自家祖灵也会回家过节,需要格外孝敬。民间流行"月半不回无祖"的说法,意为七月十五日这一天,无论外出的人身在何处都要赶回家祭祖,否则便视为不孝。祭奠祖先有两个内容:一是在家中或祠堂内祭祀,称为家祭;二是墓祭,即赴墓地祭祀已故的先人。中元祭祖一般在正午前祭祀,通常会置办丰盛菜肴,如三牲或五牲、菜碗、果品、茶酒等。中午时在厅堂中祭祀神灵、土地、地基主与列祖列宗,并烧金银纸钱给祖先。傍晚时再在住宅大门口摆上一席,孝敬祖先之外的孤魂野鬼,并烧些银纸、冥钞与经衣或服纸等,使孤魂们不空手而回。

泉州地区中元普度最具特色的文化现象当属"吃普度",此环节也是普度全过程的一个高峰。由于轮流做普度,整个旧历七月的泉州,几乎每天都有几个角落做普度,无论哪个角落,祭祀仪式结束后,晚上都要广邀亲朋好友聚餐。对于"吃普度",有人认为是为了显示自己的实力与排场,也有人认为怕普度公吃完祭品不想走,宴请宾客是为了壮胆吓走普度公。新中国成立后,受破除迷信、崇尚科学的影响,闽南七月祭祀鬼神习俗的奢靡程度已大大降低。

---

[1] 王作楫. 说年道节 [M]. 中国旅游出版社, 2011: 211.

2. 冲绳"盂兰盆节"的仪式内容

（1）日本本土"盂兰盆节"的仪式内容。日本人相信在每年的盂兰盆节期间，祖先的灵魂会回到这个世界拜访他们的亲人。盂兰盆节发展到今天已成为仅次于新年的日本第二大传统节日，于每年的七月中旬至八月中旬举行。日本各地进行的盂兰盆节仪式也加入了各地的风俗习惯，虽因宗派不同有所差异，但都是为了迎接祖先魂灵归来。在此期间，寺庙、家庭都设魂龛、点燃迎魂火和送魂火，成为祭奠祖先、祈求冥福特有的活动。日本本土大部分地域在阳历的八月十三日傍晚，在佛坛或灵棚前挂上盆提灯，在大门口点燃迎魂火的麻秆儿，迎接祖先灵魂回归，与家人一起生活四天，十六日将先祖的灵魂托付与"水灯"并置于附近的河面上，送祖先的灵魂回归阴间。节日期间，也有的家庭在佛坛或精灵棚供奉"精灵马"或"精灵牛"，用牙签或竹子当四肢插在黄瓜和茄子上比拟为牛、马。"精灵马"因为速度快用于迎接祖先回家，而"精灵牛"速度相对慢些用于送祖先回去，其背后蕴含着日本人希望祖先早点回家、晚些回去的美好寓意。

除此之外，亦会表演盂兰盆舞蹈（盆舞或艾萨舞）、拜祭坟墓并且在家中祭坛和寺庙里供奉食物，不同地区的风俗差异较大。盂兰盆节在日本原是祭拜祖先、祈求冥福的日子。如今，除了扫墓、祭奠先祖外，已成为日本观光、休闲、娱乐、合家团聚的节日。每逢此节日，日本的公司、学校一般都放假一周左右，称为"盆休"。

（2）冲绳"盂兰盆节"的仪式内容。"盂兰盆"作为冲绳最重要的祭祖活动，一般在农历七月十五前后举行，称为"旧盆"（"旧历盂兰盆"的简称）。冲绳诸岛祭祖的时间因地域差异而略有不同，但大部分地区是从农历七月十三到十五。冲绳本岛南部有到十六日的（渡嘉敷区），也有到十七日的（宫古岛），更有舍去十三日和十六日只保留了十四日和十五日的地区（阿波连区）。[①] 仪式内容和活动方式也因地而异，基本上由七月七日扫墓、搭建精灵棚，七月十三日傍晚迎接祖灵回家，十三日至十五日三天供奉祖灵，十六日傍晚送祖灵回阴间等组成。"旧盆"期间，冲绳本岛与八重山地区都

---

① 崎原恒新，山下欣一．沖縄・奄美の歳時習俗［M］．名玄書房，1975：81．

会举行大型的"艾萨舞"与"安格玛舞"表演与先祖同娱同乐。

①七夕扫墓。与日本本土不同，冲绳的"盂兰盆"从农历的七月七日（七夕）的扫墓和搭建精灵棚就开始了。在冲绳，农历七月初的盂兰盆节集市，大街小巷充斥着祭祖物品打折促销的广告，从黑砂糖、牛蒡、水果到铁扫帚、观音莲的叶子以及中元节的礼盒应有尽有。冲绳人认为七夕当天是吉日，只有这一天不用特意挑选日子，直接可以修缮墓地、移坟或开墓为死者洗骨，甚至由于某些原因没有办法进行三周年和七周年祭的人家基本会选择在这一天补办。据说，祖先的灵魂从往生的世界到这个世界需要七天的时间，七夕这天正是祖灵出发的日子。所以，冲绳诸岛大部分地域都会在七夕的清晨去先祖的墓地除草，清洁墓地，供奉鲜花、茶、酒，并上香，告诉祖灵盂兰盆节要来临了，呼唤祖灵做好回家的准备。同时各家要打扫家里的神龛，准备供品，晚上搭建精灵棚竖起幡，为盂兰盆节做准备。在喜界岛等地，人们从十日就开始打扫屋内屋外。如果家有新去世者，迎来第一个盂兰盆节的家庭还要清理通往墓地路上的杂草和杂树。①

②迎祖灵（迎盆）。旧历七月十三日是冲绳人迎接祖灵回家的日子。十三日傍晚，各家的男主人要带领全家人在大门的玄关处悬挂盆提灯，点燃蜡烛，照亮祖灵回家的路。同时，主人点燃 15 根香与家里人一道面向外边双手合十，嘴里叨念自家的住所和姓氏向祖灵打招呼并迎接祖灵回家。家里的佛坛一般为三层，分别装饰插花（一般常用欧卫矛或罗汉松等），悬挂盆提灯，供奉香与蜡烛、茶酒。佛坛的两侧还要供奉六种或七种由水果和青菜、大米等组成的供品（西瓜、菠萝、甘蔗、龙眼或葡萄、橘子、生姜、香蕉、江米团子、芋头、面粉、大米等）。甘蔗有特别的要求，要选择长度有七节的两根，分别放在佛坛的左右两侧，一根寓意送祖灵的时候让先祖用作拐杖去往生世界，另一根则寓意祖先带到那个世界继续享用的供品。这天晚上，家家要用由胡萝卜、猪肉、海带、生姜、葱等七种食材做成的大杂烩和用百合、萝卜做的醋拌凉菜供奉祖先，然后与先祖一起享用。七日竖起七夕精灵幡的家庭要在十三日早上拆下精灵棚，放到海里或河里让其随波流去。这是因为

---

① 崎原恒新，山下欣一. 沖繩·奄美の歲時習俗[M]. 名玄書房，1975：200-201.

冲绳人认为七夕精灵幡会吓到从往生世界归来的祖先。

冲绳岛屿众多，风俗各异。在龙美本岛，七月十三日这一天要在院子里搭建由铁树叶子围起来的水棚，棚子里敬上香火，供奉水、饭团等。传说海上遇难的人或非正常死亡的人以及没有亲属祭奠的人的魂灵会到处流浪，所以搭建水棚供养他们。在大岛本部或德之岛，除了按先祖牌位的数量供奉相应的供品，还要另外准备一份"舍膳"，用于招待那些死后没有正式下葬、灵魂四处飘荡的家佣们的魂灵。传说祖灵喜欢昏暗的地方，害怕有动物的画，所以会取下家里画有老虎等动物的轴画，以避免祖灵受到惊吓，在祭祖的三天内都不能大声喧哗。[1]

③供养祖灵（中盆）。七月十三日迎接回家的祖灵在家逗留到十五日，各家在此期间都要精心准备三餐供养祖灵。大部分家庭的早餐是大酱汤、菜肉焖饭（鱼、肉、蔬菜与大米一起煮的饭）、凉拌黄瓜，午餐一般是冷面、江米团，晚餐是米饭、清汤（菜和鱼肉做的）、凉拌菜和干烧菜（猪肉与豆腐、萝卜、海带一起煮的寓意较好的食物）。供奉食物给先祖的时候一定要焚香陪伴。冲绳祭拜用的线香与日本本土不同，是由六根黑色的香粘连成一板，黑烟浓郁的比较畅销，目的是营造云雾缭绕的祭祖气氛。中盆这一天除了精心准备食物供养祖灵外，对冲绳人来讲，也是一年一度中元送礼答谢的日子。这一天，各家的男人们都比较繁忙，要带上礼物到有血缘关系的本家或到母亲的娘家拜访，在佛坛处上香祷告，家里长男的媳妇也可以回家小憩片刻。日本本土一般委托快递传送中元礼物，而冲绳却流行将中元礼物亲手交给亲戚或朋友。

④送祖灵（送盆）。七月十五日是"旧盆"的最后一天，也是与祖灵告别的一天。当日的食物格外讲究，要准备"重箱料理"，也称"套盒"。菜肴一般是冲绳的代表料理五花红焖肉（三枚肉）、炸鱼、炸豆腐、鱼糕、海带、牛蒡。自古以来，冲绳人就非常重视各地区的村落共同体或血缘共同体，一直奉行以父系血缘为中心的家族制度（门中制度），所以，晚上各家族一般要集中到有先祖牌位的家里（父母家或长男家）举行隆重的送祖仪式。上班

---

[1] 崎原恒新，山下欣一. 沖縄・奄美の歳時習俗 [M]. 名玄書房，1975：202-203.

族也可以获得假期回家祭祖,为延长祖灵在家的时间,各家的送祖灵仪式尽可能拖延至深夜十点钟左右。送祖灵时,家族的长辈带领儿孙焚香祷告(长辈15根香、儿孙3根香),感谢祖灵的光临并邀请来年再回家。上香之后,长辈要在佛坛前的金属钵里烧纸钱和冥币。烧纸钱的同时,作为让祖先带走的礼物,将佛坛上的花和香炉里还在燃烧的香一并放到火盆里,最后再倒入冲绳特有的泡盛酒与茶,将盆移动到大门前,全家双手合十与祖灵告别。祭祖活动结束后,家家都会立刻收拾佛坛上的供品,拿下水果和盆灯,装饰上新的插花。有的地区如喜界岛,人们会扛着临时搭建的台子提着灯笼,将祖先送回墓地。在诸钝,送祖灵回墓地的途中要在三个地方点火焚烧三次。还有一些家庭将筷子、火把带到墓地继续燃烧,目的都是为先祖照亮回去的路,回去时要熄灭火把才能离开。也有些地方的人们在自家门前点燃送魂火。

冲绳的盂兰盆节与日本本土差异很大的是"烧纸钱",钱的形状及颜色和我国广泛使用的祭祀用黄表纸相同。除黄表纸外,也烧"冥币",冲绳的超市在祭祖期间会大量出售写有琉球银行发行的面值一万日元的"冥币"。祭祖的三天里,先祖们与家人一起愉快度过,然后挂着甘蔗拐杖、带上足够的金钱与特产心满意足地返回往生世界。

另外,冲绳与日本本土一样,平时作为食物的黄瓜、茄子在盂兰盆节期间变为祖先们的坐骑,具备了特殊的意义。冲绳人会将黄瓜比作马,将茄子比作牛,并在黄瓜、茄子上装上四只"脚",也有装上玉米须做"尾巴"的,希望祖先们乘着它们往返于两界之间。因亲人们急切盼望祖先的归来,且祖先们也是归心似箭,所以,贴心地为他们准备了速度飞快的马,助他们早日返世。到分别时,依依不舍,于是就准备了速度缓慢的牛,希望祖先走得慢些,同时也因为牛驮的东西多,希望祖先能够多带些供品到另一个世界。

⑤冲绳本岛的"盆舞"。"旧盆"期间,为迎送先祖灵魂,冲绳各地都要举行传统的舞蹈"盆舞",也称"艾萨舞"或"七月舞""念佛转"。盆舞最主要的目的是敬奉以及欢迎先人的灵魂"重返人间",让活着的人和离去的亡魂一同欢聚共舞。所以,一年一度的盆舞节,冲绳与日本本土都会举办盛大的舞蹈和其他庆典来召唤祖先亡魂回家。由青年团组成的洋溢夏日风情与热力的"盂兰盆舞"将冲绳的节日气氛推向另一个高潮,其中最具代表性的

是冲绳中部地区的"艾萨舞"和八重山地区（石桓、新川、登野城等地）的"安格玛舞"（老翁老妪面具舞）。青年男性一般伴着传统的三弦唱歌舞蹈，女青年则主要跳舞。青年团会在村子里挨家挨户拜访慰问每一家的祖灵，献上祈愿与舞蹈。作为回报，青年团成员会从各家分享美酒和年糕等美食。

如今，"艾萨舞"作为冲绳代表性的艺能已纳入幼儿园、小学、初高中的教育内容，一般在运动会、体育祭或学园祭等重要时刻必有"艾萨舞"的演出。现在，除专业的团体外，在冲绳各地还有很多业余的"艾萨舞"同好会。第二次世界大战后，冲绳各地，包括八重山都建起了日式舞台，以舞台为中心又涌现出许多跳盆舞的地区，相比以前去各家各户拜访，现在在村镇的广场或马路上跳的人越来越多。近来，"艾萨舞"不仅在冲绳走红，也红遍了日本各地，到处都能看到冲绳太鼓舞表演团体的精彩演出。从传统的太鼓舞到现代风格的创作型太鼓舞，一应俱全，以多样化的多元风貌震撼着每一位观众的心。另外，在久志市，旧盆的次日一些村落有戏剧演出、假面舞蹈，在系满市，除"艾萨舞"外，十四日还有拔河比赛，十七日有舞狮表演等。由于参与的人数众多、规模空前、舞蹈过程热烈奔放，是冲绳县一年一度打破不同阶层秩序的大聚会与大交流，具有极强的娱乐性与社交性。

（四）闽南"鬼节"与冲绳"盂兰盆节"的比较分析

冲绳一年一度的"盂兰盆节"无论是举办的时间还是仪式内容都与日本本土存在着明显的差异，却与隔海相望的福建有着惊人的相似之处。冲绳与福建的"盂兰盆节"一脉相承，其文化内核具有高度的相似性和同一性。同时，由于任何民俗活动在传承的过程中都会表现出地方性与变异性的特征，所以，冲绳在祭祖性质与仪式等方面还是表现出与福建地区的诸多不同。

1. 举办时间的比较

闽南"鬼节"于农历七月举行，而冲绳"盂兰盆节"与日本本土不同，也是在农历七月十五日前后举行。明治维新前的日本由于受中国的影响较深，年中的重要节庆活动与中国相同，完全采用农历，日本本土传统的盂兰盆会均在农历七月十三日到十五日举行。明治六年，新政府为追求历法的国际化，在全国推行废除农历，采用太阳历。各地为配合新的历法并根据地域的传统特色纷纷制定了相应的举措,传统的盂兰盆会基本形成了城市阳历 7 月、地方阳历 8 月举行的局面。如在"新历重视型"的东京、大阪等区域,主要在阳历 7 月 15 日前后,称为"7 月盆";日本本土大部分地方则采用"折中法",基本上以阳历 8 月 15 日为中心举行,称为"8 月盆";四国、九州及西南诸岛则以农历七月十五为中心,称为"旧盆"。第二次世界大战后,"8 月盆"在日本本土迅速普及并得以扎根。与日本本土相比,自古受我国华南地区文化影响较深、非常重视传统节日的冲绳诸岛至今与我国相同,在农历七月十五日举行"盂兰盆节"庆典活动。受明治维新倡导新生活运动的影响,冲绳除本岛南部的系满市等一部分区域外,基本上一改传统农历过年的习俗,而与日本本土看齐按阳历过新年,但一年一度最隆重的祭祖活动时间并没有改变,仍然在农历七月十五日前后举行。虽说福建与冲绳祭祖时间都在农历七月,但冲绳的祭拜活动集中在七月十五日前后一周的时间里,而福建则是从七月初一到七月三十的整个七月都有祭拜活动。

2. 祖灵信仰的比较

特殊的历史条件造就了闽南地区发达的家族制度,与家族制度相适应的祖先崇拜也十分盛行。祖先崇拜集中反映在祭祖活动上,林立的祠堂、频繁的祭祀活动与复杂的祭祀礼仪构成了闽南地区民间民俗文化的重要组成部分。闽南"鬼节"的核心内容是对祖先的崇拜、对鬼魂的敬畏,继而对其进行的祭祀与供养。琉球人古时并无姓氏,更没有家族制度,但随着明洪武年间"闽人三十六姓"的迁入及宣德五年(1430)明帝赐"尚"姓给琉球王以来,中国的礼教与宗教信仰对琉球产生了重大影响,琉球对先祖的祭拜日趋繁荣,祭祀仪式也日渐烦琐。琉球民间家族以父系聚居,祭祖也以父系为中心举行。如今,在冲绳本岛的中部、南部盛行的"门中制度"就是父系家族集团,他们有共同的墓穴"门中墓"。中元节和清明节是冲绳最重要的两大祭祀节日,二者的祭祀活动都和家族制度有着密切的关系。可见,福建与冲绳两地都深信祖灵的存在,而且其具有超常的庇护家族的灵力。在这样的家族制度背景下,福建与冲绳都将中元节打造成了彰显祖先崇拜最隆重的仪式,这也说明两地的祭祖习俗不仅一脉相承,而且具有较高的同质性。两地虽然在民俗文化上有很多历史传承,但随着历史的变迁,传入琉球的文化也存在本土化的过程，在某些环节上两地体现了差异性。

冲绳"盂兰盆"所祭祀的祖灵一般称为农历七月来访的灵魂，和农历七月的盂兰盆节有很深的关系，因举办时间相同，所以很容易被认为与日本本土盂兰盆中的"精灵"（祖灵）或是中国中元节所祭拜的祖灵一样。事实上，冲绳祭祀的来访灵魂与日本本土并无较大差异，但与闽南中元节所迎来的祖灵有本质上的区别。冲绳祭奠的祖灵并不是一年四季都待在家里、常年供奉在佛龛上的祖灵，而是居住在往生世界，每年定期来到家里拜访的"七月来访神"。与此相对，闽南在"七月半"所祭祀的祖灵与冲绳定期短暂居住在家中的祖灵不同，是常年陪伴在家人左右并时刻保佑血亲的祖灵，这一点闽南与冲绳有明显的差异。究其原因，这与冲绳古老的灵魂崇拜有关。

除承袭中国的宗教外，琉球神道是冲绳本土的宗教。冲绳传统的祖先崇拜核心内容是相信人死后其灵魂永远不灭。冲绳人认为祖灵会在每年节气交替之时回到其生前的居住地与家人团聚。一般认为祖灵会在农历正月十六、清明节、盂兰盆节这三个时节穿梭于往生世界与现实世界。冲绳人对逝去的人在几个时间节点会举行隆重的祭奠仪式，即七七祭，一周年、七周年、十三周年的祭奠。同时，冲绳人相信三十三周年祭奠过后，所有的祖灵全部成仙。成为神仙的祖灵会集日、星、月的灵力于一身，寄宿在冲绳人称为"御岳"的圣地或大洋彼岸象征大地富饶与生命根源的"龙宫"，时刻眺望着子孙，庇护子孙的健康幸福和生活的富足。[1] 关于往生世界，社会人类学者渡边欣雄在《世界中的冲绳文化》一书中做过这样的解释："关于往生世界有许多解释，如墓地、地下世界、孤岛或遥远的海上世界等。"[2] "往生世界的生活与人们的生活相差无几，据能感知灵界的通灵人说，在每年的盂兰盆节期间，祖灵们一起聊着天去村子里转转。"[3] 因此，在冲绳人的观念中，逝去的祖先与自己的生活是通过像"盂兰盆会"这样的祭祖仪式进行维系的。

---

[1] 高良勉. 沖繩生活誌 [M]. 岩波新書. 2005：22-23.
[2] 渡边欣雄. 世界のなかの沖繩文化 [M]. 沖繩タイムス社，1997：74.
[3] 渡边欣雄. 世界のなかの沖繩文化 [M]. 沖繩タイムス社，1997：74.

3. 仪式性质的比较

闽南"鬼节"与冲绳"盂兰盆节"都有祭祖、迎祖、送祖等一系列的祭奠活动，这说明两地都存在灵魂信仰，即对人死后的魂灵念念不忘，并怀有敬畏之心对其定期祭拜。尽管两地有高度相似的祖先崇拜信仰，但在仪式的性质上存在明显的差异。福建"鬼节"顾名思义，仪式更侧重祭祀鬼神，而冲绳由于受到固有的祖灵信仰的影响，仪式还是以祭祀祖先为主。

闽南"鬼节"是将祭亡、祀鬼仪式作为节日的主体，即七月十五主要祭祀祖先，而七月初一至三十轮流做普度所祭祀的主要是孤魂野鬼，仪式的重点还是以"施饿鬼"的方式祭祀鬼神，至今福建"鬼节"有很多禁忌，以免撞鬼。这是因为闽南的人们相信外氏族成员及本氏族成员非正常死亡的亡魂会危害人间，所以，这一天家家都要杀鸡宰鸭、焚香烧钱敬拜鬼魂，同时也祈求鬼魂保佑在世的人的安康。也就是说，福建泉州"七月半"迎来的"鬼"是会对在世的人施加危害的饿鬼，为避免这样的事发生，人们才在家门口迎接它并施舍食物。随时作祟的"鬼"与带来福气的祖灵在性质上的差异是显而易见的。如今的轮流"吃普度"虽然其社交功能远远大于祀鬼，但初衷也是各家各户为了通过宴请宾客给自家造声势从而吓跑孤魂饿鬼。

冲绳"盂兰盆"除祭祖先外，节日期间也包括"施饿鬼"、庆丰收以及孝敬在世父母等内容，但节日的重头戏是祭祖。琉球国时代的人们认为祖先为自家鬼魂，于祭祀正日祭奠，而最后一日为盂兰盆，方为祭祀野鬼的日子。从七夕扫墓、呼唤祖先做好回家的准备到祖灵与家人团聚接受供养都表现了冲绳人对祖先崇拜的态度。另外，冲绳的大型集体舞会不仅有传统的祭祀性质的盆舞，又有现代社交性质的盆舞，所传达的不仅是传统的祭祀形式，也是一种社交功能强大的集体行为，其势头有增无减。诸如冲绳这样大众共同参与的集体舞蹈与狂欢在中国习俗中难觅类似的内容。

4. 仪式内容的比较

闽南"鬼节"与冲绳"盂兰盆节"都有祭祀祖先、缅怀前辈以及"施饿鬼"、保平安等内容，同时也有适度放松休闲、合家欢聚的环节，这说明两地在仪式结构及文化内涵上存在一脉相承的关系，但在仪式的内容和度过的方式等细节上也显现了不同。

在我国，农历七月初七是七夕节，起源于牛郎织女鹊桥相会的美丽传说，其主要活动是年轻女性向织女乞巧，故名"乞巧节"，也称"女儿节"。闽南地区的乞巧形式主要是女性穿针线、陈列瓜果祭拜织女以祈求心灵手巧和获得美满姻缘。除此之外，为祈祷孩子的平安健康，七夕还有供奉"七娘妈""七星娘"的习俗。到今天，自汉代就传承下来的七夕节活动日渐弱化消失，唯有象征忠贞爱情的传说一直流传，昔日的"乞巧节"如今已演变成"情人节"了。

七夕也是日本的传统节日，是古时盂兰盆节拜祭祖先的活动之一，即农历七月七日的傍晚安放精灵棚及幡。但随着时代的更迭，日本从江户时代起就赋予了七夕装饰街道店面、焰火表演等新的内容。目前，最有特色的当属"七夕吊饰"[①]。冲绳由于受日本本土的影响，在幼儿园或小学也有七夕吊饰活动，但时间一般在阳历的7月7日，农历的七夕是祈愿祭祖活动。冲绳的七夕仍然传承着中国传统的中元祭祖搭建精灵棚的习俗。冲绳人认为祖先居住在被称为"御岳"的往生世界，盂兰盆需要七天时间才能到家接受祭拜。同时还笃信七夕是吉日，这一天要进行晒虫、洗骨等祭祀祖灵的活动，家家户户都要在这一天扫墓，通告祖先做好盂兰盆节回家的准备。这一冲绳独有的习俗不仅与日本本土有异，在福建闽南也找不到类似的内容。

由于受福建文化的影响较深，冲绳本岛及久米岛等地最为常见的坟墓形制是破风墓和龟甲墓。破风墓是房子形状的墓，龟甲墓与福建客家地区的坟墓相似，墓地的前边都建有如同庭院的开阔空地，称作"墓庭"。独特的灵魂观使得冲绳人深信逝去的先祖在那个世界过着与我们完全相同的生活，扫墓时将带去的祭祀食品在墓庭摆放好与祖先一起享用，日本本土则没有相应的习俗。

冲绳盆事祭祖仪式中最能体现我国华南地区文化要素的当属点火烧纸给阴间祖先送钱的理念。如前所述，冲绳人在送祖灵离开前，要在金属容器里焚烧纸钱、冥币，并将供奉在佛坛上的料理、鲜花放到里边，最后还要撒上琉球特产的高度泡盛酒，一时间烟雾笼罩着佛坛，仿佛将人们带入肃穆又充

---

① 即人们将无病消灾、技艺进步等愿望写于许愿短册上，悬挂在竹枝上。

满幻想的另一个世界。而这一习俗在日本本土难觅踪影。日本本土中元祭祖基本上是全家动手擦拭墓碑上的灰尘，拔去墓碑边上的杂草，给花瓶换水插上鲜花，在墓前双手合十默默与祖灵进行心灵的沟通，向祖灵汇报家里的近况以及将家里的新成员报告给祖先等。

值得一提的是，冲绳的纸钱一般是中国生产的黄表纸，颜色和形状与中国祭祖所用黄表纸完全相同。纸钱除了市面上贩卖的，也有盖上"ウチカビ"印章或是用茶碗的底座外圆代替按上自己制作的。祭祀品中的冥币，与福建写有"天地银行"字样的冥币大致相似，冲绳冥币印有"琉球冥币银行"字样，面值多为一万日元。不过福建祭祖时必备的金、银元宝以及诸如纸糊的汽车、家电之类的供品在冲绳找不到。从祭祀品名目可以看出福建的祭祀品与时俱进，花样繁多，而冲绳仍多是传统的祭品。

另一个体现我国福建文化因素的当属祭祀食物中猪肉的广泛利用。日本本土中元节祭祖时基本多以黄瓜、茄子、水果、年糕等素食为主，而冲绳除以当地特产芋头、甘蔗等素食作为饮食供奉之外，尤以熟猪肉（红烧肉、肉丸子等）最为突出。明清时期，由于琉球与中国保持了500余年交流往来的历史渊源，猪肉、猪蹄、猪内脏、猪血等料理在冲绳人的饮食中称得上是绝对的主角，作为祭祀供品的猪肉料理更是不可或缺的。

在福建，为让游入人间的阴魂提着灯笼游走普度，从农历七月初一开始"起路灯"到七月最后一天"谢路灯"，每家每户在大门口悬挂上书"恭敬地藏王、祈求平安"或"喜敬阴公、祈求平安"的方形纸灯笼。冲绳和日本本土在盂兰盆节期间都有悬挂盆提灯的习俗，一般在玄关处悬挂有花饰的灯笼，而在墓地则挂红白相间的灯笼。如有当年过世且已过七七的阴魂第一次回家迎来的盂兰盆节称"初盆"或"新盆"，这样的家庭要格外用心迎接供养。一般新盆的家庭要在大门口和佛坛以及墓地处悬挂上纯白色的灯笼，以此祭奠亡灵，同时还会专门请僧侣来家念佛，也有作为礼物送有新盆的家庭纯白色灯笼的特殊礼仪。而福建如在当年有新过世的人家一般在寺庙请法师做法事来祭祀，没有挂白灯笼的习俗。

5. 社交功能的比较

"中元普度"作为闽南特有的一种文化现象，底蕴深厚、历史悠久。闽闽南中元祭祖是以有血缘关系的家族为单位举行，而轮流做普度、吃普度则是以村落、城镇、街区为单位举行的。由于轮流做普度，使人们有更多的互访机会及参加的自由度，其社交圈已远远超出了一般的血缘、亲缘，展现了比春节更强的社交功能，这也是闽南普度的一大特点。但由于普度习俗在传承的过程中出现了超出民俗信仰范畴的奢侈攀比和喝酒滋事、结怨械斗等弊端，从清道光以后，普度被作为陋习而受到质疑甚至是政府的明令禁止。但新中国成立之初，普度在福建泉州沿海一带仍然盛行。进入20世纪90年代初，在全国建设精神文明、破除迷信活动号召的指引下，普度被明令禁止。如今，民间虽还保留着农历七月祭祀鬼神的习俗，但昔日请客演戏、大吃大喝、大肆铺张浪费的风俗已经大大减弱，加之现在的年轻人传统观念日渐淡薄，可以说这个盛大的华夏民俗节日有慢慢衰落的迹象。个案调查也表明，如今泉州普度正在悄然发生变化，许多年轻人不直接参与做普度仪式，往往只参加"吃普度"。一些已结婚独立居住的儿女们普度时仍依附于父母家，部分离开老街道搬入城市新楼房的住户已基本不做普度了。这些现象揭示了这个传统活动正处于一个新的过渡期，抑或说是一个新的变化时期。

冲绳"旧盆"期间的祭祖是在父系血缘为主的亲族内部举行的，祭祀地点也在有供奉祖先牌位的本家（父母或长男家），祭祀主要由父亲或长男主持，来访之人皆有血缘关系或姻缘关系，基本上没有朋友来访，其社交圈并不大。但由于传统的习俗中，仪式结束后，亲戚们会分享供奉给祖先的食品，这种做法逐渐演变成现在的互相送礼的习惯。所以，冲绳的盂兰盆节也是冲绳人维系感情纽带互送中元节礼物的日子。另外，洋溢着夏日风情与热力的冲绳"盆舞"如今所传达的不仅是传统的祭祀形式，更是一种具有社交功能的集体行为。诸如冲绳这种大众共同参与的集体舞蹈与狂欢在中国习俗中难觅类似的内容。虽然闽南"吃普度"在一定程度上起到了增进感情的作用，但其社交功能还远不及冲绳"盆舞"。

如今，日本冲绳盂兰盆节的重头戏盂兰盆舞蹈大会已经逐步成为当地的一项重要的旅游观光资源，而且，今天的盆舞早已不局限在节日的时候集中表演，一年四季随时都可以欣赏到。在日本移民的聚集地夏威夷、南美也有"艾萨舞"的团体进行表演。可以说，冲绳舞蹈表演也迎来了一个前所未有的新时期，正是这个新时期使有厚重的历史沉淀的冲绳文化大放异彩，使每一位亲临冲绳的人能够体验到"是日本又不那么日本"的独特异域风情。

综上所述，虽然福建普度随着时间流逝发生了一定程度的变化，冲绳古代从中国传承下来的传统祭祀体系或在衰退或在变质，但中元祭祖这一永恒的精神内涵是没有改变的。

近代冲绳虽然多次受到外来文化的冲击与干扰，但并不意味着冲绳文化传统已消失殆尽，其核心文化仍然是历史悠久、底蕴深厚的汉民族文化与根植于古琉球底层的传统文化的融合与重组。文化传统影响人们的行为和意识，不同国家不同地域的发展必然会受到本国本地区历史和文化传统的制约，特别是民俗礼仪本身具有的传承性和结构性这一普遍特性，造就了今日冲绳年中重要的岁时节庆中仍然保留着浓郁的传统痕迹。这也诠释了为什么冲绳的习俗文化表现出与日本本土的异质性和与华南文化的共通性。

（五）华南其他地区的中元节

历史上，魏晋时期大批中原汉民族迁移到华南，随着移民的流入，华南文化也受到了中原文化的影响与渗透。中国封建社会历来有崇拜鬼神的传统，中原地区自唐宋以来，七月十五中元节就是民间一个非常重要的节日。与中原相比，偏僻边远、山高林密、生产力低下的华南地区更容易将希望寄托在自然的神灵上，所以体现自然崇拜以及祖先崇拜的中元节便更为盛行。

1. 广东的中元节

广东各地都有中元节祭祖的习俗，其中，潮汕习俗最为典型。中元节在潮汕俗称"鬼节""祭孤"。中元节次日，民间普遍的活动是施孤普度，为那些没有亲属的孤魂野鬼进行施祭。潮汕的施孤普度一般不限定在七月十五日，但这一天基本是正日，比较隆重。事先在街口村前搭起法师座和祭孤堂，设普度坛。法师座前供着超度地狱鬼魂的"地藏菩萨"，下面供着一盘盘面制的桃子和大米。祭孤台上立着三块牌位和招魂幡，还陈列着来自各家各户的大量的三牲祭品、酒饭、瓜果、纸钱、纸扎衣服。主事者分别在每一件祭品上插上写有"盂兰胜会""甘露门开"的黄、红、绿各种颜色的三角旗，请和尚道士各念其经主祭。咏念经文之后，将面桃和大米等重复三次撒向西方，这种仪式叫"放焰口"。祭品除上述所列外，还有衣帽、竹笠，甚至有些地方还有活猪、活羊等。同时也将祭品向棚下抛掷，让那些贫苦者抢夺，这就是所谓的"抢孤"。"放焰口"时，要派船溯韩江至距城百余里的三河坝，赶在仪式开始前，边返航边点燃用陶钵做成的豆油灯并放到江中，以引领八方孤魂野鬼前来受祭，此仪式称为"放水灯"。[①]

潮汕的中元节祭奠孤魂一般与祈盼丰收联系在一起。施孤之夜，家家户户在自家门前焚香祷告，并将一支支点燃的香烛插在地上，此仪式称"布田"，俗称"插秧"，插得越多越好，以此象征秋收五谷丰登。清乾隆《普宁县志》就记载了该县中元节"至夜插香列烛于路""农民插竹挂纸钱于田中以祈谷"。

2. 广西壮族的中元节

"中元节"是广西人非常重视的一个传统节日——"鬼节"，也是壮族仅次于春节的一大节日，又称壮族"团聚节"。当地流传的歌谣唱道："七月里来七月花，七月十二鬼回家，有子有孙化纸钱，无子无孙空回家。"[②]

广西中元节的祭祖时间和方式因地而异，但大部分地方七月初七过后，人们就开始为中元节做准备，赶圩采购香烛纸衣。有的地方初七就开始安放祖宗的牌位，燃放鞭炮、燃香火纸钱，用鲜笋煮水迎祭祖先。但最普遍的是家家户户在农历七月十三之前大扫除，备好供品，以表达对先祖的敬重并展现子孙治家的本领。七月十四、十五是大祭（有的地方为七月十三至十六），全家停下一切农活，置办祭品，做丰盛的菜肴祭拜祖先。广西各地最具特色的就是每家每户在七月十三都要杀鸭子来祭祖，因此，有些地方（如平南县）把中元节亦称"鸭儿节"。据传说，祭祀时所有的纸钱、衣服都要靠鸭子驮过奈何桥。除鸭肉外，供桌上还摆满了猪肉、整只鸡、米粉、发糕、糍粑、糯米饭和水果等。祭祖期间，每天早晚都要供上香茶，就餐时供上饭菜，让祖灵过一个丰盛愉悦的"鬼节"，享受后代一年一度的供养。七月十五一般是"送祖"日，当晚要焚烧所有的纸供品以示让祖先带回去享用。有的人

[①] 刘志文. 广东民俗大观 [M]. 广东旅游出版社，2007：616.
[②] 苏绍芬，李肇隆，林民俗. 桂林历史文化丛书 [M]. 中央文献出版社，2006：59.

家还烧纸船、纸马和纸屋等，意在让祖先满载而归。

在平南县，最隆重的祭祖也是七月十四的晚上，准备丰盛的菜肴，焚香燃烛，还要买五色纸烧给祖先，用当地特产"蕉叶糍粑"来祭祀。祭祀结束后，要用竹篮将"蕉叶糍粑"装起来和五色纸一起放到路边，将没有燃尽的香和香烛插在路边，仪式才算结束。各家吃完晚饭后，为送祖先回到那个世界，又一个隆重的仪式"普优"又开始了。人们聚在村头的大路上，燃起熊熊的篝火，将各家出钱买的糖果、水果堆放在篝火旁，人手点燃一把香沿着村的大路一直插下去，瞬间大路两旁星火点点，为祖先照亮了回到那个世界的路，煞是壮观。

在桂林，子孙后代、包括已出嫁的女儿和孙女都要为已故的祖先制作纸衣、纸钱、纸箱子，女儿们回家还要带一只鸭子回来供奉祖先。到了中元节的晚上，主妇们要带上纸钱、纸衣到河边或偏僻的地方焚烧，为避免被"野鬼"抢走，焚烧前要将这些东西放到用石灰画好的圆圈里。每逢农历七月十四、十五这两个晚上，有很多人家在漓江两岸焚香祭祖烧纸钱，烧纸钱时还要撒上一些水饭。

3. 海南的中元节

海南省的中元节由来已久，在海南人的传统观念中，中元节是仅次于春节和清明的一个大节日。虽然海南中元祭祖的时间因地域不同而有所差异，但传统的时间范围仍集中在每年的七月十四至十五这两天，仪式内容除了祭奠自家祖宗（"做公婆"）之外，还要祭祀七方老爷和土地公（琼海人称为"割红"）。这两项重要的活动都要在自家的香火屋里进行，祭祀的顺序要先"割红"再"做公婆"，祭品也有所不同。

在海南，农历七月十四一大早家家都要为准备祭祖的祭品而忙碌，祭品市场的生意也火爆起来。祭品一般包括最少七种颜色的纸、香、香烛、元宝、冥币、鞭炮及肉菜，更为显眼的是用纸做的五花八门的祭品，如手表、汽车、手机等。祭品购买回来后，有些家庭亲手将色纸剪成衣服、鞋子、书本甚至汽车、电视机等。祭品准备妥当后，各家各户都要设祭台，焚香烧烛祭拜神灵与祖宗。祭祀神灵时一般烧些金银元宝，而祭拜先祖时祭品就更丰富了，除了烧金银元宝外，上述祭品都可以烧给祖先。向先祖的牌位敬酒三次后，当场焚烧那些用纸做成的供品,烧的时候一定要烧干净,寓意让祖先全部带到那个世界里享用。焚烧结束才能放鞭炮。祭祖的同时,也用小芋头、杨桃等青果施舍孤魂,以示欢送阴间的祖辈以及游荡在外的野鬼孤魂,促进人鬼和谐。放"孔明灯"也是海南中元节喜闻乐见的习俗,万泉河沿岸还有"放河灯"的传统。另外,海南人非常注重血脉关系、兄弟之情,很多姓氏都会在七月半"祭祠堂"。

海南人对"鬼节"的禁忌也有很多,琼海农村插柳辟邪流传已久,七月初一到来之前,家家户户都要在屋子的门口或窗子上插上柳枝,阻止孤魂野鬼乱闯民宅。除此之外,民俗认为七月尽量不购物、不出远门、不办喜事、不访亲会友等。

我国华南地区各省的"七月半"历史悠久、花样繁多。由于华南地区自古以来神灵崇拜文化浓厚,这容易使得民俗形成小地域、特质浓的特点。但随着中原人民移民华南,炎黄文化也不断向该地区渗透移植,这使得华南地区不同地域的民俗又有了一定的共性。华南地区民俗文化的这种特性源于中原文化在本地区自然环境和社会结构的作用下,经过漫长时期的发展逐渐形成了以汉文化为主体,又具有一些与中原习俗不同的特征这一文化传承与发展的普遍规律。华南地区各地的中元祭祖虽然举办的时间大致相同,但仪式内容及流程等还是显现出地域差异。尽管如此,通过祭祀先祖灵魂和对孤魂饿鬼的布施来祈祷子孙后代平安幸福的目的是千古不变的民族心理和精神内涵。

第六章 日本南部与我国华南——
其他民俗文化比较研究

水稻是中华农耕文明的重要标志，中国是最早种植水稻的国家之一，也是世界普遍认为的亚洲稻原产国。与中国毗邻而居的日本，也有着悠久的稻作文化。关于日本稻作的起源以及传播路径，国内外专家学者已有诸多论述，普遍认为日本的稻作文化源于中国。水稻生产影响着人们的物质生活和精神生活，形成了物质、生活、精神三个方面的稻作文化印记。

丧葬文化是各民族地域民俗文化中非常重要的元素，能够充分反映当地居民的宗教信仰、艺术审美、家族观念等。我国幅员辽阔，少数民族众多，丧礼文化历史悠久、仪式庄重、流程繁复。普遍存在于我国福建、广东、广西的"洗骨改葬"就是灵魂观念与特殊的地理环境相融合所产生的独特的丧葬礼仪文化。而与我国福建隔海相望的日本南部冲绳不仅与我国历史渊源深厚，更因其独特的他界观念和精神信仰，培植了与日本本土迥异的丧葬习俗。

一、我国华南与日本南部稻作文化比较研究

中日两国同处东亚文化圈，农耕文明历史悠久。稻作文化贯穿整个中国史和日本史，是两国历史文化中的精髓之一。

广西是我国最早种植稻米的地区之一，悠久的稻作农耕文明使得广西人民对稻米的信仰深厚，关于米的生活习俗繁多。冲绳由于具备适宜种植水稻的亚热带季风气候，加之受中国及东南亚国家稻作文化的影响，种植水稻的

历史也由来已久。从丰富多彩的稻米食品到岁时节庆中源于稻作的民俗活动和祭品，可以一窥广西与冲绳两地稻作文化的发达及两地在文化上的共通性。

关于中日稻作文化，学者的相关研究包括稻作起源、稻食文化、农耕文化、祭祀文化等多个领域。下文主要围绕水稻栽培的起源与稻食文化做一探讨。

（一）中日稻作文化的起源

水稻起源于亚洲热带地区，在中国广泛种植后，逐渐传播到世界各地。

严文明教授认为，我国稻作文化主要起源于长江中下游地区。日本学者渡部忠世提出"阿萨姆—云南"起源论，大胆勾画了东亚稻作的传播路线。[1]

稻作起源的研究证明水稻种植在中国有着悠久的历史，古籍中也多有关于稻作的记载。在《诗经·大雅·生民》中有"诞降嘉种"一句。所谓"嘉种"，就是现在所说的"良种"。诗中还给出了良种的标准，谓为"种之黄茂，实方实苞"，即色泽鲜黄、肥大而又饱满的种子。

据清代屈大均《广东新语》的记载："谷，最早者六十日，种之六十日而熟，又曰蝉鸣稻。"唐郑遨在诗《伤农》中写道"一粒红稻饭，几滴牛领血"，既刻画了劳动者劳作的艰辛，又描绘了红稻的突出特点。

根据考古资料显示，日本从绳文时代就开始种植水稻，"至迟在绳文晚期九州地区已经出现水稻农耕"，"在弥生文化的数千处遗址的粗陶上，屡屡发现有稻谷的压痕和炭化的稻谷颗粒，这意味着水稻农业的出现"。[2]

日本古籍中也有很多关于稻作起源的神话。根据《古事记》记述内容，主管海原的大神须作之男不满给他分配的疆域而大闹，随后被诸神放逐。他在去地界的途中，向陪同的管食物的女神大气津卖讨食，女神从肛门中拿出食物引得须作之男大怒，杀死了女神，随后女神的身体中长出了各种谷物，而其他神将这些谷物带回了天界。这大概是日本关于谷物最早的神话故事，《日本书纪》所记载稻作神话与《古事记》基本相似。

---

[1] 渡部忠世，生田滋. 南岛の稻作文化——与那国岛を中心に [M]. 法政大学出版局，1984.
[2] 王勇. 日本文化 [M]. 高等教育出版社，2001.

目前，关于水稻传入日本的时间、路线问题，学术界还存在许多争论，归结起来，大致分为三条，即北路说、中路说、南路说。[①] 北路说认为，日本的稻作农耕是从华北到东北，经朝鲜半岛传到日本九州；中路说认为，稻作文化是从长江中下游地区直接跨海传到日本；南路说则认为，稻作文化是从中国大陆传到台湾地区，再经琉球群岛、冲绳传到九州地区的。三种学说都证明日本稻作文化起源于中国，其中"南路说"明确表明日本冲绳的稻作文化起源于我国华南地区。

（二）广西的稻作文化

广西壮族自治区属亚热带季风气候区，高温潮湿的气候适宜水稻的种植，因此广西境内大面积种植水稻，稻作文化历史悠久，底蕴深厚。

1. "那文化"下的稻作农业

所谓"那文化"，即稻作文化。壮语中把水田称为"那"，水田稻作文化即为"那文化"。在以之前的考古研究中，并未把广西列作水稻起源地之一，但覃乃昌教授在《壮族稻作农业史》中认为，广西虽然还没有新石器时代的炭化稻谷的考古发现，但不等于不存在其遗存，并不能说明广西当时未种植水稻。覃乃昌教授从文化语言学的角度切入农业起源的主题，考释汉语有关稻的底层词的源出，阐明"那"字地名的文化内涵。其中"那"字地名最为密集之地当属广西壮族自治区的左右江、红水河、邕江流域。壮语中广泛存在的"那楼""那板""那达""那隆""那布""那马"分别表示"我们的田""村边的田""河边的田""大块的田""近泉的田""牧马的田"等，由此可推测水田在壮族地区有着悠久的历史。广西壮族先民顺应江南珠江流域的地理环境和气候特点，将野生稻驯化为栽培稻，成为水稻起源地之一。

2. 广西的稻食文化

广西是中国最大的少数民族壮族的主要聚居地，也是苗族、瑶族、侗族、毛南族、仡佬族等10多个少数民族的聚居地。以壮族为代表的丰富多彩的少数民族稻食文化是广西文化的重要组成部分。稻米既是餐桌上的主角，更是

---

① 金健人. 中国稻作文化东传日本的方式与途径 [J]. 农业考古, 2001 (3).

岁时节庆的必备品。

（1）米饭。广西人喜食米饭，尤其是壮族人制作米饭的方式多种多样，最常见的有炒、煮、焖、蒸几种。同时，为了增添米饭的特色与口感，壮族人还喜欢在米饭中加入不同的配料或使用不同的食具，如竹筒饭、南瓜饭、八宝饭等。壮族人因地制宜创造出来的特色米饭——竹筒饭是招待宾客的美食。其制作方法是将肉、油、水、盐和淘净的稻米装入备好的竹筒中封好，之后用文火烧煮，风味极佳。南瓜饭的制作则是切开一个老南瓜的顶部做盖，挖掉中间的瓜瓤部分，放入淘净的稻米、腊肉、精盐等，用文火将瓜皮烧至焦黄，再用炭烬火灰围住南瓜四周使之熟透，便可剖开南瓜食其米饭。[①] 作为早餐或消夜的八宝饭因地域的不同配料有所不同，但基本是将浸泡的糯米拌以绿豆、百合、莲子、白果、蜜枣、山黄皮、冬瓜粮等近十种清补原料，以香溢软滑、甜而不腻著称，亦为上好的营养食品。

（2）米粉。广西人素爱稻米，其中最受欢迎的以稻米为原料的食物是广西米粉。广西米粉营养价值高，品种多，食用方便，被称为广西人的半条命，是广西人餐桌上必不可少的一道美食。在广西的众多米粉中，又以桂林米粉、南宁老友粉、柳州螺蛳粉最为出名。广西米粉的制作是以新鲜的大米为原料，洗净后放入容器内使其发酵，后将发酵的大米研磨成米浆，再将米浆用工具压制成条状。

桂林米粉的特色在于卤水，卤水中要加入数十种中药材与牛肉或猪肉一起熬煮，具备缓急解毒、活血舒筋等药膳功用，深受人们的喜爱。

柳州螺蛳粉用的是比较细的干米粉，先将螺蛳、小茴香、砂仁、葱、姜、蒜和猪腿肉熬制成浓汤，再配以事先准备好的酸笋、酸豆角、炸腐竹、花生、时令青菜，最后舀上一勺辣味十足的卤水，一碗散发着螺蛳的"臭"且又酸又辣的柳州螺蛳粉就大功告成了。

堪称南宁"地标"的老友粉。与其他两种米粉截然不同，桂林米粉和柳州螺蛳粉都是先将粉烫熟，粉与配料主次鲜明，而老友粉则是事先将豆豉、蒜米、酸笋、酸辣椒等爆香，加入骨汤再配以瘦肉或猪肝，待骨汤沸腾后放入米粉，

---

① 方素梅. 壮族饮食文化的历史探析[J]. 广西民族研究，1998（1）.

汤浓粉香。

随着科学技术不断发展，现代化机器的出现使得生产米粉或米线的工序大为简化，生产时间也大为缩短，这样就满足了更多人对米粉的需求。[①]

（3）米酒。酒是在大米供给有余的情况下生产的，是稻作农业的一种延伸物。米酒制作工艺简单，味道醇厚，能够促进消化与血液循环，深受有着悠久稻作历史的广西人的喜爱，是普通农家中常见的一种饮品。

广西的酒曲多用中草药制作，结合大米一同发酵，民间的酒大致分为两种，一种是酒料发酵后直接饮用的大米酒，俗称甜酒，这种酒度数不高；另一种是酒料发酵后蒸制而成的，俗称米酒或烧酒，外地人戏称"土茅台"，这种酒的酒精度数一般较高。

（4）节日食品。沐浴在稻作文化中的广西少数民族节日丰富多彩、寓意深刻。节日食品种类也花样繁多，风味独特，集中体现了以壮族为代表的民族饮食文化的内涵和特点。糯米为重要的节日食品和馈赠亲友的礼品以及祭祀用品，粽子、糍粑、米糕、五色饭、汤圆、油团等都为糯米食品。广西壮族的大年粽远近闻名。人们常于除夕前用几斤米、几斤猪肉和两三斤绿豆制作这种大年粽，除夕摆在供台上祭祖，正月初三（或初八或十五）重煮后全家共食，寓意团圆、吉利。五色饭又称花色饭、乌米饭，主要是用黄花、枫叶、紫番薯等植物的根茎或花叶磨碎，浸泡后取汁用于浸泡糯米，一段时间后将糯米蒸熟即可。民国《桂平县志》中说枫叶"经霜则红，清明摘叶淘叶渍糯米炊饭，名乌米饭，即青粳饭"。五色饭五色斑斓，香气袭人，一般于农历三月初三制作，或自食，或馈赠亲友，或做祭品。糯米糍粑不仅常在广西人过年的餐桌上出现，也是亲友之间相互馈赠的佳品。将糯米浸泡后蒸熟，倒入木槽或石臼中捣成泥状，再用手捏成扁平圆块即为糯米糍粑。人们用糍粑祭拜土地公和祖宗牌位，祈祷来年风调雨顺，获得好收成。

[①] 王哲. 稻米与广西饮食文化 [J]. 现代农村科技, 2012 (24).

(三) 冲绳的稻作文化

历史上，受中国及东南亚国家稻作文化的影响，冲绳种植水稻的历史也由来已久。冲绳属亚热带海洋性季风气候，雨量充足，适宜水稻种植。冲绳的主要农作物是稻米与甘薯，稻米在冲绳人的日常生活中是绝对的主角。米寓意无穷的力量，不仅给人以生命的原动力，更作为祭祀祖先和神灵的祭品深受重视。

1. 冲绳稻作文化的地位

冲绳与东亚其他农耕文化地区类似，以大米为主食，稻作在冲绳的农业生产结构中占有重要的地位。在冲绳文化形成进程中，最大的转折点当属稻作文化的传入。人们将冲绳文化也称作稻作文化，水稻农耕支撑着冲绳传统文化的生产基础，围绕稻作的生活习俗和信仰构成了冲绳传统文化的核心。

供奉农具。冲绳人在新年的第一天，会认真清洗家中的农具，将其集中摆放在厨房，用大米制作饭团和芋头连续供奉3天。也有的村民用红米饭和菜肴供奉，意思是犒劳农具的辛劳，给农具过年。

占卜年成的丰歉。每年正月，冲绳人在家中的天花板上放置大米粒，过些时日查看，如果米粒不见了，则预示着这一年会是歉收年，而如果米粒一直在则预示今年将大丰收。[①]

据日本期刊《冲绳民俗》记载，冲绳各地村落都会在每年正月举行祭祀活动，祈祷新年里村民身体健康，农作物丰收，家畜繁盛。祭祀活动的具体内容各村落稍有不同，但有一个共同点就是供奉神灵的物品中大米饭是不可缺少的。由此可见，稻米对冲绳人来说是灵魂和生命，稻作文化深入冲绳人的日常生活，有着不可撼动的重要地位。

2. 冲绳地区的稻食文化

稻作是古代冲绳经济的基础，冲绳的政治经济以及民俗习惯都与稻作有着密切关系。古代冲绳曾经将稻米量作为基准衡量耕地、房屋、土地的价值

[①] 崎原恒新，山下欣一. 沖縄・奄美の歳時習俗 [M]. 明玄書房，1975: 15-17.

和租税，官员的俸禄也是用稻米量计算的，稻米的身份可见一斑。

冲绳稻米是短粒型的粳米，富含支链淀粉，经过炊煮后松软黏稠，口感极佳。冲绳人的饮食与我国广西人的饮食习俗非常相似，也是主副食分明。主餐一般是由作为主食的米饭和作为副食的若干菜肴组成。稻食在冲绳日常生活中占据着主要地位。

（1）米饭和米粥。冲绳人一日三餐主要以米饭为主食。早上一般是一碗米饭加一点腌制的小菜，再配上一碗酱汤；中午上班或上学时带的便当是米饭上配以生鱼片或油炸肉类和色拉蔬菜等；晚饭有的家庭会吃各种面条，但大多数还是以米饭配菜肴为主。另外，与日本本土几乎不喝粥的习惯不同，冲绳人喜欢喝粥，用大米煲一锅浓浓的米粥，好喝又养胃，这和我国广西人的习俗非常相似。

（2）寿司。冲绳由于深受日本本土饮食文化的影响，在食用稻米的同时也创造出一些有特色的稻米料理，其中比较有代表性的就是寿司。现代寿司起源于19世纪20年代。要做好寿司，首先要有好米，通常选用越光品种，将选好的米在水里浸泡1—2个小时，然后加热炊饭。在蒸煮好的饭中加入少量米醋，将米饭摊开，用扇子扇到室温之后，移到桧木盒里，盖上湿纱布保持水分，寿司所用的饭就算是准备好了。接下来将准备好的饭捏成略呈长方形的小饭团，长6—8厘米、宽4—5厘米、厚3—4厘米，在饭团上放一点芥末，然后盖上新鲜的生鱼片或贝类海味，寿司就完成了。[①]

（3）年糕。除米饭、米粥和寿司外，冲绳人饮食生活中还有用稻米制作的各种各样的糕点，年糕就是其中最具代表性也是最常见的一种米制食品。年糕在冲绳语言中写作"饼"，通常选用上好的糯米蒸煮成糯米饭，最后再手工制作成各种形状的饼。这种"饼"是冲绳人每年年末必做的过年食品。制作方式与我国广西人制作的"糍粑"非常相似。与日本本土相同，在节庆祭典和婚丧仪礼等重要的时刻，冲绳人都会用到年糕和团子。这些食品比节日穿上盛装还要重要，冲绳人相信与神灵一起享用年糕、米粉团这样的食品，神灵和人就会联系到一起。可见，年糕的文化地位远远大于其作为食品的

[①] 谭敦民. 朴素健康的"冲绳饮食"[J]. 食品与健康, 2011 (2).

价值。

（4）米酒。冲绳人也特别喜好食用稻米制作的米酒，在冲绳，最为有名的米酒有两种，海人米酒和泡盛酒。海人米酒酒精含量约为30度。泡盛酒则为一种用大米制成的烈性酒，酒精含量高达60度左右，是冲绳岛主要的出口食品。现实生活中，泡盛酒具有双重身份，一是冲绳人日常生活中备受青睐的饮品，二是其文化身份，作为重要的祭品在祭祖祭神时不可或缺。

（四）广西与冲绳稻作文化的比较分析

同属于东亚农耕文化圈的广西与冲绳，由于稻作而生的智慧和行动催生了无数充满个性的仪式活动、风俗习惯、饮食习惯，产生了以稻作为基础的丰富的生活方式和价值观。从两地的稻作文化可以折射出中日两国稻作历史深厚的亲缘关系。

1. 稻种培育方式相同

冲绳的稻作文化，与中国古代存在于从东南沿海到云贵高原的越文化有着很深的同源关系，而其中的古吴越区则为日本绳文时代稻作文化的源头。[1] 公元前5世纪至公元前3世纪，中国进入战国时期，人们为了躲避战争和饥荒背井离乡，其中一部分人东渡来到日本。[2] 当时到日本有三条路线：一是北路，由华北经朝鲜到日本九州；二是南路，由沿海的琉球、台湾等转到九州；三是中路，由长江口太湖流域渡海到九州。从先秦时期开始到之后明清时代闽人三十六姓东渡，很多人留在了作为中转站的琉球，也将稻作带到了琉球，极大地影响了当地的稻种培育方式。

广西与冲绳两地水稻都分两种：籼稻与粳稻。二者又各分"籼"与"籼糯"，"粳"与"粳糯"。冲绳地区的古琉球最早从中国引进的稻种就是原始的粳糯。[3]

---

[1] 朱俊明.日本古倭人稻作文化滥觞于中国古吴越[J].贵州民族研究，1994（1）.
[2] 彭庆霞.论渡来人在日本的稻作文化成立过程中的作用[J].文教资料，2008（17）.
[3] 林河."粳糯文化"的源流——中日稻作文化与民俗的比较研究[J].广西民族学院学报（哲学社会科学版），1997（2）.

2. 稻收方式相似

两地传统稻作技能从插秧技能、中耕技能到收割的方式都很相似，尤其是收稻方式完全相同。我国广西地区的壮族收割糯稻时不用镰刀，而是用一种特制的3—4厘米长的"手镰"一穗一穗地割剪，收割后连秆带穗捆扎好挑回村寨用禾晾挂着晒干，再收回谷仓储存。食用时，取出一部分，舂谷成米食用。冲绳采摘谷物的专用工具与我国广西基本相同。在日本弥生时代出土的农具中，有与古南越（两广之地）一模一样的石制"石刀"（手镰）。

两地晾禾的特殊方式也相同。古南越"干栏式建筑"中的复檐（产量大的地方，野外还要立高大的"禾晾"）就是为了晾禾把的需要而设置的。冲绳农家也是"干栏式建筑"，也有复檐。在冲绳地区，复檐也是用于晾禾把的。

两地稻作脱粒技能类似。由于原始粳糯不易脱粒，我国广西地区少数民族稻作脱粒技能方式非常特别。以前是用一块光滑的石板，将要脱粒的禾把放在石板上用木棒反复搓揉，将谷粒搓下来，即便是到21世纪初，在一些边远的山村，要把粳稻的谷壳除掉，仍然靠木、石做的杵、臼。而冲绳弥生时代出土的农具中，就有与古越地区一样的杵、臼，可见冲绳古代的粳稻脱壳方式与古越之地所在的广西稻谷的脱壳方式一致。日本在古代也是靠手来脱粒的，与我国湘黔桂交界地区稻作习俗基本一致。日本堀家本《四季稻作图卷》一书中，就有表现日本农妇围坐一起用手为禾把脱粒的图画。

3. 源于稻作的祭祀与民俗活动相似

历史上，农耕与祭祀历史悠久，始终相伴发展。农耕文化衍生出来的形式多样的民俗活动普遍反映了劳动人民面对生产力低下、自然灾害多发而束手无策时，寄希望于超自然的神灵的美好愿望。因此，即使地域不同，稻作文化的内在却有较强的关联，其文化内涵也具有高度的相似性。从对两地稻作农业与稻作文化的研究来看，同处于东亚文化圈的广西与冲绳源于稻作的祭祀与民俗活动的内涵显示出了高度的共通性。

（1）祭祀活动。两地祭祀活动主要体现在敬畏神灵和供奉神灵上具有高度的相似性。

广西人普遍会奉祀"土地神"，土地神是专司土地管理的神，人们祭拜土地神，祈求风调雨顺。而冲绳人奉祀"土帝君"，尊土帝君为农业神，同样祭拜土帝君祈祷稻作丰收。

广西人习惯用大米饭供奉神坛，冲绳人用大米饭供奉佛坛。同时两地都相信有颜色的米象征吉祥和健康，广西壮族人每逢清明节、三月三、四月八、牛王节、端午节等传统节日都会制作五色糯米饭，而冲绳人在各种祭祀活动中也会奉上"赤饭"或"花米"。

古代冲绳人相信高山、河流等自然景物都有灵魂，称为"神"。在稻作农耕社会生活中，对神灵的尊崇表现为开展各种祭祀和宗教活动。一年四季冲绳各地都举行各种各样的"祭"，追溯其起源，多与稻作农耕礼仪有密切关系。如培育秧苗之前的"水口祭"（又叫祝田），插秧结束后要举行的"报告祭"，收割季节有"丰年祭"和"尝新祭"，等等。总之，水稻耕作传入冲绳后，农作祭祀即以稻作为中心。根据水稻的栽培过程可分为预祝祭、播种祭、插秧祭、栽培祭、收获祭五种。在稻作祭祀中，所表达的神的观念多以护卫稻田的神为中心。这与我国广西为求风调雨顺祭祀龙王以及土地神的仪式非常相似。

从中国古代神话中可以发现中国的农耕民族崇拜"鸟"，并把"鸾"视为鸟神。此外，以鸾鸟纹和傩面纹为图腾特征的稻作文化也常常出现在中国历代艺术作品中。中国南方古代稻作民的后代——侗台语族诸民族中，不但以傩神姊妹为鸟（鸾），还认为所有的人都是鸟的传人。可见华南与冲绳的稻作民都很崇拜会飞的鸟（鸾），并且自认为是"鸾"的传人。

（2）民俗活动。在广西一些山区，无论是壮族、苗族、瑶族还是当地的汉族，都有农历四月初八牛过节的生产习俗，又称"牛生日"或"牛王节"。即农历四月初八这天，田间劳作不论多忙，都不允许使用耕牛，各家各户都会给牛放假，让牛休息一天，给牛喂最好的青草，吃甜酒（红糖煮甜酒）、蛋、黑（红）糯米饭或其他食物，放牛到水塘里泡澡等。四月八牛过节，古时又称祭牛。稻作民族在开秧耕田农忙之前，让牛好好休息一天。冲绳也同样有给牛披红挂彩、置彩鞍的习俗，称作"牛神祭"，即在插秧前给耕牛喂精粮、鸡蛋、糯米、红糖。村民多设祠祭之。

"傩"在我国华南地区是一种原始宗教文化，亦是有以下特定含义的巫文化：以"稻神崇拜"为核心；以"傩神"为稻神；以"糯"为稻魂；以"鸾"为图腾；以"鸾"音为基音；以戴上傩面具"充傩"为形式；以祈求农事丰收、人畜兴旺为主旨；以设坛"祭祀傩神"为礼仪；以"赶鬼驱疫"为手段；仪式从"许傩愿"开始，至"还傩愿"结束。[1]

冲绳也有相似的为稻作服务的"傩"文化，也有宫廷傩与民间傩之分。日本《大辞林·民俗艺能条》记载，民俗艺能是"以祈祷五谷丰登、长寿、退散恶疫为目的，与民间信仰活动相结合的艺能形式"。又据平凡社1983年版《演剧百科》记载，民俗艺能大致可分为神乐、田游、田乐、风流舞、偶人戏等类型。神乐又分"御神乐"（宫廷傩）、"里神乐"（民间傩），是日本神事活动的代表形式。这些民俗艺能基本上都以戴假面为特征，无论是形式还是内涵上都与我国的"傩"如出一辙。

综上所述，广西与冲绳稻作文化具有高度的相似性和共通性。究其原因，首先，从大环境上讲，中日两国同处东亚文化圈，核心文化基本上是农耕文化。中日两国历史上源于稻作的民间信仰传统深厚，衍生了寄托着农民们期盼丰收的各种仪式活动。虽然东亚各国、各民族的风俗习惯、生活方式、价值观念等存在差异，但源于稻作的民间信仰的原点是一致的，其人文精神有相同之处，可谓价值共性。其次，从小的环境来讲，广西与冲绳的纬度、气候条件相似，都适宜种植水稻、农耕文明历史久远。而且，根据水稻传入日本三种学说中的南路说，学术界已经明确日本冲绳的稻作文明与我国华南地区一脉相承。

同时，两地稻作文化的高度相似性也说明世界文化存在普遍性。

农耕文化的显著特点是历史性、持续性、共享性、地域性。我国华南地区和日本南部的稻作文化皆拥有上述特征。历史悠久，持续发展，两地的稻作文化存在内在关联，共通之处明显，同时也兼具地域特色。两地稻作文化高度相似是源于民俗文化所具有的普遍性和中日两国深厚的历史渊源，而显现的地域性又是文化在异域发生流变所具有的普遍规律。

---

[1] 严文明. 中国稻作农业的起源 [J]. 辽宁经济职业技术学院学报，1989 (7).

二、中国广西与日本冲绳丧葬文化比较研究

(一) 丧葬文化中的洗骨二次葬

丧葬文化是关于人类死亡的由多种民俗事象相结合而形成的民间习俗文化，反映了一个民族或地区的宗教信仰、风土人情和社会构成等诸多因素。各地的丧葬文化在属性上呈现出一定的共性，根据地域与历史演进过程的不同也产生了极大的相异性。洗骨二次葬是一种广泛存在于中国华南地区的特殊丧葬形式，其主要特点是将已经安葬数年的死者骨骸取出，由家庭成员以树叶、纱布、水等道具清洗干净后置于一个特制的陶瓮中，再永久性地安置在家族墓地里，甚至直接放置在家中。另一个特点是必须将清洗干净的骨骸按照一定的排列方式放入瓮中，最常见的形式是头骨置于最上方，使死者呈屈体抱膝的姿势。强调"洗骨"不仅是因为捡骨时要擦拭骸骨，还因为这不同于在客死、意外死亡或重选安葬地等情况下后人将其遗骸转移至其他地方的行为，而是一种纪律性、神圣化的仪式，是举行洗骨二次葬地区的人们祭奠先人的一种方式，是一个完整的、主动的过程。洗骨二次葬作为地方重要风俗，具有极鲜明的仪式特色和极强的地方传承性，迄今为止在中国华南的广西、广东和福建等地仍有大量洗骨二次葬存在，其中尤以广西最为常见。

受中国华南地区文化的影响，冲绳的大部分地区也有洗骨二次葬的习俗。冲绳的洗骨二次葬在仪式上充分体现了四面环海的岛国特征，但其内核与中国华南地区的二次葬有着密切的联系。中国华南文化流变至明清时期的琉球诸岛时，洗骨文化也随之进入，并逐渐发展为具有冲绳地方特色的丧葬习俗。如今，受日本政府大力推行火葬的冲击，冲绳的洗骨习俗已经大大减弱，但依然保留着一些洗骨文化的影子，其在民俗心理上的深刻烙印短时间内仍难以磨灭。

洗骨二次葬不仅是民族风情的范本，也是当地人加强感情纽带的重要途径。洗骨二次葬的地域性一方面展现了国家、地区间民俗文化的传承与变迁，另一方面也展现了汉文化在异域的一种流变过程。

(二) 广西的洗骨二次葬

广西壮族自治区是我国众多少数民族聚居的地区，是民族文化的熔炉。历史上的广西经历了大规模的民族迁移带来的冲击，在丧葬文化上体现出多重文化的特点，其中洗骨二次葬具有较强的代表性。

1. 洗骨二次葬的分布

广西历史上是由百越人和南迁而来的中原各民族融合形成的，其中壮族是我国南方乃至全国人口最多的少数民族，在广西具有巨大的影响力。壮族拥有灿烂的民俗文化，涵盖了婚丧嫁娶、衣食住行等生活的方方面面。壮族的丧葬习俗不仅在广西十分具有代表性，在中华民族丧葬文化中也占有重要的地位。

洗骨二次葬是壮族丧葬文化的重要组成部分。桂林出土的新石器时代甑皮岩古人类遗址中，有十八具以屈体下蹲姿势埋葬的人骨，虽然缺少了陶瓮这一基本特征，仍可认为这是广西洗骨二次葬的雏形。战国时代《墨子·节葬下》中记载"楚之南，有炎人国者，其亲戚死，朽其肉而弃之，然后埋其骨"，与现代洗骨二次葬的形制极为相似。这里的楚之南意为楚国的南部，也就是如今湖南以南的广西一带，与广西原住民的世居地区相重合，可以视为广西洗骨二次葬自古以来不断发展的证据。宋代朱辅《溪蛮丛笑》所记"富者不问岁月，酿酒屠牛，呼团洞发骨而出，易以小函，或柙崖屋，或挂大木，风霜剥落，皆置不问，名葬堂"，乃是描述二次葬的形式。从考古情况和现代留存的二次葬分布看，壮族、瑶族是广西境内进行二次葬最多、二次葬覆盖面最广的民族，其聚居区附近的山崖石洞内或村庄小路旁，常见一排排装有骨殖的陶瓮，尤以南丹、平果、隆安、靖西、大新、崇左、凌云等地为多。[1]

2. 洗骨二次葬的特点

广西壮族的洗骨二次葬具有与传统土葬相区别的丧葬仪式和死者遗体处理方式，在历史演进过程中也产生了诸多特点。

---

[1] 叶浓新. 从民族学资料看广西地区古越人葬俗 [J]. 贵州民族研究，1988 (3).

（1）墓穴选择。广西湿热多雨，多酸性土壤和喀斯特地貌。在这样的环境下进行土葬，死者的遗骨难以完整保存，陪葬品也会快速腐朽，给死者后人带来极大困扰。由于广西多山，易形成溶洞，将骨骸放在不易腐坏的陶瓮中置于较为安全的石洞里就成为解决上述问题的良策。此外，也有不少具有地方特色的其他种类的墓葬。在举行洗骨二次葬时，首先需要寄土埋棺，不仅要请风水先生寻找适合下葬的龙脉和良辰吉日，还要举行做道场、哭丧等仪式，此外，有的地方还要另请高明的风水先生进行二次择日选址，为的是避免有人刻意选择凶日。下葬时，仅用轻薄木料制成简单棺木，死者身上穿着简便寿衣，随葬品多为口含的银元、折扇或小型玉石铜器等物件，棺木用土浅浅盖住。在一些地区，人们仅将陶瓮放在村内的道路或山坡旁，有可能是因为年代久远或数量过多而临时放置。广西壮族人在选择洗骨二次葬的墓穴时一般会考虑风水问题和便利性，不同的地域存在差异。

（2）仪式过程。广西壮族洗骨二次葬主要分为两个阶段，首先是第一次埋葬死者的初葬。由于需要让肉体腐化，在下葬时仅需简单的寿衣或玉石器等随葬品，以及轻薄棺木。初葬的选址较为重要，通常家人会委托一位或多位风水先生探查，同时举行常规的道场等祭祀仪式，俗称"寄土"，也称"大葬"。一般葬后三到五年进行二次葬，此时，家人按家族和村落的亲疏关系宴请宾客，并进行捡骨仪式。

二次葬的仪式包括"寄土""捡骨""埋骨"三个重要步骤。人们普遍认为二次葬是永久墓地，关乎子孙后代的盛衰，仪式内容比初葬更为重要。选址及捡骨日期、时辰由风水先生根据死者的生辰择定，一般在春秋两季举行，春季在清明前，秋季在冬至前后。因为清明节是祭祀祖灵的日子，此时举行捡骨重葬的家庭较为普遍。捡骨者多为家庭男性成员，有的地方也请当地有威望的长者或专业的"捡骨人"完成。捡骨时要按照人体结构从下至上的顺序。为避免招灾，洗骨时一般用草纸沾山茶油拭净，也有的地方用柚子叶煎水洗，据说柚子叶能驱邪。洗骨时，先供奉香烛供品，家人念念有词，告知死者此行目的，随后捡骨人开棺捡骨，由众人将骨头仔细擦拭干净，并按照一定的顺序放入坛中。根据记载不同，有些时候是先放入髋骨、尾椎骨等身体骨架，再在侧面竖放腿骨和手骨，最后将头骨置于顶上；有时则是先放下肢和上肢骨,再放入其他骨头,不过头骨一定是置于上方的。捡骨后,不放任何随葬物品,仅撒一些朱砂粉,为的是赋予灵魂新的生命。所有工序完成后,装有遗骨的坛子会被安置在家族墓地中,也有不立即下葬,而是放置在屋檐墙角下或石穴洞窟内,日后再行下葬的。仪式完成后会大宴宾客,意图结束死者的漂泊,使其升华为家庭的守护神。[①] 洗骨二次葬初葬简单而复葬较复杂,对于死者的敬畏和风水的讲究始终贯穿其中。

(3) 祖灵信仰。壮族的原始宗教信仰是多神教或巫教,壮族人相信万物有灵,且不同部族信仰的图腾各不相同,图腾信仰也就成为壮族人祖先崇拜的源头。在壮族的丧葬祭礼中,对于祖先灵魂的崇敬如影随形,每一个接受洗骨二次葬的死者最终都要加入祖先的行列,保佑家庭风调雨顺、人丁兴旺,对灵魂的重视和尊崇是洗骨二次葬的一大特点。考古发现也已证实人们会往遗骨上撒朱砂粉,这可能是借其红色隐喻血液,以此赋予干枯的遗骨生命活力。遗骨在容器中保持屈肢蹲卧姿势是模仿胎儿造型,希望死者能够轮回转生,获得新生命,这体现了原始的生死观。此外,由汉人南迁带来的中原文化对壮族的丧葬风俗影响颇深,尤其是道教思想。现代壮族洗骨二次葬中使用的祭祀礼器、宴请祭拜的规矩禁忌等都脱胎于以道家为根基的传统民俗信仰,而崇祖重孝的思想又体现出深厚的儒家文化。壮族的洗骨二次葬是在我国漫长历史发展中由各族文化融合演变而成的,是兼具民族特色与中国传统文化底蕴的文化形式。

(三) 冲绳的洗骨二次葬

冲绳的丧葬文化体现出多元复合的特征。明清时期,中华底蕴深厚的文化进入琉球并成为琉球社会文化的范本,琉球的年中重大岁时节庆也完全承袭于中国。在这样的背景下,不难想象冲绳人的精神世界及生死观念也会受到中国传统文化的深刻影响。

1. 洗骨二次葬的分布

冲绳的丧葬文化受中国闽南文化影响较深。1392年,明太祖赐琉球国闽

---

① 梁福兴,陆发奂. 壮族丧葬仪式结构及其文化象征意义解读(二)[J]. 玉林师范学院学报(哲学社会科学版),2010 (1).

人三十六姓，其中大多数为学者或技术工，他们带去了中国传统文化和先进科技，洗骨文化也随之进入琉球。关于冲绳洗骨文化的起源，有学者指出为冲绳出土的新石器时代装有人头骨的土器，但酒井卯作认为，人的复葬制度必须建立在社会生活稳定及个人对复葬追求的基础上，因此13世纪的按司时代才是冲绳二次葬的出现时期。[①] 虽然学界仍无定论，但可以肯定冲绳洗骨二次葬的诸多要素来源于中国。

冲绳洗骨二次葬的分布范围北至种子岛，但种子岛的二次葬多为冲绳南部移居者进行，当地并没有二次葬。而自奄美诸岛南至八重山，洗骨二次葬则十分普遍。此外，宫古群岛极少见二次葬分布，冲绳本岛也只有稀疏的二次葬分布，比如出现意外死亡的死者才会举行二次葬仪式。隶属于奄美诸岛的德之岛上，二次葬分布呈现东西两极化的状态，岛屿西部分布密集，而东部只是普通土葬。可以看出冲绳洗骨二次葬分布并不均匀，呈现出零散、破碎的特征，关于这一点，较符合逻辑的推断是来自中国或冲绳岛有二次葬习俗地区的人迁徙至此，只形成了较小的聚居群落，习俗没有对外扩散。

2. 洗骨二次葬的特点

洗骨二次葬是冲绳葬制中较为普遍的一种形式，在第二次世界大战前延续了数百年的时间。经过岁月的沉淀，其诸多方面不仅展现出了冲绳传统文化的神秘与庄严，更散发着浓郁的中国华南地区的文化气息。整体来讲，冲绳的葬制葬礼具有与日本本土相异的鲜明文化印记和特质。

（1）遗体处理。冲绳是群岛地形，岛屿星罗棋布，岛上多山地，海岸悬崖及崖洞较多，因此古代冲绳人习惯将刚刚逝去的死者遗体放置在海岸山洞中自然风干腐化，省却了掘坑埋沙的烦琐。但这种洞窟葬随着佛教的深入而逐渐被废止，更多的人选择土葬。至明治时代，政府明令禁止风葬，所有初葬改为棺木土葬。但在八丈岛，以前一直是用一种高约60厘米，直径约50厘米的水瓮盛装尸体，瓮底开有小孔，为的是让尸体在土中快速腐朽。死者家属会在家中摆上六枚屏风，在其间设置新佛的牌位，直到49天服丧期满才会撤下。死者死后七天内的牌位称为"生亡者"，会由一名还未经初潮的少

---

① 酒井卯作. 琉球列島における死霊祭祀の構造 [M]. 第一書房. 1987 (10).

女或已经绝经的老妇人担任"服务者",每日上香祭拜,为的是安抚灵魂。此外,冲绳还有按年数祭拜死者的习俗,一般年忌为1年、3年、7年、13年、17年、25年、33年等,第三年祭拜时,家属会在墓地设灯笼,宴请宾客,宴后则会烧毁灯笼。

冲绳各地进行二次葬的时间有所不同,如八丈岛会在13年忌日或17年忌日时进行,还需要根据死者的体形和安葬位置的不同调整时间。值得注意的是,冲绳女性可以参加重要的捡骨洗骨仪式。取出遗骨后,家人用海水或者烧酒清洗骨骸,并且会着重清洗头骨。清洗完毕后,遗骨会先被放入纸箱等简单容器内,随后由众人将之转移至大型陶土罐中。骨骼的摆放姿势依然遵循屈体下蹲、双手抱膝的规定。最后,装了遗骨的厨子瓮一般要放入龟甲墓内称为棚的地方。棚也称段或者檀,是指龟甲墓里面左右两侧墙壁上被设置用来放置厨子瓮的地方;另一个称为池的地方,指墓室的正里面用于合葬的场所。厨子瓮会写上被葬者的姓名、生卒年月日、洗骨年月日。冲绳人认为,龟甲墓的墓形象征母体,人死后经洗骨重敛,再入龟甲墓中意味着回归母体。

冲绳的二次葬遗体处理符合当地自然环境,利用洞窟以节省较为稀少的土地,并用作为信仰寄托的海水清洗骨殖,反映了冲绳根深蒂固的海洋文化传统。

(2) 仪式祭典。冲绳的大部分地区,死者下葬后家人会在家中设置六枚屏风,并设灵堂供奉神佛的牌位,此段时间为服孝期,一般会维持49天。之后的特定年份,如1年、3年、7年、13年、17年、25年、33年等,家属还会举行年忌活动,宴请宾客,在墓地悬挂灯笼,以安抚死者的灵魂,使之被超度。奄美诸岛下属的冲永良部岛上还会举行独特的"考祖祭",时间是进行改葬当年的农历九月壬寅日,其内容为祭拜先祖。死者死后33年的祭典一般为最后一次,这一次的祭礼最为隆重,家属会大设宴席,请巫女神婆在祭奠仪式上起舞祷告,对死者做最终的送别。冲绳人认为,经过33年祭的祖灵才能真正得道升天,摆脱对世间万物的留恋,同时也正式升格为庇护家族安康的守护神。

(3) 宗教信仰。冲绳是文化熔炉,最早在冲绳衍生的信仰是其原生信仰——姊妹神。① 我国福建文化传入琉球后，冲绳与福建拥有了共同的宗教信仰"妈祖神"。妈祖信仰起源于福建莆田一位热情助人的女巫，后人祭拜她以求出海平安，中国朝廷也曾多次册封妈祖神，妈祖信仰就被沿海民族赋予了维持风平浪静、保佑渔民安全的寓意。妈祖传入冲绳后，同姊妹神一起成为冲绳的重要守护神。

佛教和道教于明清时期先后传入琉球，并被国家所推崇，在全国建立起多座寺庙和道观。琉球僧人博学多识，社会地位很高，而闽人三十六姓带来的道教风水占卦学说也对冲绳产生了深远的影响。儒学最晚传入琉球，但也深刻改变了冲绳人的忠孝观念。

冲绳的洗骨二次葬，本质上具有多重内核的性质。以海水洗骨，体现人们对大海的敬畏与依赖，反映着冲绳的海神信仰；反复祭拜和洗骨完全满足了儒家孝道思想下人们对孝行的追求。

（四）广西与冲绳洗骨二次葬文化内涵的比较分析

广西与冲绳都拥有原生的独立民族，同时地理环境差异巨大，因此在洗骨二次葬的基本文化形式和风俗，如丧葬礼仪、墓葬制式和祭拜方式上存在不同之处，但作为集中性进行二次葬的地区，广西与冲绳必然具有相通的文化内核与社会结构，能够对两地洗骨二次葬的传承做出合理解释。同时，两地的洗骨二次葬也并非完全自发性的产物，都受到了人口迁移与文化变迁的影响。虽然现阶段没有证据证明广西与冲绳的洗骨二次葬存在直接联系与继承关系，但两者毫无疑问都有中华文化圈的印记，是民族特色与外来文化融合的民俗事象。

1. 举办时间

在冲绳，除部分偏远的离岛在 13 年或 17 年忌日时举行洗骨二次葬外，大多数家庭会选择每年的农历七月七日。冲绳人深信农历七月七日是不需要占卜的黄道吉日，最适宜祭祀活动。另外，此时气候适宜，农忙结束，人们

---

① 普遍存在于日本冲绳和南方诸岛姊妹灵魂处于优势的社会习俗。姊妹神的司职是保护航海，现在泛指保护兄弟的姊妹灵魂。

比较清闲。而我国华南地区多选择祭奠祖灵的清明时节。洗骨完成之后，冲绳地区一般不再进行墓前祭拜，只在家中定期设灵位祭拜，而我国华南地区会在重阳节或清明节进行墓前祭拜。另外，在我国华南地区，洗骨改葬之后，视现实情况的需要还要举行多次洗骨葬。洗骨葬后一两年内，如果家中没有发生什么不幸，则无须再洗骨迁坟，否则还要洗骨重葬，带有明显的以洗骨除祟的色彩。

2. 社会结构

社会环境是洗骨二次葬文化产生的土壤，社会性质的变化是推动洗骨二次葬形态转变的重要因素。广西和冲绳拥有不同的社会背景，也有着不同的发展轨迹，但最终都形成了洗骨二次葬习俗，这说明两地社会结构在差异中存在着共性，属于相同的文化圈。

（1）广西壮族的社会结构。广西壮族的起源早至石器时代，彼时的壮族先民形成了母系氏族社会，氏族长老由德高望重的年长女性担任，女性在氏族中的地位普遍较高，享有对子女的所有权，并主导物质经济生产。壮族母系社会的婚姻制度在婚姻关系稳定后逐步发展为氏族外婚，即男子入赘女方氏族。对于妻子的氏族而言，入赘男子是外族人，他与子女之间的关系远不如孩子同本族的舅姨近，并且无权继承财产，死后也需要回原本的氏族安葬。对于本族的男子而言也是如此，舅舅入赘别的氏族安葬，死后也需要回自己的氏族。由于广西气候炎热，尸体易腐，通常的做法就是将尸体先葬在女方处，再另行仪式，取出骨殖葬回家乡，这就是广西壮族二次葬产生的原因之一。[①]

随着社会生产力的发展和汉族南迁带来的思想转变，广西壮族社会也较早步入了父系制度形态，以父系家长为主导，家族中的男子掌握经济和婚姻大权，同时，在丧葬仪式中也拥有了绝对的话语权。当今的壮族洗骨二次葬仪式基本由家中的男子完成，并且禁止女性参加最关键的捡骨仪式。不仅如此，由于氏族外婚和群婚形式的消失，壮族母系社会特有的"女娶男嫁"风

[①] 何正廷．壮族古代的母系氏族社会及其地母崇拜习俗的产生——广南地母崇拜溯源（之一）[J]．文山学院学报，2014（1）．

俗也逐渐被独立家庭的婚姻所取代，因此如今的洗骨二次葬基本都是在男方家庭中进行，死者也会被安葬到记录男性族谱的家族墓地中，成为父系祖先的一员。

不过，壮族的丧葬仪式仍然有着母系社会风俗的影子。如果死者为女性，死者的家属就必须重视同女方亲属，也就是舅姨的关系，宴请宾客时舅舅和姨必不可少，对他们的尊敬程度往往也要高于本地领导者如村主任、书记。对于死者的家属而言，二次葬仪式不仅是向死者的告别与回归仪式，也是拉近两家亲缘关系的契机。人们通过这种方式调整社会关系，人际交往间的亲疏浓淡会在招待的细节中显露无遗。这种在丧葬仪式中对女性家庭关系的重视属于远古时期母系社会习惯的遗存，反映了壮族现代社会以父系为主体，同时隐含诸多母系社会风俗的特征。

（2）冲绳的社会结构。"门中制度"是冲绳最重要的社会制度。门中即围绕家族建立起的地域性社会组织，是一种以父系血缘关系为基础建立的社会结构，主要执行祭祀祈祷等社会礼仪功能，也代表了一个地区的道德标准、文化传承和利益分配，具有很大的社会影响力。门中制度在中国、朝鲜及日本本土也都有分布。

冲绳门中制度与其他地区相比，具有几个显著的特点。一是地域性强。门中辐射范围比较有限。冲绳门中的规模多者可达四五千人，但在距离王城首里城较远的地区，门中的功能就会被削弱，且门中的历史较为短暂。造成这种情况的原因是只有以首里为中心的氏族阶层才会对祖先进行完整记录，农民之间往往只通过口耳相传，难以追溯久远的历史，现代子孙也难以形成同一集团的意识。并且随着门中成员的移居和死亡，门中集团意识也就渐渐消亡，门中的范围也受到了极大限制。二是血缘文化虽然浓厚，但在血缘关系的纽带联系上却不甚严密。冲绳门中制的血缘关系同中国及朝鲜等地相比并没有极强的约束力，但又比日本本土强很多。这是由于冲绳社会集团基本是以小型村庄为主，村内婚姻频繁，门中成员的关系十分复杂。此外，冲绳门中的核心是本家，也就是说冲绳门中成员的姓氏不必相同，人们会通过屋号来识别本家及分家的关系，不过分家并没有从属于本家的特点，门中的最高领袖"根屋"以及辅佐他的两名"辅佐役"都要听取长老的意见，也要同其他分家共同商讨事务。① 在门中约束力及权威不足的背景下，冲绳门中更多是被用来证实人们的血缘亲疏，而不是通过血缘的联系使核心成员获取更大的利益。

在这样的社会制度下，冲绳的丧葬礼仪同样遵循父系血缘关系，在二次葬之后将死者的遗体葬在以男性祖先为主的家族墓地中。早期门中成员仍会进行合葬，但随着时间流转，门中意识日渐淡薄，各家才将遗体分葬在自家的墓地中。与广西女性禁止参加重要的捡骨仪式不同，冲绳二次葬的捡骨仪式允许家族女性参加。究其原因：一方面，冲绳族内婚姻盛行，门中成员与妻子家庭成员的关系更为亲密牢固；另一方面，女性自古以来在冲绳特有的"优位"使得女性在社会组织中也占据着重要的地位，能够行使家族的部分职能。

（3）社会结构对二次葬习俗影响的异同。广西与冲绳都属于亚洲儒家文化圈，以儒家思想、父系血缘关系为核心建立的社会制度影响深远。家人为逝去的亲人举行二次葬，是为了更好地纪念父辈，最大限度尽一份孝心，同时也是向其他社会成员展示自己对于孝的重视。儒家重孝的思想在这里与社会关系的处理相结合，二次葬就成为一个重要的仪式工具。此外，父权深深根植于儒家文化的每一个角落。广西与冲绳的二次葬制度由男性家族成员主导，死者也归属于男性家族祖先之列，在这一点上，两者有着共同的社会背景。

但是，广西壮族有着更为明确的考古证据证明其自远古时期以来保留了相当长一段时间的母系社会制度，因而在母系社会消亡的今天，仍能从二次葬仪式的细节中寻找到母系社会遗风。壮族女性虽然不能参与重要的捡骨等仪式，但其社会地位仍能在宴请宾客等葬礼习俗的环节中展露无遗。

冲绳的门中制度虽然也包含女性社会地位较高的情况，却没有足够有力的证据说明其是自远古时期的母系社会发展而来。可以猜想冲绳门中是由中国迁徙居民带去的社会自我管理制度，同当地传统信仰文化相结合形成的地域性组织，在本地化过程中适应了当地由来已久的姊妹灵魂处于优势的社会

---

① 中根千枝. 南西諸島の社会組織序論［J］. 民族学研究，1962.

习俗，逐渐促成了女性参加二次葬仪式的传统。

3. 宗教信仰

二次葬反映的是人们对精神不灭、灵魂长存的认知。宗教信仰是二次葬文化的内核，当地人借二次葬表达自己对生死的理解与思考，同时也是为了表达对神明的崇敬与敬畏。

（1）广西壮族的宗教信仰。广西自古以来盛行巫文化。巫师作为一种宗教祭祀、社会制度的领导者，占据着壮族等当地少数民族精神生活的重要地位。巫师的存在反映了一定的社会需要和社会发展进程，体现了社会生产力的水平。壮族在历史上很长一段时间内处于母系社会，巫师的职责往往由女性酋长或族群首领承担，这一点从诸多出土了祭祀法器的考古墓葬中可以得知。在母系社会中，女性代表了生育与血缘关系，受到人们的崇拜与尊敬，女性巫师有很高威望，直到父系社会取代母系社会，人们认为女性无法承担沟通人与神的职责，巫师才逐渐由女性转为男性担任。[1]

巫师文化反映的是先祖与灵魂观念。随着生产力的进步和聚居地的稳定，壮族人萌发了祖灵意识，认为万物皆有灵，而人类的灵魂在死后也不会消散，但如果是枉死或没有经过超度，就会变成危害人间的孤魂野鬼。通过一系列仪式，这些野鬼可以回归到原先的家庭中，并成为家庭的守护神，被列入先祖的一员。巫师扮演一种有能力将死者的灵魂安抚召回，并使其回归祖先的角色，而这一招魂的过程就是丧葬中的各种祭祀活动。在二次葬仪式中，招魂过程是围绕洗骨改葬展开的。古代壮族人将死者的遗骨转移至自己的家庭中，不仅由于天气炎热、道路崎岖的客观条件，也是主观上对死者灵魂回归的期望。

在父权制度基本建立，中原文化进入广西后，中国传统宗教道教中的风水学说又对壮族丧葬文化产生了深远的影响。一个壮族人去世后，他的家人首先要请风水先生为其初葬选址、择日，洗骨的日子也遵循黄道吉日的规矩，不能触怒鬼神或者招惹了自家还未回归的死者灵魂。广西初葬时通常是棺木浅葬，捡骨后剩下的棺木有的丢弃，也有地方会由家属带回家做猪圈的栏板等，陶瓮则被小心翼翼地请回家族墓地。在捡骨容器的选择上，广西基本使

---

[1] 黄桂秋. 壮族巫信仰的历史渊源 [J]. 河池学院学报，2010 (4).

用陶瓷，其纹样和色彩也都形成了固定化的特色，龙凤和金色釉面代表吉祥富贵，在表达家人希望死者安息的同时，也希望死者能保佑家人生活安康，体现了爱护家庭、尊敬祖先的中国传统民俗思想。

（2）冲绳的宗教信仰。冲绳四面环海，其传统宗教祭祀活动与海洋以及出海平安等要素密切相关。除承袭中国的宗教信仰外，琉球神道是冲绳诸岛的本土宗教，内容复杂而神秘。因崇拜"御岳"和"龙宫"，琉球神道又称为"御岳信仰"和"龙宫信仰"。以祖灵信仰为核心的琉球神道与七月来访神、本土守护神、姊妹神信仰混合构成了地域特色浓郁的琉球神道信仰。琉球神道中独特的他界观主要体现在两个方面，即龙宫和天界。琉球神道认为，龙宫在大海的彼岸，是大地丰饶与生命的根源。人死后，其灵魂将渡至大洋彼岸的龙宫，成为其血亲的守护神。守护神一年中有三个时间节点（农历正月十六日、清明节、中元节）会回到其生前的居住地，祈祷人间的丰饶，庇佑家人的平安。同时，家人去世后，经过超度也会成为神明的一员。在冲绳的某些地区，举行二次葬仪式时会点燃篝火并进行名为"考祖祭"的活动，其意义就是纪念从远方大海上归来的先祖。举行此仪式时，奄美岛南部的加计吕麻岛嘉入地区会将遗骨放在船上送入海中，一些地区举行考祖祭时还会点火"为自海而来的祖灵驱寒"。① 自中华文明传入冲绳后，这种龙宫信仰又被赋予了一层佛教色彩，通过数年甚至数十年的祈祷和祭奠，以及最后进行的洗骨仪式，死者由死后令人畏惧的孤魂野鬼升格成为神佛般的存在，超然于世，乃至成为人们宗教崇拜的对象，这一现象充分体现了冲绳信仰观念的融合性。

在具体的洗骨仪式中，冲绳反映出强烈的头骨崇拜倾向。例如，与论岛上的居民在洗骨后，有时会将头骨以外的骨骼丢弃在墓地附近的树丛或深坑中，仅留下头骨。而在举行门中葬的地区，如冲绳久志村汀间，由于多人合葬，墓地容易变得十分拥挤，利用效率下降。为此，冲绳的神官"yuta"② 会

---

① 小野重朗. 奄美民俗文化の研究 [M]. 法政大学出版局，1981.
② 受冲绳传统宗教信仰"姊妹神"的影响，在冲绳，重要的祭司和巫师主要由女性担任。yuta是相对低级一些的民间灵媒师，管理占卜、用巫术治病等。而掌管国家和村落祭祀和御岳的公职称为祝女"noro"。

每十三年进行一次打开墓门的仪式,在此之前去世的人会被暂时埋葬在墓旁的临时安置点,待死后三年进行洗骨,随后放入瓮中等候墓门打开,归放墓室,而这瓮中置入的往往只有一个头骨,其余骨殖则另外安放或丢弃。① 这不仅是为了节省空间,也说明人们在人的全身骨骼中最重视头骨,其原因可能是存在头骨代表了人的灵魂及意识,只要对头骨进行洗骨就能保全死者灵魂的观念。实际上,冲绳二次葬中优先处理头骨也早已形成惯例,对头骨的崇拜在冲绳二次葬中占据重要地位。

冲绳二次葬中另一个较为明显的心理观念是死秽观念。死者刚离世时,身体会快速腐朽,令人产生不洁感。因此在二次葬中,只有真正完全骨化的遗体才具有神性,才会得到升华,在这之前的状态则是肉体污秽,且对尘世仍有留恋。在奄美大岛,埋葬后没有完全骨化的情况会被视为死者在生前做过恶事,产生流言,这对于死者的名誉也是一种损伤。因此,举行二次葬的时间大多数都是深夜或黎明,仅有至亲的家人到场,手执火把安静工作。死者的污秽相对应的就是进行过洗骨后的神圣与洁净。正是对洗骨仪式的重视和对洗骨后死者的升华的希冀推动了死秽观的发展,这也充分体现了冲绳人在丧葬中强烈的灵魂观念。

(3)宗教信仰对二次葬影响的异同。广西与冲绳由于地理环境和社会历史进程的差异,在人文信仰上显示出大陆性与海洋性文明的区别。我国广西壮族所信仰的传统巫文化取自山岳和丛林,复杂曲折的生活环境增添了巫信仰的神秘气息,外来的道家文化又带来了宗教活动章程和规矩上的革新。壮族社会则是稳定的小农社会,相对封闭,活动范围小,其信仰都具有回归性,即信仰的作用范围基本围绕着家庭或聚落本身,人们祈求的是风调雨顺,适宜耕作。壮族信仰的神灵是山岳之神、万物之灵。壮族人对待死者也如同神明般敬畏,在经历二次葬仪式前的畏惧期后,死者真正成为家庭的守护神,是一种对家庭的回归,家人的态度也由敬畏转为崇敬。

受海岛格局和闽南文化的影响,冲绳人信仰海神,海洋较之山岳相对开放,出海捕鱼、各个岛屿互相访问或与中国进行友好往来等均属于开放性、

---

① 酒井卯作. 琉球列島における死霊祭祀の構造 [M]. 第一書房, 1987 (10).

包容性的活动。海神的作用一般是保佑出海平安,辐射范围非常广泛,因此才会产生神明远道而来,对海岛进行访问的传说。冲绳人对于死者虽然也是敬畏的,并且在举行二次葬后也会接纳死者为祖先,但是相较于壮族人认为的祖先一直身在家中,寸步不离地守护家庭的状态,更多的是成佛的超脱于世,祖先这一概念已经上升到了抽象的精神层面。自家的祖先也会随着其他神明一同到访,到了规定的日期便会一同离开,冲绳人对祖先的认知就如同对龙宫神明的崇拜,会把祖先当成神明的一员,与祖先的关系有一定的隔离性。

综合而论,两地都具有浓厚的先祖意识和灵魂意识,通过二次葬仪式完成对前人的追思,强调灵魂的完整性。同时,壮族的母系社会传统中巫文化职掌者为部落女族长,冲绳的神职人员也多为女性,表明女性在两地信仰和宗教生活中都占据重要地位。虽然之后由男权文化取代,但女性仍然保留了一席之地,在二次葬洗骨仪式或其他环节的丧葬仪礼中承担着部分职责。

4. 文化迁移

广西壮族的洗骨二次葬起源较早,自发产生的可能性较高。原本的祭祀活动和洗骨由占据社会主导地位的女性承担,而汉人南迁最大的影响就是加速了壮族社会性质的转变,使得男性成为二次葬仪式的主体。中原的宗教——道教也对壮族原始宗教产生了冲击,并逐渐融合为传统民间信仰。壮族人原始宗教所信奉的万物之灵、部落图腾也逐渐被鬼神观念取代,二次葬中的勘察风水、果牲供物以及对待遗体的禁忌事项多与道家民间信仰联系紧密。中原文化南迁实际是对广西洗骨二次葬形制和死后他界观所做的补充,是两种神话体系的融合,并没有动摇洗骨二次葬这一习俗本身的地位。直到发展至现代社会,随着科学思想普及浪潮和国家推行火葬政策的影响,二次葬习俗才逐渐弱化,但仍然是普遍存在的民俗事象。

冲绳的洗骨二次葬则更有可能是外来文化,在中琉交往过程中同其他中华文化一起传播至冲绳。此外,中国东南沿海的"妈祖"信仰也与冲绳传统海洋信仰相融合,舶来的佛教也迅速占据了冲绳宗教信仰的主要地位。可以说文化迁移不仅为冲绳带来了洗骨二次葬的传统,也为其赋予了丰富的多元文化内核,对于冲绳洗骨二次葬的发展有着决定性的作用。在现代,由于日本政府推行火葬政策带来的影响，冲绳洗骨二次葬已鲜少存在。在广西，受倡导移风易俗的影响，二次葬习俗同样逐渐弱化。

综合来看，广西和冲绳虽然有着不同的人文地理环境和历史进程，却利用洗骨二次葬来完成相同的职能：一方面，调解社会矛盾，加强同亲族的交流与联系，同时达到"尽孝"的目的；另一方面，冲绳的祖灵信仰与广西的祖先崇拜又有相似之处，都是通过二次葬的仪式将死者由死后对家庭有威胁的死灵转化为保护家庭的祖先，表达了对死者的尊敬与怀念，其实质是以洗骨再葬的形式重新接触亲人，接纳死者的灵魂。

（五）结语

广西与冲绳虽然都存在洗骨二次葬的习俗，但是在葬制、葬礼仪式和文化背景上存在颇多差异。广西壮族精神内核统一并呈递进式发展，社会结构除生产力和民族迁徙引发的大变革外基本稳定。洗骨二次葬历史悠久、演变有序，祖灵观念浓厚且地域性强。冲绳开放包容，社会文化和精神信仰都受到外来文化的极大冲击，二次葬历史相对较短，发展较不平衡，显示出极强的旅居和扩散性特征，祖灵意识同样浓厚却相对脱离独立家庭。尽管两地二次葬习俗有诸多差异，但也有着诸多共性。如通过二次葬完成社会关系的重组与稳定，死者灵魂由令人畏惧转变为令人崇敬等，反映出这一丧葬形式对人伦、对信仰的重要作用。两者很好地诠释了世界民族文化的同一性与差异性，人类生活的多样性与丰富性，都是民俗文化的瑰宝，都应得到更多的重视与研究。对洗骨二次葬的比较研究今后应更侧重于文化意义上的探讨和对其演变轨迹细节的考察。

第七章 余 论

第七章 余 论

中日两国同属东亚文化圈，农耕文明是两国文化的根基，由此衍生出来的诸多民俗事象存在共通性的文化元素，中国儒教思想的传播也使整个东亚的文化具有一种统一性。与此同时，异文是民俗事象的一个显著特征，民俗事象传承方式的特殊性决定了民俗事象不可能只有一个文本。由于地理环境、民族、语言、生活方式、信仰、风俗习惯等因素的差异，同一个民俗事象在不同地域也会呈现出不同程度的差异。中日两国相互交融、和而不同的文化现象为两国间的比较研究提供了有力的支撑，而民俗的变异性特征则为比较研究提供了学理上的依据。

冲绳与我国福建地区不仅有地缘上的关系，更有亲缘上的纽带关系。明清时期，福建作为我国与琉球之间的交流驿站，与琉球交往甚为密切。随着闽人三十六姓入琉，福建的民俗文化逐渐渗透到琉球并产生了深远的影响。琉球的宗教信仰、岁时节庆、饮食起居以及社会生活诸多方面都被深深刻上了华夏文明的烙印。由于近代冲绳多次受到外来文化的冲击，融合了一些外来文化要素，使得冲绳文化具有了"混血"性格。通过对我国华南地区与日本南部冲绳上述民俗文化的全面考察与细致梳理，探讨两地文化所呈现的共通性与异质性，能够帮助我们更好地认识中日两国文化在传承上的痕迹，洞察汉文化在异域进行交融以及发生流变的一些规律。

本部分内容将总结冲绳的主流核心文化，冲绳与福建友好交往的现状，最后对本书的研究内容与意义做一个简要的小结。

一、冲绳"混血"文化中的主流核心文化

提起冲绳，人们往往感叹于其近代几易其名、几易其主的悲怆历史和由此造就的冲绳文化的"混血"性格。

事实上，历史上琉球与中国、日本同处东亚汉字文化圈，作为邻国，自古以来三国之间交往较为密切。琉球与日本往来的历史可以追溯到江户时代。琉球由于得天独厚的地理位置和与中国频繁的通商活动，经济实力不断得到提升，成为日本极为重视的贸易对象。与琉日贸易的展开同步，日本文化也逐渐进入琉球，其影响范围涉及语言、教育、宗教信仰等方面。日本本土文化大幅度进入琉球始于明治政府将琉球国以武力强行纳入自身版图。为扑灭琉球人的国家意识以及彻底消除中国文化的印记，日本明治政府使用了各种软硬兼施的方法实施同化政策。明治政府改变历法，推行本土标准语普及运动，强迫琉球人学习日本文化与礼仪、穿日本服装、吃日本食品；强迫琉球人将原来使用的"唐名"改为"大和名"；强迫民族迁移，以弱化琉球人的独立风潮；为了消除中国文化对琉球的影响，销毁了大量的琉球国与中国明清两朝往来的历史文献资料，毁坏了大量见证琉球与中国亲密交往的历史印记，等等。

虽然日本明治政府强行在冲绳推进了上述种种政策，但冲绳诸多传统文化并未如明治政府预想的那样迅速被同化，消失殆尽。相反，综观今日冲绳的年中行事，重要的岁时节庆无一例外地完整沿袭了古老的习俗，内容与形式既坚守中华文化的传统，又凸显本土特色。出现这种情况的原因很多，但有一点是不可否认的。经过日本文化大力冲击仍能保留下来并保持旺盛的生命力的文化，基本上是传承了中国沉淀千百年的传统文化，而且在冲绳人民的内心深处扎下了根。究其原因，笔者认为，中国的每一个传统节日都有它的历史渊源和深厚广泛的民众心理，反映了我国民族的传统习惯和宗教观念。以农耕生活方式为主的中国，节日大多发生于自然界中各种节气、季节和年轮转变的时期，一个很重要的原因就是人们希望通过这种节日活动来强化人与自然之间相互信赖的关系。就拿历法来说，我国使用的农历是完全符合天象规律的传统历法，是中国古代劳动人民长期经验的积累和智慧的结晶，在

农业生产中发挥着重要作用。因此，历法的改变并非纪年方法的简单替换，因为在"时间—空间—祭祀行为"的复合体中，时间的变化必然伴随着空间和祭祀行为的变化。在经过长期民俗化的空间和地域上，日本明治政府采用的纪年方法替换根本无法立即发挥功效。必须打破原有的民俗空间，重构民俗的循环环节，才能形成"时间—空间—祭祀行为"新的复合体，事实也证明把生辰日、祭日等礼仪日期改变成太阳历并不顺利。在冲绳，像位于琉球群岛北部的奄美群岛和南部的八重山群岛等离岛和琉球王国所在地的系满等地皆因传统宗教信仰深厚，民间信仰已经深入人心，历法改革举步维艰。冲绳很多离岛年中重要的岁时节庆举办的时间至今没有向明治政府妥协，仍然沿用农历。

同样，正月作为冲绳年中三大行事（正月、清明节、中元节）之一，仪式活动隆重，气氛浓郁。虽然受到明治政府历法改革的打压，但由于冲绳远离日本本土，加之原本的农历在生产生活中十分重要，因此并未受到太大的影响。冲绳的"新正月运动"于20世纪60年代才开始普及，虽然按照传统过农历正月的家庭逐渐减少，但以渔业为主的地区，如系满、宫古诸岛、八重山诸岛、冲绳岛北部农历正月仍是主流。

与日本本土家族制度松散相比，冲绳至今仍然有发达的家族制度和严密的家族组织"门中"，由父系血缘构成的同族观念仍然深深根植于冲绳诸岛。冲绳人正是以"门中"这样的组织通过一年一度的扫墓祭祖，追念祖先，加强家族间的认同感和连带感。虽然第二次世界大战以后，冲绳祭祖民俗发生了很大变化，但举族祭祖、供奉三牲祭品、焚烧纸钱香烛、行三献礼等祭祖礼仪完全承袭了中国墓祭礼仪。稻作文化一直是冲绳村落的文化源头，其核心就是"合作"，谁也离不开谁的"共同体"意识。虽然1888年日本明治政府进行町村合并，传统的村落不再是行政单位。但很长时间内，"村落"仍然是精神结合体，是冲绳人社会结合的基轴，是精神世界的基础。那种被整合的"稻作社会"仍然清晰可见，包括被制度化的秩序和组织、礼仪在内的村落生活方式牢牢扎根在今日的冲绳。可以说，冲绳的家族制度是中国家族制度的一个缩影，其内部组织与运营方式与中国高度一致。

冲绳本土有450年作为独立国家发展的历史，又有来自日本本土文化的长期渗透，导致冲绳在上述民俗活动中呈现出作为文化主体本身的一些特质。

比如，在冲绳的家族制度中，与我国区别最为明显的是嫡长子继承制。由于嫡长子继承制的存在，意味着冲绳长男处于绝对优先地位，是名副其实的"本家"。家族中重要的祭祀活动场所必须由供奉祖先牌位的长男"本家"进行，长男夫妇作为主要祭司共同组织家族协同完成。这一点与日本本土一样，家族中奉行本家—分家的连带协同关系，但与本土不同的是本家的权利至高无上。

日本本土的家族制度又如何呢？日本本土近世以前实行的是土地领有制，农民没有土地，也没有姓氏，家族观念淡薄，家只是繁衍生息和生活的场所。学术界普遍认为日本的"家"始于近世，农民土地所有权被承认，进而成立了以家和家族系谱为基础的同族。同族关系即是本家和分家的关系，以分家依附于本家为基本特征。但随着农业生产力的提高，出现了分家与本家经济实力接近或本家没落的情况，本家和分家的关系开始逐渐发生改变，导致日本农村以本家—分家为核心的农业模式开始瓦解，本家和分家拥有的权利和义务变得模糊松散。明治维新以后，以前一直沿袭的本家和分家共同合作、一起分担生活全盘事项有所改变，只有共同祭祀、婚丧嫁娶的时候才在一起相互帮助。特别是在日本战败后，进行了土地改革，原有的大家族出现了以夫妻为主的"核家族"。所以，属于日本的冲绳，在家族制度上要比日本本土严密。与中国个别环节的不同也源于受日本本土祭祖文化的影响和冲绳本土文化的制约。但两地宗族认同的基础是祖先墓、本家佛龛，家意识也建立在守护祖坟、祭祀祖先上，这一点是一致的。

冲绳在正月的习俗上也与中国略有不同。与中国春节只过到农历正月十五的习俗不同，冲绳传统的正月行事一般要过两次，即为在世的人庆祝的正月初一到正月十五的正月和为逝去的人庆祝的正月十六的正月。冲绳人将正月十六的正月称为"十六日"或"十六日祭"。在系满、宫古诸岛、八重山诸岛等地，"十六日祭"与四月的"清明祭"同样重要，需要举行隆重的仪式祭奠逝去的人。仪式包括上午到墓地清扫、除草、供奉美食，在墓庭与祖灵一起享用以示庆贺。下午到一年内有亲人逝去的人家里慰问，进香祈祷。傍晚到设有祖灵佛龛的"本家"虔诚上香祈祷。无独有偶，日本本土在正月十五日或正月十四日至十六日有过"小正月"的习俗，称为"祖先的正月"。

东北个别地区在正月十五的晚上有"生剥节"①驱邪纳福的传统习俗。笔者推测，琉球列岛的正月十六祭的扫墓等系列活动应该与日本本土的仪式有一定的关联。

承袭中华宗教信仰的琉球本土宗教表现出了与日本本土的不同，又凸显了冲绳文化的个性。与日本本土神社、寺庙林立相比，冲绳的神社、寺庙并不发达，新年去神社初次参拜的习俗也不浓厚，参拜者相对较少。冲绳各地区主要是依靠村落共同体或以父系血缘为中心的血缘共同体举行年中重要的祭祀活动。

琉球神道是冲绳诸岛的本土宗教，内容复杂而神秘。琉球神道因崇拜"御岳"和"龙宫"，又称"御岳信仰"和"龙宫信仰"。以祖灵信仰为核心的琉球神道与七月来访神、本土守护神、姊妹神信仰混合构成了地域特色浓郁的琉球神道信仰。琉球神道中独特的他界观主要体现在两个方面，即龙宫和天界。根据琉球神道的说法，龙宫在大海的彼岸，是大地丰饶与生命的根源。人死后，其灵魂将渡至大洋彼岸的龙宫，成为其血亲的守护神。守护神一年中有三个时间节点（正月十六、清明节、中元节）会回到其生前的居住地，祈祷人间的丰饶，庇佑家人的平安。

琉球人对天然的山川、泉水、森林格外崇敬的御岳信仰与福建人和古代日本对土地神（惠比须神）的信仰极为相似。"御岳信仰"作为琉球神道的核心早已在琉球群岛落地生根，传统的村落一般都会有两三处称为"御岳"的圣地。作为冲绳的特色，祝女等一些被认为通灵的女性掌管祭祀活动，男性禁止参与。与所有的御岳一年中多次举行祭祀活动相比，位于冲绳东部海域的"久高岛"传说是琉球始祖女神、男神从天而降创立国家、繁衍子孙的"神之岛"，因此，冲绳人视"久高岛"为圣域进行顶礼膜拜。最著名的是每12年举行一次的名为"イザイホー"②的盛大祭祀活动。活动一般前往祖灵

---

① 秋田县南鹿半岛全域及周边地方元宵节的传统民俗。元月十五日，数名青年头戴大的鬼面具，身穿蓑衣，手持木刀、御币等走家串户，献上祝福的话，并接受酒食款待。
② 逢马年的农历十一月十五至十八为期4天的祭祀活动。此活动只有土生土长的冲绳女性才有资格参与。

所在的世界继承灵力,并恭送众神返回居住的乐土。①

今日的冲绳是一个以男性为原理、女性处于优位的社会。所谓男性原理指以父系血缘为核心的"门中制度",而女性优位则指重要的祭祀活动都由具有神职的女性祭司掌管。除此之外,与我国不同,冲绳的女性可以参加任何祭祀活动,而不单纯是祭祀家宴的准备者。这是源于冲绳本土古老的姊妹神信仰与来自我国的妈祖信仰相互融合的产物,这种信仰也有别于日本本土,是冲绳最具特色的文化。

谈到冲绳有别于日本本土的饮食特色,不得不说中国对其饮食文化的影响。比起日本本土的"鱼肉文化圈",冲绳是地道的"猪肉文化圈"。猪肉作为食品在冲绳人的餐桌上是绝对的主角,而且食用与加工的方式与我国华南地区如出一辙。猪肉在传统节日中作为祭祀品的历史也由来已久,其文化含义远胜过猪肉本身。日本本土虽然也吃猪肉,但食用比例远远低于鱼肉和鸡肉,也没有用猪肉作为祭品的历史。羊肉更是难觅踪迹。所有这些异于本土又与我国惊人相似的饮食习俗皆源于与中国的历史渊源。冲绳的特色饮食习惯再一次证明了汉文化强大的渗透力和旺盛的生命力。

一个国家、一个地区的民俗,其民族品格越鲜明、原始风格越浓烈、历史氛围越浓郁、地域特色越突出就越是其社会最有价值的人文资源,同时也是最能吸引异国异域游客的特色旅游资源。如今的冲绳是传统文化与现代文明兼收并蓄的国际旅游胜地,素有"东方夏威夷"之美誉。不言而喻,得天独厚的地理位置与亚热带旖旎的海洋风光是冲绳吸引世界各地游客的重要原因,而因颠沛流离的历史造就的一言难尽的"混血"性格更是其魅力所在。换言之,冲绳的魅力在于有着数百年历史的尚氏王朝文化遗留下来的古老与神秘,也在于有着亲缘关系的冲绳文化与大和文化之间的异质文化;更在于底蕴深厚的中华民俗文化与古琉球底层文化在冲绳诸岛的融合与重组而产生的新型文化的根深蒂固与勃勃生机。

---

① 冲绳人坚信大洋的彼岸或海底存在着理想世界,祖灵寄宿于此。

二、福建与冲绳携手续写昔日中琉交流佳话

明清时期,由于中琉两国之间的频繁往来,琉球的社会、经济、文化的发展与中国有着极为密切的关系。而福建作为中琉交流的桥梁,无论在人力、物资、技术,还是文化习俗方面,都对琉球产生过重要的影响,是推动琉球社会进步的重要因素。

历史上中琉交流的辉煌场景虽已成为过去,但当下曾经深受中国传统文化习俗影响的冲绳与中国福建的交流仍然十分活跃。1980年,我国福建省与日本冲绳县缔结为友好省县,1982年,福州市与那霸市成为姊妹市,自此,福建省与冲绳县无论是官方还是民间的交流都极为频繁,两地在经贸、文化、旅游、农业等领域的交流合作传承了两地的优良传统,续写着中琉交流的宏伟篇章。尽管冲绳的闽人三十六姓的祖先在400年前来到冲绳,其后裔早已是地地道道的日本人,但他们内心深处仍拥有无法隔断的"中国"情结。近年来不少闽人三十六姓的后裔,久米村的门中组织与福建迁出地的家族往来十分密切,纷纷组团回到福建寻根溯源,帮助修建祠堂,甚至与中国其他同姓家族建立了密切联系。冲绳后裔的阮氏家族、前冲绳县知事仲井真弘多的祖先、琉球著名政治家蔡温就是闽人三十六姓的后裔。同时还有不少冲绳的福建后裔积极投资兴业,推动祖籍地的经济建设。此外,福建省还定期举办"恳亲大会"和两地同姓的联谊活动等。特别是福建省与冲绳县缔结友好省县20周年之际,两地的互动规模空前,举办了武术交流大会、植树纪念活动以及两地观光物产的展出等,这些都为继承和发展福建与琉球的传统友谊发挥了巨大的桥梁纽带作用,也为福建与冲绳未来多领域的合作提供了坚实的人文基础。

可见,中国与冲绳之间的交流是一项互惠共赢的事业。福建与冲绳这种相互交流的传统,不仅是东亚各民族交流史上的重要内容,在世界各民族交流史上也留下了光辉的一页,在全球一体化不断推进的今天,为我们提供了不可多得的宝贵经验。

三、本书小结

本书选取了历史上渊源颇深的我国华南地区和日本南部冲绳作为研究对象，细致地考察两地传统文化的特征，梳理了两地文化所具有的共同性与差异性，阐明了以福建、广东、广西为代表的华南民俗文化对冲绳文化产生了重要影响。明确了中华传统民俗与冲绳底层文化的交融与存续，至今作为冲绳"混血"文化中的主流核心文化仍保持着旺盛的生命力。

本研究有利于强化国家自我文化本位意识及文化安全的构建，有助于我们更好地认识中日两国文化在历史上的传承与发展的关系。本研究进一步诠释了世界民族文化的差异性和同一性，有助于对异文化的理解与包容，对于寻求文化认同、消弭文化冲突、实现超越文化差异的交流与合作具有重要的现实意义和实际应用价值。

本研究契合构建"文化多元共生"的全球化理念。随着经济全球化、国际互联网的迅猛发展，各国各民族的文化不断突破地域的局限走向世界，与此同时，各国各民族基于不同的价值观和文化自觉也不可避免地出现了强调区域化、民族化的倾向。要寻求"文化多元共生"的全球化，既需要各民族对自身的文化有充分的自觉，又需要以"异质性他者文化"的存在为前提。而要做到这一点，就要将"自我文化"与"他者文化"进行比较，使不同文化传统、文化特性与文化形态之间的对话、交流和相互认知得以充分展开。研究和明辨各民族各国家这种共生而多元、相同或相异的文化景观，进行不同文化传统、文化特性之间的比较与理解不仅是建构"文化多元共生"的全球化理念和促进各民族国家之间跨文化交流和理解的需要，也是当代人文社科最重要的研究课题。

本研究也契合国家提出的以打造"政治互信、经济融合、文化包容"的利益共同体为主旨的"一带一路"倡议的实施。"一带一路"秉承的宗旨是共同合作、互利共赢、开放包容、互学互鉴，而"一带一路"沿线国家众多，文化理念和宗教信仰相差较大，各国之间需要文化交流辅助，通过共性文化交流和对异性文化的理解来消除文化心理障碍，以获得情感共鸣，更好地推动我国与"一带一路"沿线国家的经济与文化合作建设。

日本是我国"一带一路"倡议东北亚方向的重要国家，随着日本组团参加"一带一路"国际合作高峰论坛，并表态尽力参与到"一带一路"合作中来，未来中日两国在"一带一路"上的合作将会有新的发展。而中日两国在"一带一路"上的合作必然要以文化交流与文化贸易为基础，进而建立政治互信、经济融合、文化互容的利益共同体、责任共同体及命运共同体。

福建自古就是"海上丝绸之路"的重要启泊点，福州、泉州、漳州在历史上作为丝绸之路的重要起点，在沟通我国与海外文化交流与经贸往来上发挥了重要的作用。如今的冲绳作为日本南部最重要的物流枢纽和旅游胜地，与福建有着巨大的互惠互利空间，未来两地之间也必将展开更为紧密的合作。历史上琉球与中国存在长达 500 余年的密切交往，并由此实现了不同文化之间的和谐共生和相互融合，给我们提供了宝贵的经验。而福建与冲绳如今开展的领域广泛、内容丰富、形式多样的人文交流与合作为"一带一路"沿线国家起到了示范带动的作用，助推了"一带一路"倡议的建设。

福建与冲绳的文化交流与经贸往来有深厚的历史积淀，一衣带水的地缘和亲缘关系为中日两国未来在多领域寻求合作奠定了良好的基础、提供了便利的条件，而中日两国的多领域合作必将为世界经济与文化的繁荣做出巨大的贡献。

参考文献

参考文献

1. 专著、论文集、学位论文

[1] 吕余生，廖国一. 中原文化在广西的传播与影响［M］. 广西人民出版社，2017.

[2] 方宝璋. 闽台民俗研究［M］. 人民出版社，2013.

[3] 蔡凤林. 中日民族文化比较研究论丛（第一辑）［C］. 中央民族大学出版社，2013.

[4] 吴永宁. 琉球民俗文化研究［D］. 福建师范大学，2008.

[5] 林金水，谢必震. 福建对外文化交流史［M］. 福建教育出版社，1997.

[6] 韩立红. 日本文化概论（中文版）［M］. 南开大学出版社，2008.

[7] 韩立红. 日本文化概论（日文版）［M］. 南开大学出版社，2003.

[8] 王宝平. 中日文化交流史［M］. 上海辞书出版社，2008.

[9] 齐涛，郑土有. 中国民俗通志信仰篇［M］. 山东教育出版社，2005.

[10] 金元浦. 中国文化概论［M］. 中国人民大学出版社，2012.

[11] 周星. 民俗学的历史、理论与方法（上下）［M］. 商务出版社，2006.

[12] 中西进. 日本文化的构造［M］. 袁曦，译. 南京大学出版社，2013.

[13] 李露露. 中国节［M］. 福建人民出版社，2005.

[14] 萧放.《荆楚岁时记》研究［M］. 北京师范大学出版社，2000.

[15] 高天星. 中国节日民俗文化 [M]. 中原农民出版社, 2008.

[16] 王作楫. 说年道节 [M]. 中国旅游出版社, 2011.

[17] 贾蕙萱. 中日饮食文化比较研究 [M]. 北京大学出版社, 1999.

[18] 米庆余. 琉球历史研究 [M]. 天津人民出版社, 1998.

[19] 何慈毅. 明清时期琉球日本关系史 [M]. 江苏古籍出版社, 2002.

[20] 黄润华. 国家图书馆藏琉球资料汇编（全三册）[M]. 国家图书馆出版社, 2003.

[21] 徐光启. 徐光启集 [M]. 上海古籍出版社, 1984.

[22] 徐葆光. 中山传信录 [M]. 台湾银行经济研究室, 1972.

[23] 谢必震. 明清时期中国与琉球贸易之研究 [D]. 厦门大学, 1998.

[24] 谢必震. 福建史略 [M]. 海洋出版社, 2011.

[25] 谢必震. 中国与琉球 [M]. 厦门大学出版社, 1996.

[26] 谢必震. 明清时期中琉航海贸易研究 [M]. 海洋出版社, 2004.

[27] 李清玲. 明清时期中琉友好关系历史遗存考 [M]. 海洋出版社, 2015.

[28] 杨仲揆. 琉球古今谈 [M]. 台湾商务印书馆, 1990.

[29] 林国平. 福建民间信仰 [M]. 福建人民出版社, 1993.

[30] 林国平. 闽台民间信仰源流 [M]. 人民出版社, 2013.

[31] 福建省地方志编纂委员会. 福建省志·民俗志 [M]. 方志出版社, 1997.

[32] 汪毅夫. 闽台历史社会与民俗文化 [M]. 鹭江出版社, 2000.

[33] 汪毅夫. 闽台社会与文化 [M]. 海峡文艺出版社, 1994.

[34] 汪毅夫. 客家民间信仰 [M]. 福建人民出版社, 1995.

[35] 陈支平. 近500年福建家族社会与文化 [M]. 上海三联书店, 1991.

[36] 陈支平. 福建六大民系 [M]. 福建人民出版社, 2000.

[37] 陈支平. 福建族谱 [M]. 福建人民出版社, 1996.

[38] 中琉历史与文化——第十一届中琉历史关系国际学术会议论文集 [C]. 海洋出版社, 2008.

[39] 陈硕炫, 徐斌, 谢必震. 顺风相送：中琉历史与文化——第十三届中

琉历史关系国际学术会议论文集［C］. 海洋出版社, 2013.

［40］任兆胜, 李云峰. 稻作与祭祀——第二届中日民俗文化国际学术研讨会论文集［C］. 云南人民出版社, 2003.

［41］任兆胜. 中日民俗文化国际学术研讨会论文集［C］. 云南人民出版社, 1999.

［42］王晓云. 明代中国、日本、琉球关系之研究［D］. 福建师范大学, 2004.

［43］王静. 中日灶神信仰的比较研究［C］. 宁波大学, 2015.

［44］王耀华. 琉球·中国音乐比较论［M］. 那霸出版社, 1987.

［45］黄丽云. 東アジア龍船競漕の研究——台湾、長崎、沖縄の比較［J］. 云梦学刊, 2013（6）.

［46］齐涛, 张勃, 荣新. 中国民俗通志: 节日志［M］. 山东教育出版社, 2007.

［47］李晶. 稻作传统与社会延续. 日本宫城仙台秋保町马场村的民族志: 稻作传统与社会延续［M］. 生活·读书·新知三联书店, 2019.

［48］赖正维. 清代中琉关系研究［M］. 海洋出版社, 2011.

［49］谢必震, 胡新. 中琉关系史料与研究［M］. 海洋出版社, 2010.

［50］傅衣凌. 傅衣凌治史五十年文编［M］. 中华书局, 2007.

［51］方宝川, 谢必震. 琉球文献史料汇编［M］. 海洋出版社, 2014.

［52］黄润华. 琉球资料汇编［M］. 国家图书馆出版社, 2003.

［53］严从简. 殊域周咨录: 卷四［M］. 上海古籍出版社.

［54］冯文慈. 中外音乐交流史［M］. 人民音乐出版社, 2013.

［55］王耀华. 三弦艺术论［M］. 海峡文艺出版社, 1991.

［56］杨仲揆. 琉球国由来记. 卷四［M］. 台湾商务印书馆, 1990.

［57］柳田国男. 乡土日本［M］. 杨田, 译. 清华大学出版社, 2018.

［58］《广西壮族自治区概况》编写组. 广西壮族自治区概况［M］. 民族出版社, 2008.

［59］周煌. 琉球国志略: 全三册.［M］. 台湾银行经济研究室, 1971.

［60］郑春柳．食鱼生消费习俗的研究：以广西横县石塘镇富宁街为例［D］．广西民族大学，2009．

［61］万中英．风土孕育的日本饮食文化［D］．上海外国语大学，2012．

［62］许慎．说文解字［M］．天津古籍出版社，1991．

［63］刘松来．诗经［M］．青岛出版社，2011．

［64］王明德，王子辉．中国古代饮食［M］．陕西人民出版社，1988．

［65］杨天宇．周礼译注［M］．上海古籍出版社，2004．

［66］朱彬．礼记训纂［M］．浙江大学出版社，2010．

［67］方飞．论语赏析［M］．广西民族出版社，1999．

［68］王常则．孟子［M］．山西古籍出版社，2003．

［69］班固．汉书：第九册［M］．中华书局，1962．

［70］刘熙．释名［M］．中华书局，1985．

［71］黄遵宪．日本国志（下）［M］．天津人民出版社，2005．

［72］广西壮族自治区统计局．广西统计年鉴2013［M］．中国统计出版社，2013．

［73］横县县志编纂委员会．横县县志［M］．广西人民出版社，1989．

［74］横县鱼生内部资料．横县鱼生制作技艺简介［Z］．横县文化局，2013．

［75］徐宏祖．徐霞客游记［M］．上海古籍出版社，1980．

［76］丁世良，赵放．中国地方志民俗资料汇编·中南卷（下）［M］．国家图书馆出版社，1991．

［77］黄现璠，黄增庆，张一民．壮族通史［M］．广西民族出版社，1988．

［78］梁庭望．中国壮族［M］．宁夏人民出版社，2011．

［79］王娟编．民俗学概论［M］．北京大学出版社，2002．

［80］丁世良，赵放．中国地方志民俗资料汇编·西南卷（下）［M］．书目文献出版社，1991．

［81］陶立璠．民俗学概论［M］．中央民族学院出版社，1987．

［82］鲁克才．中华民族饮食风俗大观［M］．世界知识出版社，1992．

［83］吴琪，双福，等．最受欢迎日本料理完全图解［M］．化学工业出版

社，2010．

[84] 游修龄．中国稻作史［M］．中国农业出版社，1995．

[85] 覃乃昌．壮族稻作农业史［M］．广西民族出版社，1997．

[86] 陈明君．婚育文化视角下的壮族社会性别建构［D］．广西民族大学，2013．

[87] 伊永文．1368—1840年中国饮食生活：成熟佳肴的文明［M］．清华大学出版社，2014．

[88] 陈侃．使琉球录［M］．商务印书馆，1937．

[89] 福田亚细男．日本民俗学方法序说——柳田国男与民俗学［M］．於芳，王京，译．学苑出版社，2010．

[90] 中川忠英．清俗纪闻［M］．方克，孙玄龄，译．中华书局，2006．

[91] 张宪周．世界风俗辞典［M］．江西教育出版社，1990．

[92] 贾蕙萱，沈仁安．中日民俗的异同和交流［C］．北京大学出版社，1993．

[93] 张紫晨．日本冲绳与中国南方若干习俗的比较［C］．北京大学出版社，1993．

[94] 陈侃．使琉球录（二）［M］．商务印书馆，1937．

[95] 杜尚侠，刘晓峰．清明节［M］．中国社会出版社，2011．

[96] 吕清义．三明市清明节习俗的调查与思考［A］．闽台岁时节日风俗——福建省民俗学会第二届学术研讨会论文集［C］．1991．

[97] 潘渭水．建瓯县清明习俗考［A］．闽台岁时节日风俗——福建省民俗学会第二届学术研讨会论文集［C］．1991．

[98] 赵麟斌．闽台民俗散记［M］．海洋出版社，2006．

[99] 闻一多．端午考［J］．文学杂志，1947（3）．

[100] 王云五．丛书集成初编［M］．中华书局，1985．

[101] 丁世良，赵放．中国地方志民俗资料汇编：华东卷［M］．书目文献出版社，1995．

[102] 秦明吾．中日习俗文化比较［M］．中国建材工业出版社，2004．

[103] 常建华. 岁时节日里的中国［M］. 中华书局，2006.

[104] 齐涛. 中国民俗通志节日志［M］. 山东教育出版社，2007.

[105] 钟敬文. 中国民俗史：隋唐卷［M］. 人民出版社，2008.

[106] 谢肇制. 五杂组：卷二［M］. 上海古籍出版社，2009.

[107] 秦伟. 赛龙舟［M］. 中国社会出版社，2010.

[108] 曾应枫. 龙舟竞渡：端午赛龙舟［M］. 广东教育出版社，2013.

[109] 刘博. 民俗节庆与地方认同：源于广州的多案例比较研究［M］. 商务印书馆，2017.

[110] 陈育伦，张小琴. 端午文化内涵浅析［A］. 2010 海峡两岸第六届端午文化论坛研究论文集［C］. 2010.

[111] 宗懔. 荆楚岁时记［M］. 中华书局，1991.

[112] 孟元老，邓之诚. 东京梦华录注［M］. 中华书局，1982.

[113] 萧放. 荆楚岁时记研究——兼论传统中国民众生活中的时间观念［M］. 北京师范大学出版社，2000.

[114] 林贤明. 闽南普度民俗信仰考察［D］. 中国社会科学院，2008.

[115] 大贯美惠子. 作为自我的稻米：日本人穿越时间的身份认证［M］. 石峰，译. 浙江大学出版社，2015.

[116] 民俗文化财产研究协议会. 日本の祭祀行事［M］. 株式会社大和文库，1983.

[117] 新崎盛辉. 冲绳现代史［M］. 胡冬竹，译. 生活·读书·新知三联书店，2010.

[118] 比嘉康文. 沖繩入門［M］. 同时代社，1993.

[119] 平敷令治. 沖繩の祭祀と信仰［M］. 第一書房，1990.

[120] 谷川健一，網野善彦风. 日本民俗文化大系第一卷：风土与文化——日本列岛的位相［M］. 小学館，1986.

[121] 外间守善. 沖繩の歴史と文化［M］. 中央公論新社刊. 1986.

[122] 柳田国男. 柳田国男全集［M］. 筑摩書房，1997.

[123] 柳田国男. 海南小記［M］. 角川ソフィア文庫，2013.

[124] 伊波普猷. 伊波普猷全集［M］. 平凡社, 1974.

[125] 比嘉政夫. 沖縄からアジアが見える［M］. 岩波新書, 1999.

[126] 洼德忠. 沖縄の習俗と信仰——中国との比較研究［M］. 第一書房, 1974.

[127] 洼德忠. 中国文化と南島［M］. 第一書房, 1981.

[128] 洼德忠. 沖縄の民間信仰——中国文化からみた［M］. ひるぎ社, 1989.

[129] 比嘉政夫. 沖縄の親族・信仰・祭祀——社会人類学の視座から［M］. 榕樹書林, 2005.

[130] 马渊东一. 马渊东一著作集［M］. 社会思想社, 1974.

[131] 渡部忠世. 稲の道［M］. 小学館, 1977.

[132] 渡部忠世. 南島の稲作文化——与那国島を中心に［M］. 法政大学出版局, 1984.

[133] 高良勉. 沖縄生活誌［M］. 岩波新書, 2005.

[134] 酒井卯作. 琉球列島における死霊祭祀の構造［M］. 第一書房, 1987.

[135] 金関丈夫. 琉球民俗誌［M］. 法政大学出版局, 1978.

[136] 竹田旦. 東南アジアの比較民俗論考―龍宮・家族・村落をめぐって［M］. 第一書房, 2014.

[137] 照舞善彦, 山里胜己. 戦後沖縄とアメリカ―異文化接触五〇年［M］. 沖縄タイムス社, 1995.

[138] 下野敏見. ヤマト・琉球風俗の比較研究［M］. 法政大学出版局, 1985.

[139] 平敷令治. 沖縄・奄美の衣と食［M］. 明玄書房, 1974.

[140] 比嘉佑典. 沖縄チャンプルー文化創造論［M］. ゆい出版, 2003.

[141] 崎原恒欣, 山下欣一. 沖縄・奄美の歳時習俗［M］. 明玄書房, 1974.

[142] 湧上元雄, 山下欣一. 沖縄・奄美の民間信仰［M］. 明玄書房,

1975.

[143] 上江均州. 民间信仰の比較研究 [M]. 吉川弘文館. 1978.

[144] 岛袋正敏. 沖縄の豚と山羊——生活の中から [M]. ひるぎ社, 1989.

[145] 渡边欣雄. 世界の中の沖縄文化 [M]. 沖縄タイムス社, 1993.

[146] 小熊誠. 東南中国の宗族組織 [M]. 弘文堂, 1991.

[147] 小熊誠. 日本の民俗 12 南島の暮らし [M]. 吉川弘文館, 2008.

[148] 何彬. 中国東南地域の民俗誌的研究 [M]. 日本僑報社, 2013.

[149] 蔡文高. 洗骨改葬の比較民俗学的研究 [M]. 岩田書院, 2004.

[150] 沖縄文化の源流を考える [C]. 比嘉興文堂, 1983.

[151] 伊藤清司. 日本神话与中国神话 [M]. 学生社, 1979.

[152] 伊藤清司. 中国古代文化与日本 [M]. 张正军, 译. 云南大学出版社, 1997.

[153] 平敷令治. 沖縄の祖先祭祀 [M]. 第一書房, 1995.

[154] 大林太良. 正月の来た道 [M]. 小学館, 1992.

[155] 大林太良. 東アジアの王権神話:日本・朝鮮・琉球 [M]. 弘文堂, 1984.

[156] 上江洲均. 沖縄の祭りと年中行事——沖縄民俗誌 [M]. 榕樹書林, 2008.

[157] 具志堅以徳, 国吉有慶. 久米島の民俗 [M]. 久米崇聖会, 1989.

[158] 石田正治. 日琉同祖と沖縄人の個性——伊波普猷論のための覚書 [M]. 法正研究, 2003.

[159] 豊見山和行. 琉球沖縄史の世 [M]. 吉川弘文館, 2003.

[160] 石直正, 高良倉吉, 高橋公明. 周縁から見た中世日本 [M]. 講談社, 2001.

[161] 伊波普猷, 外間守善. 古琉球 [M]. 岩波文庫, 2000.

[162] 球阳 [M]. 角川書店, 1974.

[163] 横山重編. 琉球国由来記(第一、二卷)[M]. 東京美術, 1972.

[164] 大野晋，井上光貞，家永三郎．日本書紀・上［M］．岩波書店，1981．

[165] 金田禎之．さかな随談［M］．成山堂書店，2007．

[166] 和辻哲郎．风土［M］．陈力卫，译．商务印书馆，2006．

[167] 井上吉之監修．日本食品事典［M］．医歯薬出版株式会社，1981．

[168] 茂吕美耶．字解日本：乡土料理［M］．广西师范大学出版社，2011．

[169] 渡部忠世．稲の道［M］日本放送出版協会，1977．

[170] 折口信夫．琉球的宗教［M］．中央公論社，1995．

[171] 高良仓．琉球王国の構造［M］．吉川弘館，1987：24．

[172] 小野重朗．奄美民俗文化の研究［M］．法政大学出版局，1981．

[173] 比嘉政夫．女性優位と男性原理［M］．凱風社，1987．

[174] 平川宗隆．豚国・おきなわ——あなたの知らない豚の世界［M］．那覇出版社，2005．

[175] 嘉手川重喜．沖縄の神々と祭——年中行事［M］．新星図書，1974．

[176] 原知章．民俗文化の現在沖縄・与那国島の「民俗」へのまなざし［M］．同成社，2000．

[177] 平敷令治，恵原義盛．沖縄奄美の衣と食［M］．明玄書房，1974．

[178] 竹田旦．祖先崇拝の比較民俗学——日韓両国における祖先祭祀と社会［M］．吉川弘文館，1995．

[179] 比嘉政夫．海洋文化論（環中国海の民俗と文化）［M］．凱風社，1993．

[180] 東洋企画編集工房．沖縄肉読本［M］．東洋企画印刷株式会社，2010．

[181] 平川宗隆．沖縄でなぜヤギが愛されるのか［M］．ボーダーインク，2009．

[182] 新城明久．沖縄の在来家畜—その伝来と生活史［M］．ボーダーインク，2010．

[183] 伊波普猷．琉球史料叢書：卷五［M］．名取書店，1941．

[184] 大桥义武．清明节在日本［A］．清明（寒食）文化的多样性与保

护——中国传统节日（清明寒食）论坛［C］．北京大学出版社，2011．

［185］西角井正慶．年中行事辞典［M］．東京堂出版，1981．

［186］大塚民俗学会．日本民俗事典［M］．弘文堂，1972．

［187］申叔舟．海東諸国紀［M］．田中健夫，译．岩波書店，1991．

2．期刊文章

［1］何斌．闽南文化中与周边文化比较谈——从普度中元习俗看闽南文化［J］．文史杂志，2010（6）．

［2］松尾恒一．日本冲绳南方岛屿（八重山地区·西表岛）的种稻仪式与赛龙舟——冲绳．中国的比较民俗［J］．王媛，译．文化遗产，2012（1）．

［3］倪震．明清时期儒学在琉球的传播及影响［J］．东南学术．2010（3）．

［4］倪震．程顺则与儒学在琉球的传播［J］．福建工程学院学报，2011（5）．

［5］崎原丽霞．从程顺则的生平著作看儒学在琉球国的传播［J］．日本问题研究．2010（2）．

［6］连晨曦．明清宗藩关系对琉球社会的影响［J］．河南科技大学学报，2016（3）．

［7］张俊红．明清时期中国南部文化对琉球文化的影响［J］．长江大学学报（社会科学版），2017（3）．

［8］曾丽民．泉州与琉球的民俗关系［J］．海交史研究，1994（2）．

［9］王晓云．闽南与琉球［J］．南洋问题研究，2003（4）．

［10］雷慧英．近代福建与日本的贸易和文化交流［J］．福建学刊，1998（2）．

［11］吴叡人．没有民族主义的民族?：伊波普猷的日琉同祖论初探［J］．考古人类学刊，2005（81）．

［12］李子贤．冲绳神女组织探源——冲绳神女与云南少数民族祭司的比较研究［J］．思想战线，2001（2）．

［13］皮听雨．浅谈伊藤清司关于中日民间故事研究［J］．北方文学，2015（3）．

［14］田文军．日本文化比较研究的现状与趋势［J］．武汉大学学报（哲学社会科学版），1999（1）．

[15] 周星."风狮爷","屋顶狮子"及其它［J］. 民俗研究, 2002 (1).

[16] 蔡利民, 诸晋祥. 中国和日本的冥婚习俗［J］. 民俗研究, 1991 (3).

[17] 李杰玲. 论日本对中国石敢当的接受［J］. 华夏文化论坛, 2013 (1).

[18] 陈进国.《洗骨改葬的比较民俗学的研究》评述［J］. 民俗研究, 2006 (1).

[19] 河合洋尚. 中华话语空间中的民俗风水——日本冲绳县与中国客家地区的比较研究［J］. 客家研究辑, 2009 (2).

[20] 徐恭生. 琉球国在华留学生［J］. 福建师范大学学报, 1987 (4).

[21] 徐恭生. 福州与那霸关系史初探［J］. 福建论坛. 1981 (5).

[22] 米庆余. 明代中琉之间的册封关系［J］. 日本学刊, 1997 (4).

[23] 谢必震. 福建文化在海外的传播［J］. 东南周末讲坛选粹, 2012.

[24] 吴尚清. 琉球民族与华夏文化［J］. 世界民族, 1995 (2).

[25] 王若涵. 脍不厌细: 中国古人食脍习俗小考［J］. 文史杂志, 2010 (6).

[26] 郑新刚. 浅论日本的脍与刺身［J］. 西南农业大学学报（社会科学版), 2012 (12).

[27] 吕华鲜. 横县鱼生文化研究［J］. 今日南国, 2009 (9).

[28] 吕华鲜. 基于生态文明的文化遗产可持续发展研究——以横县鱼生文化为例［J］. 广西师范大学学报（哲学社会科学版), 2009 (4).

[29] 王赛时. 唐代饮食中的鱼鲙［J］. 文史知识, 1997 (8).

[30] 侯巧红. 浅析中日饮食习俗的差异及形成原因［J］. 赤峰学院学报（哲学社会科学版), 2011 (10).

[31] 袁丽梅. 日本料理与礼仪［J］. 长春工程学院学报（社会科学版), 2010 (2).

[32] 林晶. 作为共生文化的妈祖文化——以妈祖文化的日本传播为对象［J］. 日本问题研究, 2015 (3).

[33] 孙娜. 说说日本鱼食文化［J］. 企业标准化, 2007 (1).

[34] 仓石厚子. 中日饮食文化比较: 兼论消费与经济观念［J］. 东来, 译. 现代日本经济, 1997 (6).

[35] 李直. 中日饮食文化比较 [J]. 商业文化（学术版），2007（5）.

[36] 赵军宁，易旸. 日本冲绳的健康食品产业现状 [J]. 世界科学技术：中药现代化，2001（6）.

[37] 杨才春. 冲绳长寿老人的健康生活 [J]. 现代养生，2008（8）.

[38] 吴卫华. 应积极推广食用生食品 [J]. 农产品加工（创新版），2010（5）.

[39] 赵佩. 浅谈日本的鱼食文化：生鱼片 [J]. 传奇传记文学选刊（理论研究），2011（8）.

[40] 广西医学院寄生虫学教研室等. 广西横县华枝睾吸虫病流行情况调查 [J]. 广西卫生，1980（2）.

[41] 高日红. 食用海鱼当心异尖线虫感染 [J]. 家庭健康，2013（9）.

[42] 易西兵. 从华南新发现的考古材料试论中国稻作农业的起源 [J]. 农业考古，2000（3）.

[43] 闫志章. 浅论日本稻作文化 [J]. 吉林师范大学学报（人文社会科学版），2012（2）.

[44] 彭庆霞. 论渡来人在日本的稻作文化成立过程中的作用 [J]. 文教资料，2008（17）.

[45] 王哲. 稻米与广西饮食文化 [J]. 现代农村科技，2012（24）.

[46] 玄松南，游修龄. 稻米与日本饮食文化 [J]. 中国稻米，2001（3）.

[47] 谭敦民. 朴素健康的"冲绳饮食" [J]. 食品与健康，2011（2）.

[48] 姜忠明. 中日两国饮食文化比较 [J]. 消费导刊，2014（4）.

[49] 尹绍亭. 中日稻作起源研究回顾 [J]. 思想战线，2004（2）.

[50] 金健人. 中国稻作文化东传日本的方式与途径 [J]. 农业考古，2001（3）.

[51] 方素梅. 壮族饮食文化的历史探析 [J]. 广西民族研究，1998（1）.

[52] 朱俊明. 日本古倭人稻作文化滥觞于中国古吴越 [J]. 贵州民族研究，1994（1）.

[53] 芦英顺. 中日两国饮食文化的对比 [J]. 辽宁经济职业技术学院学报，2010（3）.

[54] 林河. 中日稻作文化与傩文化比较研究 [J]. 广西民族学院学报（哲

学社会科版），1997（12）．

[55] 严文明．中国稻作农业的起源［J］．辽宁经济职业技术学院学报，1989（7）．

[56] 金春梅．日本怀石料理的菜单模式及其特点探析［J］．南宁技术学院学报，2014（5）．

[57] 莫晓蕾．三十年来广西壮族丧葬文化研究综述［J］．广西民族师范学院学报，2013（5）．

[58] 梁敏．捡骨葬——壮族主要的葬制［J］．民族研究，1982（6）．

[59] 黄桂秋．壮族巫信仰的历史渊源［J］．河池学院学报，2010（4）．

[60] 何正廷．壮族古代的母系氏族社会及其地母崇拜习俗的产生——广南地母崇拜溯源（之一）［J］．文山学院学报，2014（1）．

[61] 梁福兴，陆发焕．壮族丧葬仪式结构及其文化象征意义解读（二）［J］．玉林师范学院学报（哲学社会科学版），2010（1）．

[62] 叶浓新．从民族学资料看广西地区古越人葬俗［J］．贵州民族研究，1988（3）．

[63] 徐太德．广式腊肉制作方法［J］．吉林畜牧兽医，1998（9）．

[64] 刘国燕．山羊养殖技术［J］．中国畜牧兽医文摘，2013（7）．

[65] 周朝晖．冲绳食事 闽菜基因［J］．寻根，2016（2）．

[66] 王英若，董寅初，尹传红．中国肉食文化透视［J］．肉类研究，1991（3）．

[67] 王若光，刘旻航．“飞龙在天”：端午龙舟竞渡习俗考源［J］．民俗研究，2013（6）．

[68] 松尾恒一．日本冲绳南方岛屿（八重山地区·西表岛）的种稻仪式与赛龙舟——冲绳．中国的比较民俗［J］．王媛，译．文化遗产，2012（1）．

[69] 林国平．论闽台民间信仰的社会历史作用［J］．福建师范大学学报（哲学社会科学版），2002（2）．

[70] 邢永凤．盂兰盆节与日本的氏神信仰［J］．日本研究，2009（3）．

[71] 胡孟圣．"中元节""盆祭り"的文化蕴含——中日民间传统节日文化透视［J］．日本研究，2002（4）．

［72］林贤明. 闽南普度民俗的历史文化渊源［J］. 重庆交通大学学报，2010（12）.

［73］松本浩一. 中元節の成立について——普渡文献の変遷を中心に［J］. 国学院中国学会報，2012（57）.

［74］金相爱，松丸智美，石橋源次. 奄美・沖縄地方と韓国におけるヤギ料理に関する食習慣の比較［J］. 日本食生活学会誌，2003.

［75］平敷令治. 沖縄の墓誌［J］. 民俗学研究所紀要，1985.

［76］平敷令治. 沖縄の葬制について［J］. 第22回日本民俗学会年会研究発表論文集. 日本民俗学会，1971.

［77］南出真助. 沖縄龍船競漕（ハーリーの祭事空間）［J］. 亚洲观光学年报，2003（4）.

［78］陈碧霞. 東アジアにおける風水集落の景観構造及び風水樹に関する比較研究［J］. 琉球大学農学部報告，2008.

［79］金柄徹. アジアの家船に関する比較研究［J］. アジア研究所紀，2007.

［80］何彬. 埋葬と墓地に関する日中の比較研究［J］. アジアの葬儀産業研究ゼミナー発表. 2007.

［81］何彬. 墓参りや法事の習慣からみた中国と日本の異同［J］. 火葬研究協会，2007.

［82］八木透. 日本の改葬習俗と韓国の草墳［J］. 佛教大学総合研究所紀要，1995（1）.

［83］中根千枝. 南西諸島の社会組織序論［J］. 民族学研究，1962.

［84］大林太良. 琉球神話と周囲諸民族神話との比較［J］. 日本民族学会，1973.

3. 电子文献

［1］横州市人民政府门户网. 横州概况［EB/OL］. http：//www.gxhx.gov.cn/gk/hxgk/t4474534.html.

［2］中国水产养殖网. 广西南宁横县罗非鱼养殖发展形势喜人［EB/OL］. http：//www. shuichan. cc/news_view－99749. html.

［3］世界鱼类资料库［EB/OL］. http：//www. fishbase. org/search. php.

［4］环球网. 日媒称日本料理被列入世界非物质文化遗产［EB/OL］. http：//world. huanqiu. com/exclusive/2013－12/4632294. html.

［5］沖縄県公式ホームページ. 沖縄県はやわかり［EB/OL］. http：//www. pref. okinawa. jp/site/kense/kengaiyo/hayawakari. html.

［6］沖縄方言词典［EB/OL］. http：//hougen. ajima. jp/.

后 记

后 记

时光荏苒，自获得国家社会科学基金西部项目的立项后，时间已经过去了六年。回顾涉足"中日民俗文化比较研究"领域的研究历程，可谓是千言万语在心头。六年的时光是期待与焦虑、奋进与迷茫、汗水与收获不断交织反复的过程，也是课题组成员相互扶持、相互激励、不断进步与成长的过程。参与本课题研究的课题组成员几乎都是战斗在教学第一线的专业教师，繁重的教学任务致使他们投入本课题研究的时间非常有限，但课题组成员克服了诸多困难，保质保量地完成了各自所担任的研究部分，令人感动与钦佩。

本书各章节的具体分工如下：

第一章、第二章、第三章、第四章第一节、第五章第三节、第六章第二节及第七章由课题组负责人广西师范大学外国语学院李明华负责撰写。

第三章第二节、第三节由广西师范大学外国语学院的李明华、广东技术师范大学黄晓星负责撰写。

第四章第二节由广西师范大学文化与旅游学院廖国一负责撰稿；第四章第三节、第四节由广西师范大学外国语学院王育洁负责撰写。

第五章第一节由广西师范大学外国语学院杨勇负责撰稿；第五章第二节由广西师范大学外国语学院潘敏负责撰稿。

第六章第一节由江苏理工大学外国语学院张芳负责撰稿，广西师范大学外国语学院硕士谢伟健参与撰写。

· 235 ·

另外，广西科技师范学院外国语学院华依莎担任了本书部分资料的收集与解读以及定稿前的内容校对与排版。

广西师范大学广西地方民族史研究所所长的廖国一教授在研究思路、研究方法等方面给予了热心的指导与无私的帮助，在此深致谢意！

由于我们水平有限，加之本书研究地域涉及面广，国内跨越华南广东、广西、福建、海南四省，国外涉及日本本土与南部冲绳，收集资料存在一定的难度。研究内容涉及中日两国语言，内容繁杂，导致研究内容存在不足之处，敬请专家读者批评指正。

李明华

2021 年 5 月 17 日于广西师范大学南苑